石柱县中益乡华溪村中蜂标准化示范蜂场

万州区恒合土家族乡彩色油菜花

巫溪县凤凰镇石龙村蜜柚科技示范基地

巫溪县朝阳镇绿坪村马铃薯科技示范基地晚疫病统防统治

江津区党员科技特派员志愿服务队到脱贫村服务

科技特派员示范秸秆粉碎还田技术

油茶育苗技术培训

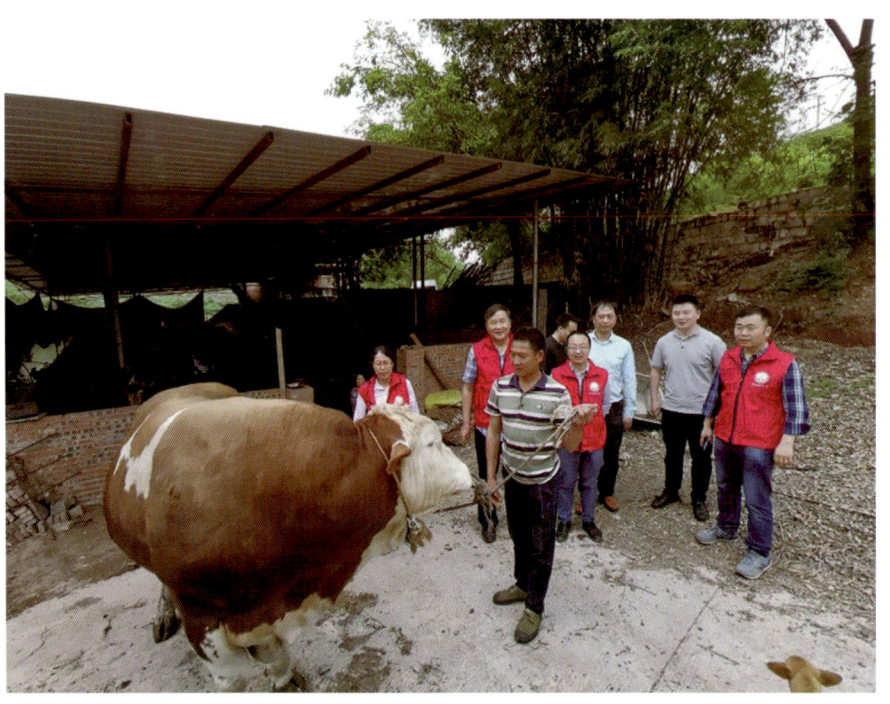

肉牛科技特派员团队指导农户养殖种公牛

科技特派员与农户共享丰收的喜悦

科技特派员谭平指导果农除草

科技特派员吕典秋（右二）开展马铃薯田间病毒监测

市科技局专家服务团参加黔江区"三下乡"活动

科技特派员赵永聚教授（扳羊头者）现场指导山羊养殖技术

科技特派员三峡农科院杨梅团队、达州农科院谢正伟等在万州区凤安社区现场培训

科技特派员黄科引进的生姜新品种"鲁中大姜"在丰都栽培成功

科技特派员黄文章在稻田养鱼水稻测产现场

重庆科技特派员
创新与实践

主编 张振杰 范守城 杨艳

西南大学出版社
国家一级出版社 全国百佳图书出版单位

图书在版编目(CIP)数据

重庆科技特派员：创新与实践/张振杰，范守城，杨艳主编. —重庆：西南大学出版社，2023.5
ISBN 978-7-5697-1695-5

Ⅰ.①重… Ⅱ.①张…②范…③杨… Ⅲ.①农业科技推广－研究－重庆 Ⅳ.①F327.719

中国国家版本馆CIP数据核字(2023)第068394号

重庆科技特派员：创新与实践
CHONGQING KEJI TEPAIYUAN:CHUANGXIN YU SHIJIAN

张振杰　范守城　杨艳　主编

责任编辑	曹园妹
责任校对	朱春玲　陈　欣
特约校对	朱司琪
封面设计	起源
版式设计	殳十堂_未氓
照　　排	张　祥
出版发行	西南大学出版社(原西南师范大学出版社)
	重庆·北碚　邮编：400715
经　　销	新华书店
印　　刷	重庆紫石东南印务有限公司
幅面尺寸	170 mm×240 mm
印　　张	19.25
插　　页	4
字　　数	313千字
版　　次	2023年5月第1版
印　　次	2023年5月第1次
书　　号	ISBN 978-7-5697-1695-5
定　　价	58.00元

编委会

顾　问：许志鹏　卞雨昕

主　编：张振杰　范守城　杨　艳

副主编：王豪举　张　磊

编　委：(排名不分先后)

　　　　孙　锋　王家喜　袁术平　蔡明成　代　杰　肖亚成

　　　　尹希果　孙翰昌　邓　烈　姜国金　王小玲

序

科技特派员制度源于福建南平，是习近平总书记在福建、浙江工作期间亲切关心指导、总结提升的农村工作机制的重大创新。1999年，福建省南平市为探索解决农业科技"神经末梢"不够灵敏，农业科技引领与支撑作用不够突出等问题，从高等院校、科研院所、农技推广机构等单位特别选派一批懂技术、有项目、有意愿的科技人员，深入基层，提供科技服务，指导产业发展。2002年，科技部总结南平科技特派员实践经验，在西北五省区开展试点工作，并逐步在全国各地推广。科技特派员在农业技术创新与示范、农业成果转化与推广、农村人才与农民技术培训、农业产业链打造、农产品品牌塑造、农民组织化提升等方面做了大量开创性工作，为助力农民增收、脱贫攻坚和乡村振兴提供了科技支撑和智力支持。

重庆市科技特派员工作开展较早，自2003年在武隆、合川、綦江等7个区县开展科技特派员试点工作以来，重庆市通过"十百千科技特派员下农村行动"、"双十百千"科技特派员创业服务行动、科技特派员进村帮扶专项行动等一系列重大专项活动，将人才、技术、信息、资金等科技资源逐渐引入农村一线，支持科技特派员到农村创新创业，发展壮大区域特色产业。"十二五"以来，重庆市科学技术局等部门先后联合印发了《重庆市科技特派员管理办法》《重庆市支持科技特派员创业服务十条举措》《重庆市科技特派员工作制度》等文件,制定了全国第一个科技特派员服务地方标准——《科技特派员服务管理规范》,并率先在全国成立了科技特派员协会,建立了科技特派员管理信息系统,搭建了"特农淘"电商平台,开设了"科技特派员网络公开课",构建了新型农村科技社会化服务体系,为脱贫攻坚和乡村振兴作出了积极的贡献。重庆科技特派员工作富有成效,特色突出,我们通过认真梳理和总结,推出《重庆科技特派员:创新与实践》一书,主要目的是总结重庆市科技特派员制度推行20周年的做法和经验,更好地为科技特派员服务乡村振兴战略提供参考和借鉴。

  本书内容主要分成六部分:一是理论探索。本部分内容主要介绍本地学者们对科技特派员自身能力建设、管理模式创新、服务模式创新等所做的研究。二是经验交流。本部分内容主要介绍重庆市所属区县(如江津、垫江、丰都、石柱等)科技主管部门在推进科技特派员助力脱贫攻坚和乡村振兴战略中的工作经验。三是团队实践。本部分内容主要介绍围绕全市主导和优势特色产业组建的科技特派员团队,通过团队实践支撑产业高质量发展的案例,列举肉牛、油茶、辣椒等科技特派员团队工作模式,以供其他省市参考和借鉴。四是个人风采。本部分内容主要介绍各区县科技特派员开展服务的先进事迹和典型,如获得过科技部通报表扬的陶伟林、朱丹等,以及表现突出、服务成效明显的部分科技特派员代表。五是政策保障。本部分内容主要介绍近年重庆市关于科技特派员工作出台的相关政策和文件,为进一步深入推行科技特派员制度提供保障和依据。六是感悟展望。本部分内容主要选取科技特派员榜样人物的工作事例,抒发感悟,以其理想情怀激励更多的人投身科技,为振兴乡村作贡献。

  本书的特色在于:一是鲜明的时代性。当前我国正在深入推进乡村振兴战略,农业农村现代化进入新的发展阶段,农业农村高质量发展需要更高水平的科技引领与支撑,本书正是在这样的时代背景下成稿,可以很好地服务乡村振兴战略这一时代主题。二是鲜明的创新性。本书力求对科技特派员如何服务好"三农"工作有所创新,特别是在自身能力建设、实践总结、服务与模式创新、运行机制创新、管理服务经验等方面都有介绍。

三是鲜明的实践性。科技特派员制度来自科技人员服务农业农村管理实践，因此实践对于深入推进科技特派员制度意义重大。本书有三部分内容集中于基层管理和服务工作，并对工作实践进行适度提炼升华，希望能够为下一步工作提供指导和借鉴。

2019年10月21日，习近平总书记对科技特派员制度推行20周年作出重要指示，指出科技特派员制度推行20年来，坚持人才下沉、科技下乡、服务"三农"，队伍不断壮大，成为党的"三农"政策的宣传队、农业科技的传播者、科技创新创业的领头羊、乡村脱贫致富的带头人，使广大农民有了更多获得感、幸福感。新时代赋予新使命，新阶段提出新要求，科技特派员将承担更加重要的使命，发挥更加重要的作用，我们深感责任重大，使命光荣。本书成稿也是希望广大科技特派员继续秉持初心，在科技助力乡村振兴中不断作出新的更大的贡献。

2022年10月

前言

科技特派员制度是一项源于基层探索、群众需要、实践创新的制度安排,是一项巩固拓展脱贫攻坚成果同乡村振兴有效衔接的重大举措。面对新形势和新要求,深入推行科技特派员制度,加快乡村人才引育和科技的迭代升级,是全面推进乡村振兴高质量发展的有效实践途径。该制度起源于1999年,福建南平首次将科技人才派到农业生产一线,为农民送去最急需的科技服务。科技部对南平市的做法给予了充分肯定,2002年在全国开始实施科技特派员的试点工作。重庆是一个大城市与大农村并存、二元经济结构明显的特殊直辖市,从试点科技特派员工作以来,广大"科特派"(科技特派员的简称)的身影一直活跃于巴渝大地上,并将他们的成果和论文写在了田野大地上。

2003年,重庆市在武隆、合川、綦江等7个区县开展科技特派员工作试点。

2004年,重庆市科委和市委组织部、市人事局、市农业局、市财政局等部门联合启动"十百千科技特派员下农村行动",分别选派科技领域的首席专家10名、市级科技特派员100名、区县级科技特派员1 000名,到农村开展形式多样的科技服务。

2008年,重庆成为全国4个"科技特派员进企业试点省市"之一。同年,重庆市科委联合五部门启动"双十百千"科技特派员创业服务行动,即在原"十百千"科技特派员派出模式基础上,明确提出重点服务全市优势产业科技示范基地10个、培育农业产业化龙头企业100家、带动种养大户和专业合作社1 000个。

2011年,重庆市科技特派员工作领导小组由5个市级部门增加市委宣传部、市教委、市工商局、市林业局、团市委、市银监局等至11个部门,2013年增加市供销合作总社至12个部门。

2012年,相关部门紧紧围绕市委市政府有关扶贫工作部署,重点实施了科技特派员"一帮一"创业扶贫工作,探索"科技特派员+创业+扶贫"的"造血式"扶贫新机制,为扶贫开发工作提供新思路、新举措和新模式。

2013年,重庆市科委、市委组织部、市委宣传部等12部门通力合作,突出"四型"(公益型、创业型、农村流通型和信息服务型)科技特派员特点,突出创业扶贫特色,全市科技特派员工作取得了显著成效。同时,与市林业局共同组织实施重庆市林业科技特派员工作,与市供销合作总社共同组织实施重庆市农村流通科技特派员工作,全市科技特派员已覆盖全市34个区县和主要优势特色农业产业。

2015—2017年,开展"千村特派员专项行动",探索出一批经验做法,在广大农村树立了创新创业新标杆。重点开展科技特派员精准帮扶、科技特派员服务管理系统建设、科技特派员培训与科技服务模式示范三项工作。其中科技特派员精准帮扶活动面向550个市级贫困村,每村选派1名科技特派员,每村安排5万元工作经费,帮助贫困农户掌握1—2项实用技术,促进群众科技致富。3年已累计选派科技特派员1.1万人次。实现了全市1 919个贫困村科技特派员选派"全覆盖"。科技特派员已发展成为公益型、创业型、农村流通型和信息服务型"四型"科技人才,形成了"国家级'三区'科技人才—市级科技特派员—区县科技特派员—乡镇特派员"四级联动服务体系。

2018—2019年,开展科技特派员进村帮扶专项行动。联合选派486名重庆市科技特派员,服务期限为2年,服务14个扶贫重点区县(另含市科委对口帮扶的万盛南桐镇);服务方式为"1名特派员+1个贫困村";进驻贫困村推广应用农业实用新技术,支持开展品种引进与推广、技术应用与示范、产业咨询与指导、科技专题培训等科技服务。通过建立技术帮扶关系，实现服务深度贫困乡镇、市级贫困村市级科技特派员全覆盖。

2020年，开展"科技特派员助力脱贫攻坚行动"。为打赢重庆市精准脱贫攻坚战，市科技局联合选派750名市级科技特派员，与受援区县服务对象签订"一对一"的技术帮扶协议，服务期限1年，开展科学知识传播、创新创业、精准帮扶、科技服务等。

2021年，联合选派750名市级科技特派员，签订"一对一"的技术帮扶协议，服务期限为1年。主要开展推广农业实用新技术，提供新品种引进与推广、技术应用与示范、产业咨询与指导、科技专题培训等科技服务。同时，为促进乡村全面振兴，增选600名第二批市级科技特派员，拓展特派员选派范围，试点选派人工智能、工程技术、乡村治理、文化教育、卫生健康、生态环境、农资经营、品牌咨询等领域科技特派员。

2022年，为巩固拓展脱贫攻坚同乡村振兴有机衔接，深入实施科技特派员制度，选派市级及以上科技特派员1 000名，引进、推广新品种700项，新技术700项，培育基层技术骨干2 000名。同时，各区县结合企业需求试点选派人工智能、工程技术、乡村治理、文化教育、卫生健康、生态环境、农资经营、品牌咨询等领域科技特派员，促进乡村全面振兴。

本书主要梳理了科技特派员助力脱贫攻坚中积累的经验，重点总结了科技特派员服务"三农"的先进经验和列举了典型案例；通过这些经验和案例，拓展了科技特派员赋能乡村振兴，坚持人才下沉、科技下乡、服务"三农"的宗旨；介绍了组建"科技特派团"，统筹科技服务和指导，通过品种引进推广、技术集成攻关，全面推进乡村振兴的模式。

脱贫攻坚取得胜利后，要全面推进乡村振兴。中央提出做好巩固拓展脱贫攻坚成果同乡村振兴有效衔接，是着眼于"三农"工作重心的历史性转移而作出的战略部署。"巩固"是与乡村振兴有效衔接的基础，"拓展"是实现向全面推进乡村振兴转移的路径。新时代新形势下，必须坚持把科技特派员制度作为科技创新人才服务乡村振兴的重要工作制度，要紧紧围绕创新驱动发展、乡村振兴，进一步完善制度体系和政策环境，进一步发展壮大科技特派员队伍，把创新的动能扩散到田间地头。

目录

第一章 理论探索 ·········· 1

基于精准扶贫视角的科技特派员胜任力研究 ·········· 1

完善"五统五同"体系,构建科技特派员治理新格局 ·········· 7

重庆科技特派员赋能乡村振兴亟须解决四方面的机制问题 ·········· 14

重庆市科技特派员服务工作模式 ·········· 19

第二章 经验交流 ·········· 32

垫江打通精准服务"三农"最后一公里 ·········· 32

丰都坚持"四个三"助推脱贫产业健康发展 ·········· 37

选准、管好、用活——扎实推进石柱科技特派员工作 ·········· 41

荣昌"四举措"护好科技特派员服务路 ·········· 44

江津区"三个导向"创新推进科技特派员制度 ·········· 48

开州强化四项举措推进落实科技特派员制度 ·········· 52

巫溪构建三级科技服务体系,助推产业升级发展 ·········· 56

云阳科技特派员精准助力脱贫攻坚与乡村振兴……………… 60
以人才、技术为引领,推动乡村产业高质量发展…………… 65
聚集三力、提升水平　万州区打造渝东北科技特派员工作标杆……… 68

第三章　团队实践…………………………………………… 71
科技引领甜蜜之路…………………………………………… 71
引"稻渔科技"下乡,树"忠州农田"影像…………………… 76
重健康养殖,促生态效益…………………………………… 79
科技帮扶,让"柴火树"变成"摇钱树"…………………… 82
一朵蘑菇的"接二连三"…………………………………… 85
科技引领,丰都建"牛都"………………………………… 89
"五带"科技服务入酉阳,万亩榨菜冬季绿山乡…………… 94
科技助力小辣椒做成大产业………………………………… 98
"科特"助力龙头企业,科技助推柠檬产业………………… 103
绿水青山映大地,生态扶贫显真情…………………………109

给农机装上"大脑",科技助力乡村振兴……………………………………112
创新生态渔业模式,让鱼塘水面飘绿植……………………………………114
科技特派员团队助推秀山茶叶产业快速发展……………………………117
助推地方遗传资源保护利用,打造巫溪致富产业"领头羊"……………120

第四章 个人风采……………………………………………………………123

推广水产绿色养殖,助推乡村产业振兴……………………………………123
多措并举,护航产业发展……………………………………………………130
全产业链服务撬动特色产业发展,助推乡村振兴典型案例………………135
科技支撑畜牧业,培育涪陵黑猪促农增收…………………………………138
路边摊到小作坊再到全产业链——"张鸭子"的成长之路………………142
上善若水,不负韶华…………………………………………………………145
小柠檬、大未来,科技帮扶添活力…………………………………………149
科技助力黄金薯结硕果………………………………………………………152
传统农业新写意,种地道好粮的三问答卷…………………………………156
科技增茶香,荒山变金山……………………………………………………160
深入一线当好"农技员",十年付出助推产业发展………………………164

种下"致富竹",让荒山变"金山" ······168
把科技论文写在田间地头,助力油橄榄产业提质增效 ······173
穿行在希望的田野 ······177
生姜科技特派员助力丰都乡村振兴 ······181
城口来了个"疯"专家 ······185
蔬菜栽培助力乡村振兴 ······189
既然七分是山,那就把山变成金山 ······193
坚持不懈开展科技创新,助推重庆榨菜产业做大做强 ······197
"龙潭贡米"焕发新生机 ······200
找准当前产业发展节点,突出优势助力菜农增收 ······204
定点帮扶显真情,科技助力贡米香 ······208
巩固拓展脱贫攻坚成果,产业示范助推乡村振兴 ······212
莫道桑榆晚,为霞尚满天 ······216
畜牧技能人才培养助力彭水乡村振兴 ······219
坚守把稳群众油瓶子的初心 ······224
脚踏实地,把科研成果写到养殖基层 ······228

第五章　政策保障 ······ 234

关于开展"十百千科技特派员下农村行动"工作的意见 ······ 234

重庆市科技特派员试点工作"十一五"计划 ······ 240

重庆市支持科技特派员创业服务十条举措 ······ 244

重庆市科技特派员工作制度 ······ 247

重庆市科技特派员进村帮扶计划实施方案（2015—2017年）······ 250

重庆市深入推行科技特派员制度实施方案 ······ 255

重庆市科技特派员管理办法 ······ 262

重庆市千名科技特派员助力脱贫攻坚专项行动实施方案 ······ 266

关于科技助力巩固拓展脱贫攻坚成果同乡村振兴有效衔接的实施方案 ··· 270

第六章　感悟展望 ······ 275

在新时期取得新成绩，科特派需更新理念、拓宽视野 ······ 275

理想情怀榜样示范 ······ 280

站立时代潮头，争当农村科技传播先锋 ······ 281

让科技特派员制度成为推进乡村全面振兴的重要抓手 ······ 286

科技特派员工作实效与感悟向往 ······ 288

第一章
理论探索

基于精准扶贫视角的科技特派员胜任力研究

近年来[①],我国脱贫攻坚战不断取得决定性进展,大量贫困人口稳定脱贫,贫困发生率降至4%以下。在此背景下,党的十九大报告进一步指出,要确保到2020年我国现行标准下农村贫困人口实现脱贫。然而,我国扶贫脱贫工作在不断适应发展中逐渐暴露出一些问题。随着经济增长进入新常态,其带来的减贫效应在不断下降。另外,鉴于扶贫资金漏损、无法识别到户、贫困区县的扶贫靶向效应不显著、无法摸清贫困户贫困原因、扶贫创业项目无法持续推进等问题的不断出现,传统的"大水漫灌式""输血式"扶贫已经无法适应我国当前扶贫工作的进程。国际贫困治理的思路逐渐从普遍偏向的普惠式扶贫向精准偏向的瞄准式扶贫转变,我国扶贫工作的开展模式也在不断趋向精准化。2013年11月,习近平总书记在湖南湘西考察时第一次提出了"精准扶贫"的要求,此后,中央以及各级部门详细制定了系列相关文件,"精准扶贫"也成了我国扶贫开发进入决胜阶段的治理战略和制度安排。有学者指出,科技特派员制度是新时期创新农村科技服务推广体系、统筹城乡发展、助推精准脱贫、解决基层"三农"问题的一项重要举措和有益探索。自1999年在福建省南平市第一次提出该制度,经过多年的推广实践,科技特派员已经成为多个地区精准扶贫的生力军,但同时也面临着许多问题。其中亟须解决的是如何科学选

[①] 本文写作于我国脱贫攻坚战取得全面胜利之前,后有大量内容也是如此。后文每篇文章由不同作者撰写,写作时间和背景不同,统计口径也不同,个别数据可能有不一致的地方,特此声明。

派能力素质等方面适合该工作的科技特派员,并使其发挥最大潜力。而胜任力模型就是在管理学不断发展的过程中被逐渐认可并成为主流的研究科技特派员岗位匹配度的载体。

一般情况下,可以根据胜任力模型选拔出具有较强胜任力的科技特派员,再结合贫困村致贫原因、贫困程度、科技需求等因素精准匹配具有不同胜任力的科技特派员。许多学者对科技特派员制度自推行以来的实践探索和基本经验进行了梳理总结,发现政策因素、工作特征因素、个体认知因素等都对科技特派员的工作成效影响较大。虽然该服务体系构建已较为成熟,但有学者在对科技特派员服务质量进行研究时,发现科技特派员服务积极性不高的问题较为严重。这不仅与科技特派员自身的定位模糊有关,也反映出岗位匹配不合理带来的激励机制不健全等问题的严重性。通过对已有文献的回顾总结,发现研究大多集中在科技特派员制度本身存在的问题以及创新创业等科技特派员实际工作中的具体应用方面,虽有少量学者将科技特派员工作与精准扶贫联系起来,但尚未有将科技特派员个体因素与其岗位结合起来对其胜任力进行的系统研究。

一、科技特派员精准扶贫工作

科技特派员是地方党委和政府按照一定程序选派,围绕解决"三农"问题和农民看病难问题,按照市场需求和农民实际需要,从事科技成果转化、优势特色产业开发、农业科技园区和产业化基地建设以及医疗卫生服务的专业技术人员。而科技特派员制度经过20多年的发展,相关理论的研究已经相当成熟。大部分科技特派员工作都是与农村扶贫问题紧密相连的,这与科技特派员制度产生的初衷相一致。科技特派员与农民作为科技特派员制度的主体,形成了信誉共同体模式、农业科技园区模式、科技特派员企业模式、科技特派员工作站模式、科技特派员协作创新团队模式等结合方式。李金龙等借鉴美国三位一体的农技推广体系、日本农协主导的民办营农指导体系以及荷兰私人农业咨询组织主导的技术密集型农技推广体系丰富了我国农业科技特派员制度。实践表明,农业科技特派员制度已经成为市场经济条件下促进农村科技现代化发展、解决"三农"问题、推进精准扶贫工作的有效模式。

另外,许多学者针对精准扶贫的内涵、外延和理论基础进行了梳理总结,认为精准扶贫是我国改革开放以来扶贫治理体系变迁的必然结果,也是确保农村走出扶贫困境的必要之举。精准扶贫政策自提出以来不断发展,模式推陈出新,许多试点地区取得了显著成绩,但在其推进过程中也不可避免地产生了如成本高、效率低、损害贫困人口的自主性以及排斥非贫困人口产生新的社会不公等问题,面临着贫困户参与度不够,帮扶政策不灵活,扶贫资金有限,驻村扶贫工作队积极性不高、效果较差等困境。要解决这些问题,必须平衡政府、贫困人口与社会三者之间的关系,构建创新扶贫机制,改"输血"为"造血",不再直接输送资源而是引导社会为贫困人口创造发展机会。

在技术层面上,章昌平等构建了以贫困人口为中心的大数据关联整合方案的理论模型,形成了同基于业务流程的精准扶贫大数据管理平台互补的横向整合方案;汪磊等利用精准扶贫大数据平台解决了扶贫过程中的信息不对称问题,促使精准扶贫机制由政府驱动逐渐演化为数据驱动;王雨磊以农村精准扶贫为例,分别探讨了国家和基层管理人员如何在社会治理过程中建构实施数字治理技术以及生产特定情境的数字信息,提出数字下乡不同于以往指标管理的三个维度,分别为数字在地化、数字系统化以及数字逻辑化。

在模式层面上,学者们观点各异,翁伯琦等认为应依靠科技创新与科技创业来带动精准扶贫;宫留记提出应构建政府主导下的新型市场化扶贫机制,为精准扶贫提供顶层设计;赵晓峰等认为农村合作社这种制度安排的益贫性使其成为精准扶贫的理想载体,在国家与贫困农户之间充当中介组织的角色,提高了国家扶贫资源的利用效率;王晓毅根据对贵州和甘肃12个村庄的访问探讨了如何通过驻村帮扶更好地实现精准扶贫,指出政府应加强对驻村帮扶干部的系统性和周期性培训;申云等基于在四川、重庆、江西三省(市)开展的农户链式融资准试验对贫困户和非贫困户参与链式融资后的减贫效果进行实证分析,发现产业链式融资对农户减贫的效果要好于农户直接向金融机构融资；王嘉毅等指出教育支持在精准扶贫中的基础性、先导性和持续性作用；唐智彬等指出定向农村职业教育是服务精准扶贫的重要方式；亦有较多观点偏向于促进精准扶贫走上法治化轨道。然而，纵观科技特派员制度实施以及精准扶贫政策提出后涌现的大量相关文献，从科技特派员参与精准扶贫工作角度进行的研究还比较欠缺。只有一些地方报纸对科技特派员精准扶贫事迹进行报道，说明该模式还处在摸索和宣传推广阶段，尚未形成一种可理论化的操作范式。

二、科技特派员胜任力及其影响因素

胜任力的概念最早在20世纪70年代由Mc Clelland提出，用以区分某一工作中的普通者与有卓越成就者的深层次特征，主要包括动机、特质、自我形象、态度或价值观、某领域知识、认知或行为技能等任何可以被可靠测量或计数且能显著区分优秀与一般绩效的个体特征。Spencer等据此提出了胜任力的冰山模型，他们认为胜任力是个体的潜在因素，由"冰山上面"与"冰山下面"两部分构成，前者包括易于测量的基本知识和技能，后者包括社会角色、自我认知、动机和个性特征等不易被观察到的因素。Boyatzis在对12个工业行业共41个管理职位的2 000多位管理者进行分类分析后，得出了包括六大特征群及19个子胜任力的管理人员胜任力通用模型。该模型揭示了胜任力具有由内而外可以逐层观察和测量的特征，因此也被称作胜任力的洋葱模型。早期的研究集中于构建通用行业的胜任力模型，在20世纪90年代逐渐形成了个体层面、组织层面和行业层面等一系列成果，由通用模型转向特定行业和岗位。进入21世纪后，胜任力研究的理论层面已经相当成熟，国内外的研究重心逐渐转向实证研究，大部分学者开始对特定岗位人员的特定维度如技术能力、社会能力、创新力和创新技能等进行胜任力模型的构建，集中于高校及医护人员、企业销售人员、各阶层创业者、中高层管理者、公务员等岗位。近几年的研究中也出现了一些对冷门职业胜任力模型的构建情况分析，如情报分析人员、舆情管理人员等分析。

本文研究的主体是科技特派员胜任力。胜任力理论指出，应针对特定岗位构建特定类型的胜任力模型，这不仅有利于更有针对性地实施人员选拔、绩效考核等工作，也有利于自我检验及工作能力提升。科技特派员作为一个规模化的群体进入人们视线的时间较短，科技特派员制度又极具中国特色，所以目前国内外尚未有关于科技特派员胜任力模型的研究。考虑科技特派员这一角色兼具管理者与技术人员的性质，因此本文在研究过程中参考了基层干部、公务员、技术人员等相关岗位的胜任力模型，并尝试在此基础上构建科技特派员的胜任力模型。

根据已有的研究，基层干部胜任力一般分为基础能力、工作能力、政治能力三个大类，更加详细的分类还包括业绩导向、制度建设、政策推演、综合思维、影响力、性格动机、职业品德、人际关系和团队领导等方面。卢冲等有针对性地对承担贫困村脱贫任务的基层干部进行研究，并基于精准扶贫视角提出了基层干部的胜任力模型，主要包含价值认同度、脱贫责任感、协调沟通能力、组织实施能力、学习能力、专业知识、职位特征七个维度。胡月星对宁波市基层干部进行胜任力特征调查，得出了五项核心能力要素，分别为解决实际问题能力、创新能力、组织实施能力、合作共事能力以及联系群众能力。在构建公务员胜任力模型时，学者们均围绕技能、社会角色、自我认知、个性特质、动机等角度进行研究。张宝生等创新性地提出了德、勤、绩、廉四个通用指标以及领导职能和非领导职能两个专业指标；田蕴祥通过对OECD(经济合作与发展组织)国家公务员体系人力资源改革内容的梳理分析，对我国高级公务员胜任力模型的构建提出了相关建议；赵源以联合国业务人员和司法人员为研究对象区分了国际公务员在处于不同职位层级时对胜任力特征的不同要求。现有研究中，对技术人员胜任力模型的讨论较少，这与人们传统观念中认为只有管理人员需要考虑胜任力对其职业发展的影响而技术人员只需关注自身知识技能提升的偏见有关。实质上除了专业知识技能、学习创新能力等基本要素，技术人员的合作意识、沟通交往能力、市场驾驭能力、心理自我平衡能力等因素同样重要。田壮通过对浙江省部分市农业科技推广人员开展访谈调查，提出了该群体的六维度模型，包括信息收集、市场导向、渐进创新、系统思考、教学能力和岗位奉献;冯明等针对制造业工程技术人员鲜少成功转换为管理人员这一现象,对不同技术人员进行测试,发现在管理上具有潜力的工程技术人员在结构化面试和情景判断测试中表现较好。因此,科技特派员作为技术人员参与精准扶贫工作时,不仅需要专业的知识和技能作为基本的硬件条件,更需要类似公务员及基层干部作为管理人员所需的组织管理能力、沟通与合作能力、市场驾驭能力、责任意识和价值认同等软实力。

结合国内外的研究,本文将科技特派员参与精准扶贫工作时的胜任力特征概括为:奉献精神与宗旨意识、团队意识、与农户沟通协调能力、创新学习和专业技术能力、政策解读与贯彻能力、指导帮扶能力、创业帮扶能力、帮扶效果八个方面,具体含义描述见表1。

表1 科技特派员胜任力特征的定义

胜任力特征	具体含义
奉献精神与宗旨意识(INI)	全心全意为贫困户服务,深入了解并为其脱贫无私奉献
团队意识(TMW)	即整体配合意识,分为团队目标、团队角色、团队关系及团队运作过程四个方面
与农户沟通协调能力(CMC)	在日常工作中妥善处理好上级、同级、下级等各种关系,使其减少摩擦,能够调动各方面工作积极性的能力
创新学习和专业技术能力(PTA)	在日常工作中的学习实践能力以及对相关技术推广的能力
政策解读与贯彻能力(PAI)	积极关注国家相关政策并与贫困地区具体情况相结合的能力
指导帮扶能力(GHA)	具有亲和力,能将自己所掌握的技术有效传授给贫困户的能力
创业帮扶能力(SAB)	和贫困户共同创业或通过自己创业为贫困户提供脱贫渠道的能力
帮扶效果(EFT)	贫困地区收入提升程度以及贫困户观念改变程度

完善"五统五同"体系,构建科技特派员治理新格局

科技特派员制度发源于福建南平,是习近平总书记在福建工作时亲切关心指导、总结提升的工作机制创新。20多年来取得了丰硕成果,广大科技特派员已成为党的"三农"政策宣传队、农业科技传播者、科技创新创业领头羊、乡村脱贫致富带头人。习近平总书记强调:"要坚持把科技特派员制度作为科技创新人才服务乡村振兴的重要工作进一步抓实抓好。广大科技特派员要秉持初心,在科技助力脱贫攻坚和乡村振兴中不断作出新的更大的贡献。"2021年3月,习近平总书记在福建考察调研时再次指出,要很好总结科技特派员制度经验,继续加以完善、巩固、坚持。近年来,重庆市聚焦科技特派员工作中的制度安排和动态管理两个重点,通过项目、平台、标准、培训、政策"五个统筹",实现管前管后、线上线下、派出派入、市内市外、扶贫扶智"五个协同",着力构建协同联动、齐抓共管的科技特派员治理新格局。

一、统筹项目,实现管前管后协同,打造流畅型技术应用链

科研项目是科技特派员创新创业的主要载体,是科技特派员与农村经营主体的连接纽带,是促进创新资源优化配置的"催化剂"。重庆采取"点、线、面"相结合的方式,统筹布局科技特派员相关项目,进一步引导创新资源优化配置。

一是设立科技特派团专项,打造示范"点"。按照"一县一团一业"思路,每个区县组建一个特色优势产业科技特派团,发挥团队中科技特派员各自技术优势,引导社会科技资源聚焦支持主导产业发展,着力打造一批产业品牌。例如由西南大学邓烈等10余名科技特派员组成的团队,服务忠县国家农业科技园区,开展早晚熟品种选优、果园精准施肥、病虫绿色防控、果汁精深加工等关键核心技术全链条的集成推广,实现了忠县"忠橙"全年9个月树上有鲜果,从一粒种子到一杯橙汁"榨干吃尽"的目标,使资源得到了最大化循环与利用。

二是优先支持科研项目,拓宽资助"线"。重庆市75%的农业基础研究与应用示范项目由科技特派员牵头实施,带动更多人才、资金、设备等资源投入,有效拓宽了技术研发与成果转化的"带宽"。

三是实施科技特派员专项,铺开服务"面"。重庆市每年从农业农村领域科技资金中单独切块,用于支持科技特派员专项。面向农业企业、专业合作社、行政村、种养大户等重点对象选派科技特派员,明确科技特派员到农村开展技术帮扶与技术培训的目标任务,帮助农村解决技术难题、提升当地农业科技水平。例如:2020年,全市5 000余名科技特派员开展线上指导1.14万次、"一对一"农业科技服务3.64万次、解决技术难题3 297项、推广先进实用技术1 727项、引进推广新品种1 584个,切实推动科技特派员"把论文写在大地上、把成果留在百姓家"。

加强农业科技创新前端和后端协同管理,打造流畅型技术应用链。在具体实践中,结合重庆山地丘陵的地理环境特点,聚焦前端技术攻关,组织实施了现代种业提升工程和丘陵山区智能农机装备技术创新专项,推进了重大农作物和畜禽良种联合科研攻关,攻克了高山"根肿病"等技术难题,推动了适应丘陵山区的高端智能农机装备的研发制造。与此同时,聚焦后端的应用示范,重点开展了新技术、新品种、新设备的引进、应用与推广,尤其注重集成科技特派团队的人才、技术资源,着力攻克产业链、技术链的薄弱环节,进一步畅通农业科技服务的"梗阻",构建形成完整的技术帮扶链。如以重庆市农业科学院陶伟林为核心的科技特派员团队,以蔬菜病害防控技术创新为"小切口",做好科技惠农、科技兴农的大文章。扎根山区持续攻坚"根肿病"世界难题,筛选适宜品种,比选安全药剂,有效抑制了十字花科蔬菜"癌症",让武隆、涪陵、丰都等地5万亩(1亩≈666.7平方米)高山蔬菜寒冬、淡季供应不断。科技"飞入"寻常百姓家,科技特派员成为农户贴心人。

二、统筹平台,实现线上线下协同,打造空间型社会服务链

阿基米德说:"给我一个支点,我就能撬起地球!"各类创新创业平台

既是扩大科技特派员服务成效的有力"支点",也是连接科研成果与社会应用的重要载体。重庆市推行科技特派员制度以来,积极统筹布局各类创新创业平台,充分发挥平台的支撑作用。构建了"技术创新—场景应用—产业孵化—科技服务"一条龙的科技特派员创新创业平台体系。

一是以技术创新中心、农业高新技术产业示范区为主体,打造形成技术创新平台体系。重庆市成功创建国家生猪技术创新中心,并以渝北农业科技园区为主体积极建设国家级农业高新技术产业示范区。二是以农业科技园区、科技特派员创新示范园为主体,打造形成应用场景平台体系。2022年初,重庆市已建立国家级和市级农业科技园区22个,累计推广应用农业新技术、新品种1 200余项。三是以"星创天地"为主体,打造形成产业孵化平台体系。全市已建成各类"星创天地"44个。四是以专家大院、科技特派员工作站为主体,打造形成科技服务平台体系。截至2022年初,重庆市已累计建设专家大院123个,实现了专家大院在区县的全覆盖,并建立健全了服务保障机制,为科技特派员有效开展科技创新创业服务、扩大成果应用、提升社会影响等提供了有力支撑。

推动线上平台与线下平台的协同联动,着力打造空间型社会服务链。在技术帮扶上,一方面依托区县科技管理部门和科技特派员协会,组织科技特派员深入田间地头或在线远程指导,开展农业科技培训、"一对一"解决技术难题;另一方面积极开设科技特派员网络公开课,开展应时应季的农业实用技术宣讲,有效拓展了科技服务空间。在供需对接上,一方面利用科技特派员资源优势,帮助服务对象打开市场、拓展销路,减少库存积压;另一方面建设"特农淘"电商平台,由科技特派员代言特色农产品,开拓网购市场,促进消费帮扶,提升特色农产品的品牌力。在信息管理上,一方面建立科技特派员信息管理系统,实时收集、更新科技特派员线上线下服务信息,监控科技特派员工作数据变化,解决相关矛盾或问题;另一方面建立线下管理台账,要求区县科技管理部门、科技特派员协会定期填报科技特派员服务所在区县动态数据,及时掌握科技特派员服务农业农村的一手情况,并据此对科技特派员的工作进行考核评价。

三、统筹标准,实现派出派入协同,打造流动型要素运动链

"矩不正,不可以为方;规不正,不可以为圆。"为更加科学地管理科技特派员,重庆市建立起一套科技特派员开展科技服务的标准和规范,促使科技特派员在工作中有规可依、有章可循。重庆市依托科技特派员协会等社会组织,建立了科技特派员经典案例库。通过归纳优秀案例的服务模式、基本特征、表现形式等,形成了一套集科技攻关、服务管理、成果转化等于一体的工作标准体系,并要求科技特派员在行业规则、着装礼仪、标识标牌等方面执行统一规范。通过统筹建立科技特派员工作标准和行为规范,促使科技特派员在解决产业链、技术链"卡脖子"问题时有效提供专业化服务,在引进、应用和推广新技术新品种时提供规范性服务,确保科技特派员工作始终运行在科学轨道上。重庆市自建立科技特派员工作标准和行为规范以来,进一步提高了科技特派员的工作积极性,得到了各区县政府、企业的充分认可,各区县对科技特派员工作的满意度提高到了95%以上。

重点突出科技特派员市外派出和市外派入协同联动,促进科技特派员在市内外有序流动,推动形成流动型要素运动链。首先,重庆以推进成渝地区双城经济圈和科技创新中心建设为契机,联合四川省实施科技特派员选派大协同大联动,双方共建科技特派员信息库,实现科技特派员互派、互认、互用,有效扩大了双方科技特派员人才资源总量。其次,重庆充分发挥作为西部大开发的重要战略支点、"一带一路"和长江经济带联结点的区位优势,广泛吸纳云南、贵州、山西、甘肃等省市的科研人员到重庆注册科技特派员,同时也积极向周边省市选派本市的科技特派员,开展农业技术帮扶、指导和培训,有效促进了重庆与西部其他省市技术、人才等资源要素的双向流动。重庆已成功吸纳周边省市一百多名科技特派员注册,并将以西南大学、市农科院为主体的科技特派员团队派往贵州、四川、云南等地开展科技服务。再次,重庆以东西部科技协作为契机,主动加强与山东、安徽等地的农业科技合作,积极引进东部地区农业科技专家到重庆市开展科技服务。已引进山东、安徽等地区农业科技专家百余名,建设

了武隆高山蔬菜、奉节脐橙、城口山地鸡等一批东西部科技协作示范基地,有效促进了东西部科技人才自由流动和优化配置。

四、统筹培训,实现市内市外协同,打造复合型模式推广链

苏东坡有言:"博观而约取,厚积而薄发。"重庆市加强科技特派员系统学习,不断提升服务于农业农村的科技特派员复合型能力素质。在具体工作中,重庆采取三项措施,统筹科技特派员培训资源和培训方式,着力构建复合型科技特派员人才队伍。一是坚持以上带下,培养技术精英。通过国家级和市级科技特派员"一对一"和"一对多"的方式带教区县级科技特派员,不断提升区县科技人才素质,建立梯度式科技特派员人才队伍。2020年,重庆市共组织国家级和市级科技特派员3 344名,累计带教区县级科技特派员2 044名。二是坚持一专多能,拓展知识领域。在提高科技特派员技能的培训中,除加深本专业领域的知识学习外,明确将政策形势变化、前沿科技成果、乡村社会发展、农民实际需求、行为礼仪规范等内容纳入科技特派员必修课中,着力打造知识新、技术精、视野广的科技特派员队伍。三是坚持政、经、技结合,丰富培训内容。在组织科技特派员到农村开展技术培训时,明确要求科技特派员将"三农"政策宣讲、经济形势分析、实用技术知识、常见病虫害防治、最新技术标准等纳入农民培训必授课中,培育农村技术骨干,辐射带动广大群众。2020年,全市科技特派员通过电话、视频等方式累计开展远程指导7 700余次,开展线上培训6 201次,培育基层技术骨干6 327人、培训农民11.85万人次,辐射农民群众34.81万户。

重庆市进一步加强市内外资源协同,全面加强科技特派员的管理、考核和评价,着力推动打造复合型模式推广链。一是争取国家资源。积极推动重庆市科技特派员工作纳入科技部"100+N"开放协同创新体系,集聚全国知名院校、国家级重大科技创新平台等资源,支持重庆市科技特派员队伍建设,不断提升重庆市科技特派员队伍的核心竞争力。2020年以来,在"100+N"开放协同创新体系下,重庆市共有5 000多名科技特派员积极参与了农业装备

关键核心技术研发、智能制造、转化应用、集成示范等创新合作项目。二是整合市级资源。全面建立科技特派员选派管理"1+11"机制,由重庆市科学技术局(市科技局)牵头,市委组织部、市教委、市农业农村委等11个部门参与,采取联合选派、共同考核的方式,协同抓好科技特派员选派及考核工作,并明确在绩效考核、评先评优和晋职晋级等方面给予科技特派员优先政策,进一步调动了科技特派员扎根基层、服务农民的积极性。2020年,全市有32名科技特派员获得省级以上表彰,科技特派员相关媒体报道有693篇,这都成为科技人员晋级晋升的重要途径之一。三是调动基层资源。坚持区县在科技特派员选派、使用、管理、考核中的主体地位,鼓励区县在科技人员创新创业、科技评价改革等方面进行有益探索,积极获取成效。例如,垫江县成立科技特派员协会,开发垫江县科技特派员服务"三农"信息化平台,并与四川省邻水县建立科技人才"户口不迁、关系不变、身份互认、服务互联"的柔性流动机制,成为推动川渝毗邻地区协同创新、融合发展的生动案例。

五、统筹政策,实现扶贫扶智协同,打造保障型价值帮扶链

古人云,"治国无法则乱,守法而弗变则悖,悖乱不可以持国"。重庆以巩固拓展脱贫攻坚成果同乡村振兴有效衔接为目标统领,采取统筹各类政策资源的方式,制定并完善了一套科技特派员管理制度。一方面,明确将科技特派员工作融入产业振兴、人才振兴、文化振兴等工作,对科技特派员给予职务职称晋升、评优评先、基层工作经历认定等方面政策保障,将纪律约束与强化保障结合起来,切实提升科技特派员服务保障工作实效。另一方面,在"三新"背景下,及时拓宽科技特派员选派范围,组建以特色优势产业为导向的科技特派团,打造从产地到餐桌、生产到销售、研发到市场的全产业链服务模式,积极建设了一批科技特派员创新创业示范园区,进一步放大了科技特派员团队帮扶产业发展、乡村振兴的良好效应。截至2020年底,重庆市已组建科技特派团24个,建设科技特派员创新创业示范园区38个,促成科技结对帮扶搭档132对,带动了特色优势产业的全面发展,进一步健全了现代农业科技创新体系。

与此同时，重庆市还进一步明确了科技特派员服务农业农村的目标定位，突出扶贫与扶智的任务协同，着力打造保障型价值帮扶链。一方面，要求科技特派员深入基层一线，以农村主导产业帮扶为抓手，开展实用技术指导、科技成果转化、创新创业示范等工作，积极帮助农村培育发展一批特色优势产业，同时大力推动农村基础设施、教育卫生、生态保护、消费增长等方面发展。另一方面，坚持"既授人以鱼，又授人以渔"。结合乡村文化建设的需求，运用"科技特派员+科普基地+服务对象"的结对帮扶长效机制，推动科技特派员在"三农"政策宣讲、科普知识传播、基层党组织建设、乡土文化讲座等方面加大工作力度，帮助培养农村技术骨干和高素质农民，坚持以群众为主体，激发内生动力，巩固拓展脱贫攻坚成果和推动乡村振兴取得更大成效，以此保障科技特派员帮扶培育的特色优势产业可持续发展。例如，在万州区龙驹镇，63名科技特派员引进新品种21个，新技术24项，组织各类科技培训10多场，建成25个科技帮扶产业基地，打造"三峡皇希"（茶叶）等知名品牌。

通过构建"五个统筹"和"五个协同"体系，重庆市在完善科技特派员服务"三农"制度机制，激发政策、技术、人才、资本等要素活力，发挥科技特派员作为乡村振兴生力军的重要作用等方面进行了有益探索。下一步，重庆市将更好地发挥政府、市场、社会等各方面的积极作用，切实构建共同参与、协同治理的科技特派员工作新格局，为推动全面实现乡村振兴贡献更多的科技解决方案。

重庆科技特派员赋能乡村振兴亟须解决四方面的机制问题

科技特派员这一项制度安排,主要面向村社、园区、企业、家庭农场等农村基层一线,选派科技人员开展科技创新创业、科技成果转化、科技专题培训、技术示范与咨询服务等方面的工作。我市自2004年实施科技特派员制度以来,常年有5 000多名科技特派员活跃在秦巴山区、武陵山区、三峡库区等地,形成了由国家级("三区"科技人才)、重庆市、区县和基层科技力量组成的精准指导体系,成为农户的好老师、好帮手。然而,在有效助力巩固拓展脱贫攻坚成果同乡村振兴有效衔接方面,还存在"特派"机制不健全、"政策"机制不灵活、"责任"机制不明晰、"评价"机制不完善等问题亟待解决。

一、基本情况

20年以来,我市科技特派员制度坚持项目、平台、标准、培训、政策五个统筹,实现管前管后、线上线下、派出派入、市内市外、扶贫扶智五个协同,为农业产业兴旺、农村社会稳定和农民脱贫致富作出了重要贡献。一是推进农业科技成果转化。2020年选派科技特派员5 726人次深入田间地头指导农民做好土、肥、水管理和病虫害防治工作,开展"一对一"服务4.79万次,推广先进实用技术2 340项,引进推广新品种2 140个。二是助力脱贫攻坚大收官。选派科技特派员直接服务2 510个村庄,解决技术难题4 934项,带动34.81万户农民增收,并在特色种养、农产品精深加工、乡村文旅等方面培育了一批乡村产业。三是抗击新冠疫情。组织科技特派员"战疫情、强服务、促生产",开展远程指导3 200余次,帮助1 407家企业解决复工复产问题944项,帮助440家企业解决销售问题417项,推动全市"菜篮子""肉盘子""果盘子"能够"保供应、保质量、保稳定"。

二、主要问题

(一)"特派"机制不健全,队伍发展不充分

科技特派员选派突出"特派"特色,本应由政府搭建平台、市场直接对接、社会踊跃参与,但是目前的科技特派员队伍全部来源于政府直接选派,且事业单位人员占比达75%。一是"市场派"不健全。直接通过市场双向选择的科研人员游离在科技特派员队伍外,通过政府搭建平台促进企业和科研人员结对的市场选派机制也尚未建立,科技特派员队伍中属企业机构的仅占9.36%,市场力量薄弱。二是"社会派"处于起步阶段。重庆仅有市科技特派员协会、丰都县科技特派员协会、垫江县科技特派员协会3家社会组织开展专业化、特色化选派和服务,其余区县均无相关社会力量参与,已选派的"三区"科技人才和市级科技特派员中属社会团体的仅占0.2%。机制不健全导致了科技特派员供需错位。科技特派员队伍中种养类占比95%以上,满足了脱贫攻坚中的产业发展需要,但是面对全面推进乡村振兴的总体目标,缺乏产业高质量发展所需的企业管理、品牌提升、市场拓展、乡村治理、社会文化建设等领域人才。

(二)"政策"机制不灵活,服务模式不先进

科技特派员制度连续多年被写入中央一号文件。2016年,国务院办公厅印发《关于深入推行科技特派员制度的若干意见》,随即我市出台了配套文件,这些文件是目前科技特派员制度最主要的执行政策,但是也无法满足制度发展的需要。一是新模式新机制探索困难重重。2016年后再未有关于科技特派员的专门的国家性文件出台,在市委市政府严控公文数量的背景下,缺乏国家要求和政策参考,难以根据新形势、新任务、新要求颁布本地指导性政策文件,难以前瞻性探索利益共享机制、科技特派员培训学院等新的制度模式。二是激发基层创新能动性急需政策解绑。目前重庆仅万州、丰都等5个区县年投入5万—30万元开展科技特派员工作,其余均因缺乏政策依据而无法成立专项,无偿服务的科技特派员占比达64.9%。基本工作经费无法保障,对科技特派员的调动能力弱,基层管理者和科技特派员的创新意识、创新能力都不高,有的连旧有管理与服务

模式都难保持。一些地区的做法有借鉴意义,比如,福建、宁夏等地党委、政府通过政策文件,改革旧方法、挖掘新解法、探寻新思路,例如通过利益共同体完善"市场派"机制、创新团队服务模式、选派法人科技特派员等产生了很大的社会影响。

(三)"责任"机制不明晰,激励保障不到位

科技特派员来自高校、科研院所、企业等各行各业,需要各级各部门切实的政策执行措施,然而大多数激励政策未落到实处。一是部门责任落实不到位。科技特派员制度的有效实施需要各方协同配合,我市2011年建立了由科技部门牵头,组织、人社、教育等部门配合的"1+11"机制,并在2016年的政策文件中给予科技特派员职级晋升、基层工作经历认定、金融扶持、创办(领办)或入股(参股)企业等方面保障。仅3家单位将科技特派员工作纳入年度考核,其余激励政策均未落实,尤其是各金融资本、社会资本都未介入科技特派员工作。二是高校院所主体责任认识不到位。66.7%的科技特派员来自高校、科研院所,但是大部分高校院所都将社会服务收入的高低作为绩效认定依据,对科技特派员的公益性服务认识不到位,未将科技特派员工作纳入科技应用服务的责任范畴,在职称晋升、业绩考核、评优评先等方面未予认定。派出和管理责任不清晰,无法充分调动微观主体、一线科技人员的积极性,难以为扎根基层、服务农民提供有效保障。

(四)"评价"机制不完善,监督约束不系统

真实有效的监督机制能够起到良好的约束效果,但是科技特派员的科学评价机制还未建立。一是实时监督机制未建立。我市科技特派员管理信息系统建立于2011年,落后于信息发展的管理需要,尤其是移动信息采集、实时数据监测、可视化统计分析等功能缺乏,且区县级科技特派员和基层农技人员游离于系统管理之外。信息管理系统功能不完善,无法通过现代定量统计方法,建立科学的考核评价指标体系和评估方式,大多数依靠传统主观判断的方式考核。二是服务成效评价机制不健全。政府管理部门主导的工作任务型考核制度,不能够全面反映科技特派员服务的真实绩效。接受服务的"三农"主体游离在考核评价机制之外,以客户满意度为核心的现代管理评价机制尚未建立,科技特派员缺乏提升服务质量水平的压力和动力,出现了少数人员将科技特派员作为"镀金的跳板"、知识更新不适应发展需要等现象。

三、对策建议

(一)建立多元选派机制,增强乡村振兴科技支撑能力

坚持主要以产业对科技的需求为导向,遵循市场经济规律,通过政府搭建平台,促进科研人员与需求单位结对帮扶,构建利益共同体,完善市场选派机制;建立科技特派员的社会参与机制,发展壮大科技特派员相关的社会组织,提供专业化、特色化服务,探索形成"政府派、市场派、社会派"等多元化的选派机制。同时,拓展文化教育卫生、生态环保、法律服务、乡村治理等社会发展领域的科技人才配备,满足乡村振兴的人才需求。构建科技特派员全方位、全产业链服务的新格局,实现科技特派员服务乡村领域全覆盖。

(二)加强顶层设计,激活创新主体活力

强化科技特派员政策设计,将前瞻性科技特派员改革文件纳入市委、市政府重点任务,释放制度活力。把科技特派员优秀科技服务成果纳入人才计划,增加特派员工作的经费预算,形成省级财政的稳定供应渠道,在各级财政支农资金中设立科技特派员专项,推动乡村振兴信贷政策向科技特派员项目倾斜。通过政策性银行、商业银行、投资基金等加大对科技特派员创新创业的支持,吸引社会资金参与科技特派员创新创业,推动形成多元化、多层次、多渠道的融资机制。遵照基层创新精神,鼓励科研人员与农民共同进行有益探索,加快实现科技创新、人力资本、现代金融、产业发展在农业农村现代化中的良性互动。

(三)多措并举发力,让激励政策真正落地

切实加强组织领导,将科技特派员融入乡村振兴的各个领域,强化乡村振兴工作领导小组责任意识。压实各部门的政治责任,强化政策执行,促进激励保障政策落地。建立分级负责选派管理机制,直属高校由部委

负责,选派国家级科技特派员;地方相关部门负责选派地方高校、院所科研人员为地方科技特派员。压实高校院所主体责任,强化对派出单位和科技特派员的服务宗旨意识教育,使其明确科技特派员工作是服务社会的重要公益性事业。

(四)建立联合评价机制,有效提升服务质量

强化监测评估,加强科技特派员管理信息系统改造,对科技特派员进行分类分层管理,通过实时监测服务数据优化评估手段,简化程序,提高效率与精准度。建立科技特派员行为自律规范、政府管理部门与被服务对象相结合的多方评价体系,政府主管部门组织科技特派员日常考评和年终考评,被服务对象对服务内容进行现场感受评价,以服务对象满意度倒逼制度改善与服务提升。对科技特派员实施分类评价,实行基于评估结果的动态管理,设置绩效考核、评先评优和晋升晋级的通道。

重庆市科技特派员服务工作模式

自2004年深入实施科技特派员制度以来,科技特派员在农村扶贫脱贫、振兴农村产业、新农村建设等方面发挥了重大作用,为重庆脱贫事业作出了突出贡献。在乡村振兴战略的大背景下,重庆积极探索科技特派员团队和"互联网+农业"等服务模式创新,并形成了可供借鉴和推广的经验与做法,为促进科技特派员制度更好地发挥作用提出了建议。

一、科技特派员服务协同机制

重庆市科技特派员主要由12家理事单位推荐选派,由市科技局统一制定相关政策措施,区县科技局协同管理。另外,重庆市创建了科技特派员协会,协同区县科技局等单位,参与科技特派员相关的服务和管理工作。根据长期的实践经验,重庆已形成了在市科技局领导下,区县科技局协同实施管理,科技特派员协会和派出单位参与管理和支撑保障的协同管理机制,如图1所示。

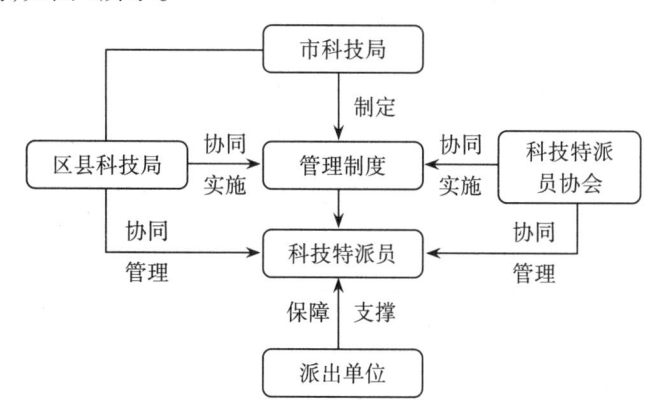

图1 科技特派员服务协同机制

(一)市、区县科技局联动纵向协同管理机制

市科技局制定科技特派员相关的政策、制度等,并对科技特派员相关经费、人员选派数量、人员分配情况等方面作具体规定。各区县科技部门细化责任分工,加强对科技特派员的管理和对接工作,积极开展各地区相

关企业、合作社、种养殖户等服务对象的需求调研，广泛征集科技特派员入库信息，审核服务对象的入库要求，积极协调保障农村科技特派员精准对接，形成由市科技局领导，区县科技局联动的纵向协同配合行动的局面，有效推进科技特派员工作，大力推进乡村振兴。

（二）重庆市科技特派员协会协助制度实施与管理

重庆市科技特派员协会作为科技局与科技特派员之间的纽带，协助管理单位完成相关管理工作的同时，又帮助科技特派员实施帮扶工作。一方面，重庆市科技特派员协会承担科技特派员的招募与审核工作，辅助科技局实施相关政策；另一方面，在科技局的支持下，科技特派员协会组织不同领域专家进行科技培训、现场技术指导等活动，组织制定科技特派员标识标牌，向全社会宣传科技特派员工作，提高其知名度。另外，科技特派员协会作为科技特派员意见反馈的窗口，负责收集整理科技特派员在服务过程中的经验做法、整改意见等，并及时向科技局反馈，以此进一步促进重庆科技特派员制度的发展。

（三）派出单位的保障与支撑

为支持科技特派员工作，派出单位深入贯彻重庆市科技特派员相关制度，鼓励相关领域专家参与科技特派员服务，并提供全面的支撑与保障。一方面，派出单位建立了科技特派员工作领导责任机制，加强了组织领导；另一方面，派出单位建立了科技特派员工作机制，普通高校、科研院所、职业学校等派出单位对开展农村公益性服务的科技特派员，派驻期间内实行保留原单位工资福利、岗位、编制和优先晋升职务职称的政策，其工作业绩纳入科技人员考核体系。

综上，在现有的协同机制基础上，重庆市还应强化各地科技局与科技特派员派出单位和特派员服务团队的对接沟通，多渠道推进科技特派员与农村各领域服务对象开展对接，主动与市教委、市农委等相关单位沟通协调，创造性地推动各组织单位协同，助力农村科技力量的发展。另外，重庆市还应以着力提升科技特派员服务能力、科学素质和扩大优化队伍等方面为重点，健全科技特派员管理体系，以此推动形成科技特派员"想下去、下得去、留得住、用得好、起作用"的农村科技发展格局,打造新时代科技特派员的重庆模式。

二、重庆科技特派员工作亮点

从2004年至今,在科技特派员制度实施的过程中,重庆积累了大量的服务管理经验。同时,根据乡村振兴战略整体部署规划和重庆市政府制定的《重庆市巩固拓展脱贫攻坚成果同乡村振兴有效衔接"十四五"规划(2021—2025年)》,在新时代下对重庆科技特派员工作提出了新要求和新任务。面临当前的发展机遇,重庆形成了科技特派员服务工作的亮点。

(一)科技特派员团队项目

1.基本情况

2004年以来,重庆科技特派员的选派以农业领域为主,根据农村产业实际和科技需求,选派科技特派员到基层从事科技成果转化和推广、技术指导、创业、农村流通、专题培训等科技服务。同时开展领办、创办、协办农村科技型企业及农民专业合作社等工作。通过"一帮一"创业扶贫、"一对一"技术帮扶、"1+1"进村帮扶等方式有效助力脱贫攻坚。在此过程中,往往存在科技特派员"单兵作战"、服务内容单一、服务范围受限、力量分散等现象。基于此,重庆市于2020年首次启动了科技特派员团队项目。

科技特派员团队项目,可获得50万—100万元资助金额。该项目主要依托科技特派员人才资源,瞄准产业扶贫和乡村振兴发展方向,以此组建一批科技特派团,打造一批具有特色创新优势的科技特派员创新示范园,转化一批特色优势产业的农业科技创新成果,探索一种从产地到餐桌、从生产到消费、从研发到市场的全产业链科技特派员服务模式,带动贫困地区的特色、优势产业的全面振兴,进一步健全现代农业科技创新体系。

2.运行模式

由市科技局资助,组建一支产业首席科技特派员服务团队,围绕重庆市各区县的特色优势产业,深入基层,开展精准产业帮扶行动,打造重庆现代农业产业科技创新体系,培育并打造地方特色品牌。科技特派团运行模式见图2。

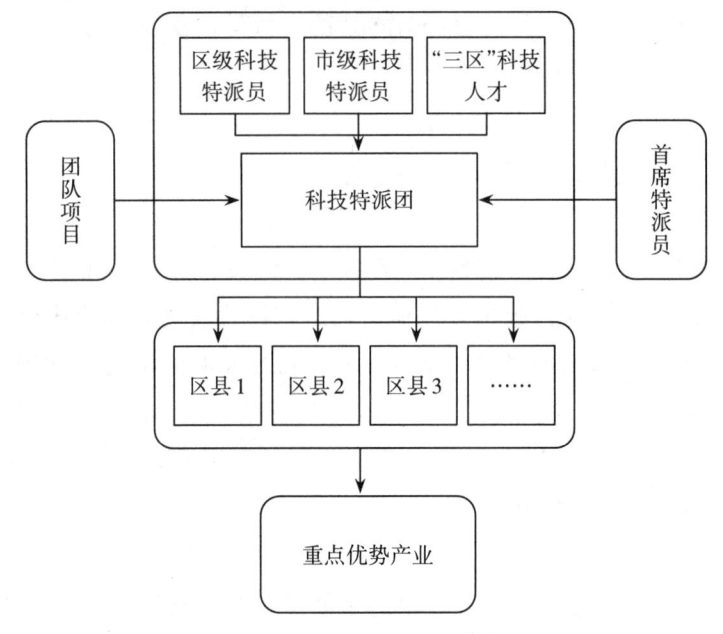

```
                ┌─────────┬─────────┬─────────┐
                │区级科技 │市级科技 │"三区"科│
                │特派员   │特派员   │技人才   │
                └────┬────┴────┬────┴────┬────┘
┌──────┐             │         │         │        ┌──────┐
│团队  │────────→┌───┴─────────┴─────────┴───┐←───│首席  │
│项目  │         │      科技特派团           │    │特派员│
└──────┘         └──────────────┬────────────┘    └──────┘
                                │
                ┌───────┬───────┼───────┬───────┐
                │ 区县1 │ 区县2 │ 区县3 │ ……   │
                └───────┴───────┴───┬───┴───────┘
                                    │
                            ┌───────┴────────┐
                            │ 重点优势产业   │
                            └────────────────┘
```

图2　科技特派团运行模式

（1）团队组建。各个区县根据自身的优势产业，组建以国家"三区"科技人才、市级科技特派员和区级科技特派员为主的科技特派员团队，有针对性地打造地方品牌。

（2）经费支撑。针对农业相关领域，重点围绕柠檬、玫瑰香橙、优质水稻、榨菜、茶叶、中药材、生猪、山羊等产业，市科技局根据科技特派员团队项目的不同产业配置予以经费支撑。

（3）项目实施。有针对性地解决各区县优势产业在发展过程中的技术难题，开展科技创新技术示范；拓展产业环节，加强产品深加工、销售渠道挖掘等工作，全面提高产品价值，促进农民增收。

（二）线上线下融合发展

1.基本情况

科技特派员下农村行动的重要任务之一，就是大力开展科普宣传和农村实用技术的培训，提高农业科技普及率，提高农民科学文化素质，培育一批乡土农民技术员，使其逐渐成为一支"科教兴农"的主力军。科技特派员开展的技术培训、技术咨询和科普宣传等活动，受到了镇、村干部和广大群众的热烈欢迎和积极响应,使学科技、用科技的氛围日渐浓厚,从而提高了广大农民的科技意识。

2020年以来,重庆科技特派员的帮扶形式逐渐拓宽——通过QQ、微信、视频电话等方式进行远程帮扶。为积极响应科技部办公厅《关于组织动员科技特派员推成果强服务保春耕的通知》,进一步探索"互联网+农业",突出重庆市科技特派员工作特色和服务能力,聚焦重庆山地特色现代高效农业,结合农事安排实际,开设了科技特派员网络公开课。

2.运行模式

科技特派员网络公开课强调以季节性技术需要为主,通过实战经验丰富的专家讲授实用性科学技术以及在线答疑的方式,实打实地解决农民技术需求问题。与传统的线下培训相比,科技特派员网络公开课的主要优点是学习不受时空限制、优质资源共享覆盖面大、自定学习进度、不存在场地空置率高等问题。科技特派员线上线下服务模式如图3所示,对比分析结果见表2。

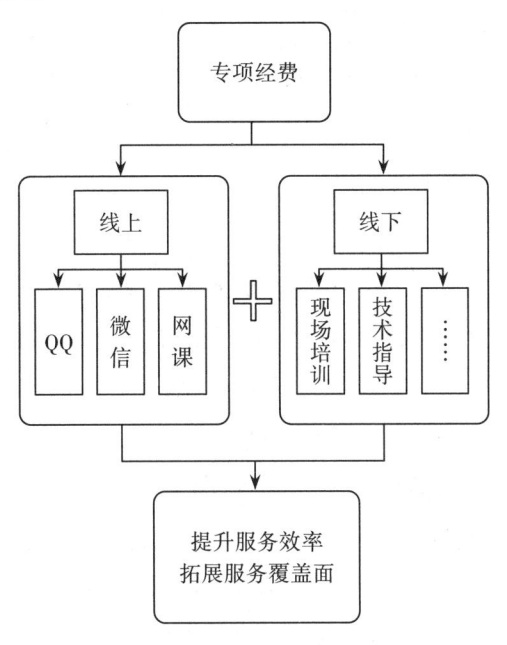

图3 科技特派员线上线下服务模式

（1）平台建设。为加大对企业、种植养殖农户的科技培训力度，提高培训效率，在市科技局的领导下，重庆市设立了专项经费支撑，建立了重庆科技特派员网络公开课平台，从线下培训拓展到线上培训。

（2）培训方式。线下培训以现场演示、技术培训等方式为主。线上培训主要通过招募全市重点产业相关领域的科技特派员，结合农户季节性的种植需求，开展线上技术培训、线上解疑、科普宣传等活动。

（3）覆盖面。2020年以来，重庆市开展的网络公开课辐射四川、湖北等周边地区，还有效吸引了江西、广西、山东等地区的受众群体，扩大了重庆市科技特派员培训的覆盖面。

表2　线上线下服务模式对比分析

维度	线上	线下
学习对象	地域和学员数量不受限制	仅限重庆本地，学员数量有限
学习时间	时间灵活，"直播+回看"的方式	固定培训时间
学习空间	无固定场所	固定场所
学习体验	虚拟学习体验，临场感弱	现场培训体验，临场感强
学习形态	数字资源、仿真资源、3D资源等	纸质资源、实物资源等
培训条件	不受培训条件限制	受培训条件限制多

（三）科技特派员电商服务

1.基本情况

自2004年重庆市推行科技特派员制度以来，重庆市选派了大量科技特派员深入农村，根据农村地区的科技需求进行服务和指导，提高了农产品质量，增加了产量。但是农户、合作社、农业企业的优质农产品缺乏销售渠道，没有带来立竿见影的经济效益。

因此，在市科技局的领导下，"特农淘"电商平台应运而生。"特农淘"创建了"互联网+科技特派员+优质农产品"的新模式。该平台充分利用互联网传播快速、广泛、便捷的特点，结合科技特派员的专业知识对大众进行科普，发挥科技特派员的优势，一方面增加了农户的销售收入，另一方面也为消费者搭建了一条值得信赖的优质农产品购买渠道。

2.运行模式

通过科技特派员选择推荐优质产品,重庆市科技特派员协会组织特派员团队实地考察、现场评议,农产品生产单位提供详细资料的方式,完成农产品从田间到餐桌的过程,其电商服务模式如图4所示。这不仅保证了每一款农产品都是科技特派员服务、代言和推荐的优质正品,为消费者提供了安全绿色的优质农产品,还让科技特派员成为一张值得信赖的"名片",也拓宽了贫困户、合作社、企业农产品的销售渠道,促进了农产品的销售,带动了贫困地区群众脱贫增收。

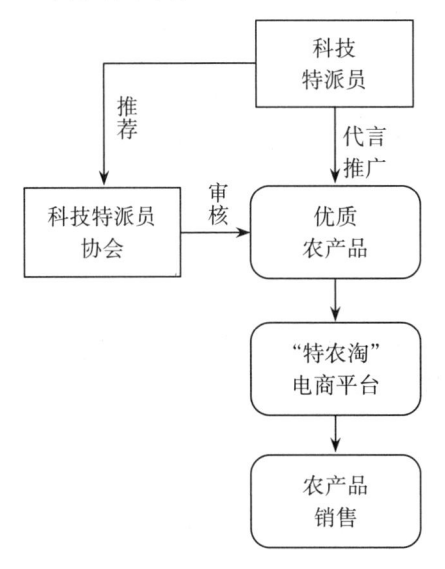

图4 科技特派员电商服务模式

(1)产品来源。"特农淘"电商平台的产品主要通过"推荐—审核"制度进行售卖,创建"互联网+科技特派员+优质农产品"的新模式,每一款农产品都由其帮扶的科技特派员进行代言和推荐,并亲自审核后发布。

(2)"特农淘"电商平台已上线"特健康""特正宗""特新鲜"农产品共计10大类100余款,年销售额达30余万元。结合科技扶贫和消费扶贫的任务,已经开展"特农淘"产品进社区活动和网络直播带货活动,先后在重庆市中药研究院和丰都县现场开展"特农淘"产品网络直播。不仅打造了科技特派员服务农产品的电商平台,同时还以此为契机打造了自主品牌,对接国家特色农产品大数据平台。

(四)产业链优化

1. 基本情况

重庆大部分的科技特派员是从农业领域选派出来的,最初服务内容不够丰富、形式不够多样,产业链支撑不足。在新时代背景下,科技特派员肩负起提供由生产中向生产前、生产后延伸的产业链服务的转型任务。主要体现在三个方面:①升级农产品品质,优化产业结构;②不断培育新型农业经营主体;③推动农业产业科技创新。

为打造完整的产业链,在市科技局的领导下,科技特派员在增加服务方式、丰富服务内容、打造农产品深加工体系、探索销售渠道等多方面下功夫,参与创办了农产品加工、专业运输、销售等多种农村经济合作组织,打造了产销一体化的农业产业化组织模式。

2. 运行模式

科技特派员在服务过程中注重生产前的基础培训,包括品种选育、新品种引进、政策宣传等;重点帮扶解决产品生产中的技术难点,包括动植物生长、病虫害防控、生物安全等;积极研究符合农产品加工要求的生产工艺,探索应用现代创新科技提高农产品附加值,从而促进农业产业链向高端化拓展;深入挖掘销售渠道,建立完备的冷链运输体系,拓宽农业产业链的宽度。科技特派员服务优化产业链模式见图5。

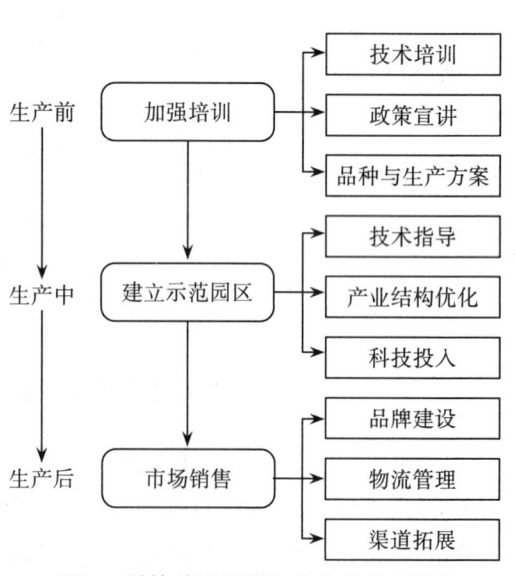

图5 科技特派员服务优化产业链模式

(1)示范园区建设。建立重庆市重点产业示范园区,拓展园区内科技特派员服务方式,丰富服务内容,提高服务质量。以示范园区为基础,推动周边农产品生产、加工与销售体系建设。注重园区内农产品品质,优化产业结构,加大产业的科技投入,做实产业链升级。

（2）销售平台建设。加强农产品质量控制,全力推进"特农淘"电商平台建设,加大宣传力度,提高"特农淘"电商平台的知名度与农产品的销售量,切实做好农产品产业链末端工作。以科技特派员理事单位为依托,推动科技特派员代售的农产品进校区、进单位,加快农产品销售速度。科技特派员作为代言人,在各平台代言、推荐所帮扶的农产品,让农产品更有可信度。

(五)服务领域全覆盖

1.基本情况

在乡村振兴战略下,不仅需要现代农业产业发展,还需要不断推进农村全域发展。在重庆的部分农村地区环境治理依旧落后,一是"脏乱差"的问题还依然存在;二是农业面源污染问题未完全解决。因此在提倡现代农业产业发展的过程中,应该以生态为基础,争取采用合理的种植养殖模式,有效改善农村的生态环境,加快生态宜居的步伐。另外,科技特派员在技术培训、推广和产业扶持等工作过程中,一是应注重培养农民的现代文明契约精神,促进敬老爱幼等优秀传统文化的弘扬;二是应加强推进农村普法行动,对农民进行农产品安全方面的法治教育,从而全面提高农村法治化水平,使得乡风文明迈上新的台阶。

2.运行机制

在已有农业相关领域科技特派员的基础上,还选派了其他领域的科技特派员,他们可利用自身的学术和"桥梁"优势,加强乡村治理、生态宜居、乡风文明等方面的宣传与帮扶,积极参与各地乡村文创建设,积极帮助所在乡村挖掘优秀传统文化资源,辅导和参与各类技术培训等,全面推进乡村振兴协调发展。其服务全域覆盖模式如图6所示。

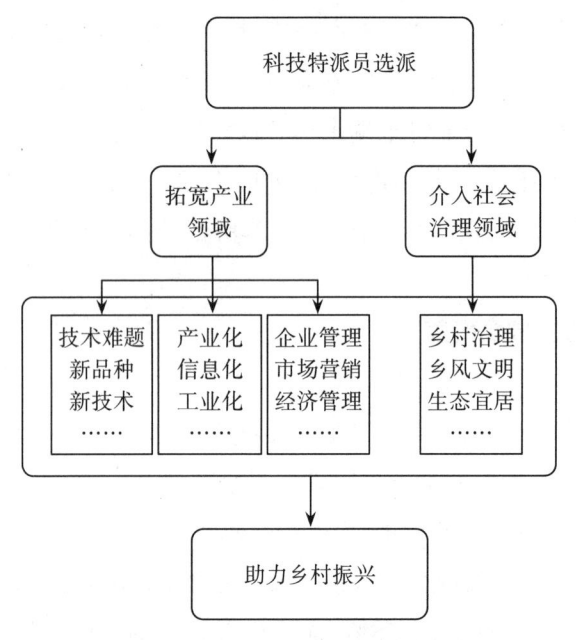

```
                    ┌─────────────┐
                    │科技特派员选派│
                    └──────┬──────┘
                  ┌────────┴────────┐
            ┌─────▼─────┐    ┌──────▼─────┐
            │拓宽产业   │    │介入社会    │
            │领域       │    │治理领域    │
            └─────┬─────┘    └──────┬─────┘
     ┌──────┬─────┼─────┐           │
┌────▼──┐┌──▼──┐┌─▼───┐       ┌────▼────┐
│技术难题││产业化││企业管理│    │乡村治理 │
│新品种  ││信息化││市场营销│    │乡风文明 │
│新技术  ││工业化││经济管理│    │生态宜居 │
│……     ││……   ││……      │    │……      │
└───────┘└─────┘└────────┘    └─────────┘
              │
         ┌────▼────┐
         │助力乡村振兴│
         └─────────┘
```

图6 科技特派员服务全域覆盖模式

（1）拓宽科技特派员选派范围。在科技特派员的选派中，由第一产业向第二、第三产业拓展，向农村的新兴产业、社会治理、城乡建设、公共服务等其他领域拓展，构建科技特派员全方位服务的新格局。

（2）重庆市选派的科技特派员分为公益型、创业型、农村流通型和信息服务型等四种，服务领域从农业生产环节拓展到食品加工、包装与储藏，农村信息化，农业工程，医学等诸多领域。科技特派员在以往主要服务农业生产一线的基础上，已扩大服务功能和范围，把科技服务内容由单一产业向多领域拓展，由产业链条的某一个环节向全产业链延伸，由服务生产中向生产前、生产后延伸，由单一技术服务向综合性服务拓展，由点向面发展，实现科技特派员服务领域的全覆盖。

三、重庆科技特派员"1234"服务创新模式

通过对重庆科技特派员工作的亮点及其服务方式进行总结，提炼出了重庆科技特派员"1234"服务创新模式，见图7。

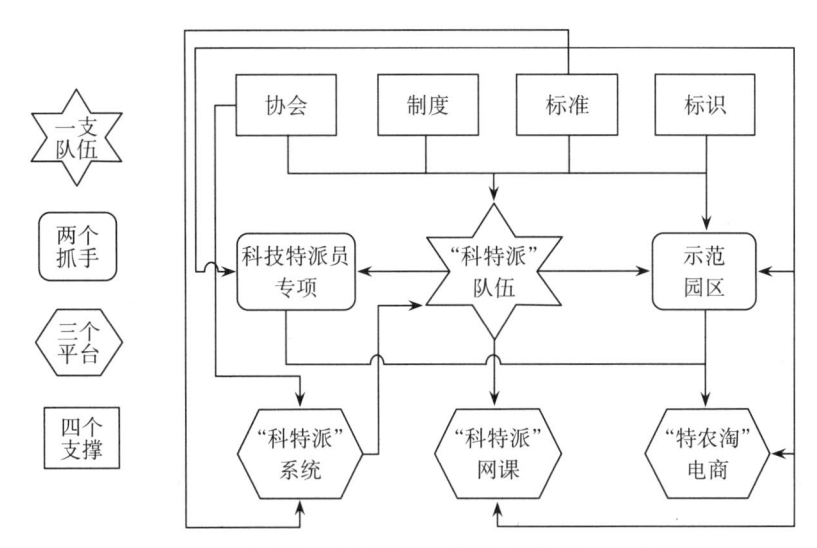

图7 重庆科技特派员"1234"服务创新模式示意图

(一)"1"代表一支队伍

重庆市科技特派员工作的开展首先要拥有一支高素质、全产业、多专业、跨领域的科技特派员队伍。这支队伍瞄准"产业兴旺、生态宜居、乡风文明、治理有效、生活富裕"的总要求,敢打硬仗,能打硬仗,善打硬仗。

重庆科技特派员被派往全市33个区县开展农业科技服务,覆盖全市14个贫困县,18个贫困乡镇以及全市主要农作物和特色产业,对大部分产业实现了全产业链覆盖,有效支撑了重庆市现代农业的发展和脱贫攻坚行动,取得了显著成效。

(二)"2"代表两个工作抓手

重庆科技特派员主要通过两个工作抓手开展技术服务。一是通过科技特派员专项来带动,二是通过科技特派员示范园区(基地)来带动。

科技特派员专项包括工作专项、团队专项和科技专项。工作专项保障科技特派员的日常工作经费,团队专项针对某一产业全产业链的有关技术难题进行技术集成示范,科技专项是针对具体技术难题进行技术集成与攻关。通过设立科技特派员示范园区(基地)的形式带动相关优势产业的技术服务,在项目设立时要求项目的实施地点以科技特派员示范园区(基地)为主。

(三)"3"代表三个平台

重庆市科技局建立了三个科技特派员工作平台支撑科技特派员的管理和服务工作。

一是建立了重庆市科技特派员信息化管理系统。通过该系统可实现科技特派员申请注册、科技特派员需求申报、供需双向选择对接、选派协议生成、科技特派员服务日志管理、服务工作统计汇总等全面、系统性信息化管理,并通过手机App指导科技特派员在线填报日志。

二是建立了科技特派员网络公开课平台。通过选择资深专家、针对需求选题、精心制作课件、按期播放和无偿回放等方式,对重庆市主要农业产业和重点特色作物的相关从业人员进行线上网络培训,这是我国农技推广线上公开课的率先尝试,取得了显著成效。这解决了专家少与产业覆盖面大、需求广泛的矛盾,也解决了科技培训活动时效性、针对性和权威性受限的相关问题,还解决了资金有限、专家有限情况下高效率大覆盖面的技术培训难题,该平台成为科技特派员服务产业的重要培训平台。

三是建立了科技特派员服务产业的产品营销支撑平台。为了解决科技支撑产业发展时面临的大量偏远地区农产品销售的瓶颈和难题,开发了"特农淘"电商平台。其专门销售科技特派员扶持发展产业的优质农产品,帮助科技特派员扶持的乡村或企业"产出好产品,卖出好价钱",成为支撑科技特派员产业服务工作的重要电商平台。

(四)"4"代表四个支撑

重庆市科技局为了有序、科学、高效地推动科技特派员工作,成立了科技特派员协会,制定了相关制度,建立了科技特派员工作标准和标识体系,成为全市科技特派员工作的重要支撑体系。

一是重庆市科技特派员协会。其是由重庆市科技局主管,市民政局批准,挂靠重庆生产力促进中心的一个专门从事科技特派员日常管理、服务的协会组织,主要在市科技局的领导下,组织科技特派员派出单位协同开展科技特派员选派、服务、管理和考核等工作,也是科技特派员的信息交流平台和温暖的科技特派员之家,成为科技特派员工作顺利开展和取得成效的重要组织支撑。

二是重庆科技特派员选派管理制度。其是在工作过程中,逐渐形成和建立的一套科技特派员管理工作的规章制度。市科技局出台了《重庆市科技特派员管理办法》(渝科局发〔2019〕146号),该办法主要涉及注册、选派、管理、考核等各个环节,基本保证了科技特派员工作全程、全面有章可依,以及规范运行,成为重庆市科技特派员服务和管理工作的重要制度支撑。

三是重庆科技特派员选派服务标准。为了科学、规范、合法实施科技特派员选派、服务和管理,市科技局指导编制了《科技特派员服务管理规范》,成为重庆市第一个科技特派员服务和管理工作技术标准。该标准总结了重庆市科技特派员工作的经验和相关规章制度,对科技特派员的定义、范畴、选派、服务和管理等各个环节进行了规定和规范,是科技特派员选派、服务和规范的规范性指导文件,成为科学高效开展工作的重要地方性标准支撑。

四是重庆科技特派员标识标志。为了增强科技特派员的荣誉感,提高科技特派员工作的辨识度,扩大科技特派员服务工作的影响力,重庆市科技特派员协会组织开展了标识体系建设,先后推出了重庆科技特派员统一标识(LOGO),制作了科技特派员胸牌、马甲,使其成为科技特派员及其服务工作的形象支撑。

第二章 经验交流

垫江打通精准服务"三农"最后一公里

——垫江县科学技术局

"科技特派员制度推行20年来,坚持人才下沉、科技下乡、服务'三农',队伍不断壮大,成为党的'三农'政策的宣传队、农业科技的传播者、科技创新创业的领头羊、乡村脱贫致富的带头人,使广大农民有了更多获得感、幸福感。"2019年10月,习近平总书记对科技特派员制度推行20周年作出重要指示,强调要坚持把科技特派员制度作为科技创新人才服务乡村振兴的重要工作进一步抓实抓好。

近年来,垫江县深入贯彻落实习近平总书记关于"三农"工作的重要论述,认真总结完善科技特派员制度经验,通过创新平台载体,让农民与科技特派员"云端牵手",让农业与科技深度融合,助力脱贫攻坚战取得全面胜利,朝着乡村振兴稳步迈进,更在融入成渝地区双城经济圈建设中迈开了新步伐,展现了新作为。

高安镇青坪村村民李润权承接了150亩流转地种植水稻,可谈到水稻赤枯病,李润权坦言,没经验,没技能,心里很没底。就在一筹莫展之际,李润权通过手机在垫江县科技特派员服务"三农"信息化平台找到了科技特派员胡光书,并通过平台"点餐式"地向胡光书发出科技服务请求。

接单后,胡光书通过地理信息系统(GIS)定位,快速抵达李润权的水稻种植基地,为他详细讲解水稻赤枯病的病因、症状、危害以及防治方法,并现场演示杀虫技巧。经过这样的一番操作,李润权吃下了"定心丸",即使是头一次尝试大规模种植水稻,在科技特派员的帮助指导下,也能够胸有成竹。他说,有了这个平台,找专家很方便、很精准、很快速,是广大农民的福音。像李润权一样通过平台寻找专家、发展产业的案例,在垫江县不胜枚举。

一直以来,作为农业科技领域一项重要的制度创新,科技特派员制度在服务"三农"中发挥着重要作用。随着农业农村现代化进程的加快,在科技特派员制度的推行中,服务领域不全面、供需双方不匹配、管理机制不完善等问题也日渐凸显。对此,垫江县科学技术局与重庆扬成大数据科技有限公司联合开发了垫江县科技特派员服务"三农"信息化平台,于2020年7月正式上线,是全市首个专门为科技特派员服务"三农"而开发的云平台。该平台运用大数据分析、GIS地图、区块链等技术,将农户需求、科技特派员身份信息等进行实时和可视化展示,从而精准高效完成供需双方的对接匹配,切实形成"农户+平台+科技特派员+基地"的一站式工作闭环,有效打通精准服务"三农"的最后一公里。其服务模式亮点如下。

一是对接精准,服务有速度。平台以农户需求为导向,通过系统智能推送、农户自主选择等方式,实时将农户的不同需求精准发送至符合条件的科技特派员那里。基于此,科技特派员既可以通过视频连线、语音通话等方式,快速开展线上"云诊",又可以利用GIS地图定位农户所在地,及时开展线下"坐诊",全程对接便捷高效。

二是覆盖全域,服务有广度。平台充分整合科技特派员的专业优势,近两百名市县级科技特派员集中上平台、亮身份、晒专业,通过供需双方智能匹配和高效对接,服务模式由原来"一对一"的单兵作战,转变为现在"一对多"的组团联动。平均1个科技特派员可为83个农户提供科技服务,切实解决了服务力量分散、服务范围受限等问题,形成了"线上""线下"科技服务全覆盖。

三是全程可控,服务有温度。平台实时展示农户咨询情况、科技特派员走访情况、服务满意情况等各项综合数据,并在遇到突发事件时,能通过信息推送、即时通信等功能实现指挥调度,既有助于提高管理工作的效率,又能促进科技特派员改进工作作风,营造争先创优的良好氛围,从而更好地做给农民看、带着农民干、领着农民赚。

四是成效明显,服务有厚度。平台自上线至2022年,已入驻市县级科技特派员182名,注册农户15 243名,线下咨询总量达5 269条,线上咨询总量达14 264条,信息总量达9 517条。累计解决技术难题220项,推广先进适用技术144项,公开发布实用推广技术网络信息163条,真正做到把农情传上来、把服务送下乡、把技术落到地,有效满足新时期乡村振兴战略对科技服务多元化的现实需求。

科技特派员制度能否有效落实,关键在于"怎么选""怎么派""怎么管",垫江的科技特派员服务以平台为抓手,开展了有益探索,彰显了以下创新。

一是创新对接方式,破解供需双方不匹配的问题。在科技特派员的选派过程中,由于基层科技需求的具体情况不明晰,往往会出现农户找不到专家、专家找不到路的情况,科技特派员提供的服务与农户实际需求不匹配,"双向选择"机制未得到真正有效落实。平台开设了农户手机端、科技特派员手机端和管理员PC端等3个端口,可有效实现农户需求快达、直达、精准达,确保服务高质量、高效率。

农户手机端"点餐式"发出需求。农户可以在平台手机端查询所有科技特派员的基本信息,以及良种繁育、水产养殖、冷链物流、农产品加工、病虫害防治等各类专业技术信息,也可根据自身的需求寻找专业对口的科技特派员开展科技服务。

科技特派员手机端"菜单式"提供服务。科技特派员可24小时接收农户发出的技术需求,既可通过"消息栏"及时开展线上交流咨询服务,又可通过新建"服务工单",精准定位农户所在地,开展线下技术指导服务。

管理员PC端"可视化"指挥调度。管理员通过大数据平台科技特派员信息、中控台、信息管理、工单管理、用户管理等功能模块,可实时掌握农户具体需求和科技特派员工作情况,如遇农户联系不上科技特派员等突发情况,可通过转派、指派等方式,确保农户"有求必应"。

二是创新资源整合,破解服务领域不全面的问题。乡村振兴战略的实施赋予了科技特派员新的使命,也对科技特派员工作提出了新的要求。在现行的科技特派员制度下,科技特派员工作多为一对一的"单兵作战"

方式,存在服务力量分散、服务范围受限等弊端,难以满足乡村产业发展的现实需求。平台充分整合了182名市县级科技特派员的专业优势,并配备了301名科技联络员,同时利用网络爬虫技术及时推广农业资讯,切实拓展了服务内容,推动实现了服务领域全覆盖。

特派员"靶向服务",保障"多数"。来自农业不同领域的科技特派员集中入驻平台,分别亮身份、晒成绩,极大地方便了农户按需查找,也便于科技特派员开展精准服务。

联络员"牵线搭桥",兼顾"少数"。科技联络员主要针对一些不会使用智能手机的农户,帮助他们把姓名、电话、地址等信息添加到平台,并帮助农户寻找合适的科技特派员。

资讯"掌上阅读",统筹"全民"。平台实时更新惠民政策、种植养殖技术、农产品行情等农业资讯,农户们可通过平台手机端随时阅读,切实为广大农户学习农技知识、掌握市场行情等提供快捷通道。

三是创新考核载体,破解管理机制不完善的问题。在以往的科技特派员管理中,纸质日志是最重要的考核依据,往往较为片面,从撰写到提交,耗费科技特派员大量时间,有碍提升其工作积极性。平台通过数据采集、数据分析、数据展示等方式,可实时掌握所有科技特派员的工作情况,这样既省去了提交纸质日志这一环节,又为管理考核提供了全面准确的数据支撑,还能激励科技特派员争先创优,真正实现数据多跑路、管理更科学、服务更高效的目标。

平台数据确保考核"准确性"。依托大数据平台,实现科技特派员申报、审核、复核、备案、培训、派驻等全流程在线管理,并通过对科技成果库、典型案例库、服务需求库等系统数据的可视化展示分析,为后续考核管理、绩效评估提供可靠的数据支撑。

风采展板增强服务"主动性"。平台将科技特派员身份信息、开展服务次数、好评率、成果案例等信息进行公开展示,在提高老百姓知晓率的同时,进一步激发科技特派员争先创优的主动意识,促使其主动对接农户,扩大服务覆盖面。

强化组织提高工作"积极性"。成立科技特派员协会,负责组织实施科技特派员的管理、协调、服务、考核等工作,并制定了"定点定额""超额超效""以奖代补"等激励措施,充分调动特派员工作的积极性。除此之外,协会还不定期组织特派员到基层开展科技试验示范、技术培训等服务。从2021年初至2022年6月,垫江县开展科技培训97场次,培训农民4 386人次,引进、推广新品种21个,引进、推广新技术23项,并有3名科技特派员获得省级(直辖市)表彰,1名科技特派员被推选为党的二十大代表。

四是创新推广模式,实现平台共享、人才互派。平台自上线以来,运营良好、口碑甚佳,并成功申请"大数据环境下农业信息化工作管理方法""大数据分析农业技术人员的数据采集分享工作方法""基于大数据分析农业工作人员登录系统安全工作方法"等3项发明专利,武隆、城口、梁平、忠县、邻水等周边区县致电咨询并有意使用。以四川邻水为例,该地和垫江山水相连,地理、人文、习俗相近,产业融合度较高。2020年11月,邻水和垫江两地政府签署《科技协同创新发展合作协议》,通过平台共享、人才互派,两地农户都可以对点、对位、对专业地寻找到自己需要的科技特派员,进一步强化了两地的协同创新能力,共同完成"科技推动垫江、邻水花椒产业高质量发展对策"的调查研究课题,极大地促进了科技服务提质扩面,助推"三农"工作实现新突破。

丰都坚持"四个三"助推脱贫产业健康发展

——丰都县科学技术局

丰都县科学技术局(丰都县科技局)在科技特派员服务工作中不断探索,逐渐形成了"四个三"工作体系,即"选聘三级科技人才、着力三个全覆盖、健全三个保障机制、争创三大扶贫成效",实现了全县138个贫困村全覆盖,为脱贫产业健康发展提供了坚强科技支撑。

一、选聘三级科技人才

多年来,结合丰都产业发展情况,按照"产业对口、力求实效"的原则,逐渐拓宽了科技特派员的选聘范围,形成了以"市级专家、县级技术骨干、乡镇实用人才"为主体的三级科技特派员服务体系。一是选聘市级专家。充分利用"国家级'三区'科技人才"和"重庆市进村帮扶"项目,在市内高校和科研院所选聘了一批市级专家。其围绕丰都支柱产业的科技需求,提供专业的技术咨询、实用技术培训、产业发展指导等公益服务。2013—2020年,共计选聘市级专家160人次,提供服务1 800余次,解决产业技术难题500余个,推广新技术新工艺300余项。二是用好县级技术骨干。为充分激发县级部门技术骨干的积极性,每年在县级部门选聘不少于20名县级科技特派员,并出台优化履职环境、提供经费保障等文件,确保县级技术骨干作为科技特派员在服务农业农村工作中顺利顺心。2013年,丰都率先成立县级科技特派员协会,使科技特派员管理、服务走上组织化、社团化之路。2013—2020年,选聘县级技术骨干377人,提供服务2 000余次。真正达到了"做给农民看、带着农民干、领着农民赚"的目的,对贫困村产业发展起到了重要作用。三是挖掘乡镇技术人员。丰都县科技局按照单位推荐和自愿原则,在各乡镇长期从事基层技术推广工作的中级及以上专业技术人员中,选拔了一批思想素质过硬,具有奉献精神,吃苦耐劳的乡镇技术员加入科技特派员团队。在农村科技服务工作中,乡镇科技特派员具有得天独厚的优势。他们长期与农民接触,了解当地产业发展情况,是科技服务的排头兵,是科技人才服务体系中不可缺少的基石。2013—2020年,全县共计选聘乡镇技术人员157名,服务于全县138个贫困村。

二、着力三个全覆盖

按照国家及市里对科技特派员服务的要求,结合巩固拓展脱贫攻坚成果同乡村振兴有效衔接工作的实际,丰都探索总结了科技特派员工作的"三个全覆盖"服务机制。一是科技特派员行政村全覆盖。在征集各乡镇(街道)、贫困村产业优势及科技需求的基础上,结合科技特派员的技术优势及服务意愿,县科技局商请科技特派员所在单位,联合确定、选派每个科技特派员联系帮扶一至两个贫困村,对全县138个贫困村(包括4个市县级深度贫困乡镇所有村)实现了"全覆盖"。2021年,科技特派员服务工作已覆盖全县所有行政村。二是首席科技特派员乡镇(街道)全覆盖。按照乡镇(街道)主导产业发展的需求,为每个乡镇(街道)选派一位市级专家为首席科技特派员,向所服务乡镇(街道)提供一对一的科技服务,为乡镇(街道)产业发展提供全面的咨询指导。三是科技服务小组重点产业全覆盖。按照县上"1+4+X"的农业产业发展定位,丰都以"培育骨干、服务精准"为原则,抽选部分市、县级科技特派员组建了9个专题科技服务小组,服务领域涉及牲畜养殖、疫病防控、食品加工、果树、农业机械、中药材、水产等。每个小组由市级专家担任组长,成员包括了市、县级科技特派员若干名。各专题科技服务小组着力解决本专题领域的问题,同时进行新技术和新品种的引进、推广和应用。各小组在深入调研本专题领域后,对该领域内的发展现状、存在问题提出决策参考意见。

三、健全三个保障机制

为确保科技特派员工作的有序开展,丰都县不断探索经费、履职、制度三大保障机制。一是经费保障机制。为保障科技特派员履职中的培训、交通等经费,丰都通过市级进村帮扶、河北对口支援等项目以及本级财政预算支出,为科技特派员工作顺利开展夯实了资金基础。2013—2020年,总计争取各类科技特派员工作项目资金约785万元。二是履职保障机制。为提高各级科技特派员履职能力和优化履职环境,丰都县科技局通过履职培训、给县级部门和乡镇(街道)去文等方式为科技特派员履好职创造条件。2020年,县科技局邀请市科技特派员协会专家从科技特派员服务经验交流、乡村振兴背景下科技特派员如何开展科技服务、科技特派员相关政策解读等方面对县级科技特派员进行培训,组织了3次关于畜牧(肉牛、猪、鸡)产业、农业种植等方面的技术培训。三是制度保障机制。首先,成立县级科技特派员协会,为科技特派员的服务和管理提供了组织基础。其次,建立健全了科技特派员管理制度,修订完善了《丰都县科技特派员管理办法》,为科技特派员管理迈向制度化奠定了基础。最后,完善经费管理办法,根据经费来源的不同,制订各类科技特派员项目经费管理办法,为保证经费高效使用、保障科技特派员工作正常开展打下了坚实基础。

四、争创三大扶贫成效

通过各级科技特派员下乡进村指导、蹲点企业帮扶、培训讲课等服务活动,丰都县力争在巩固拓展脱贫攻坚成果同乡村振兴有效衔接工作中达到三大成效。

一是产业培育示范化。通过产业示范化建设,培育骨干产业,带动产业稳健发展,为贫困人口稳健脱贫奠定坚实的产业基础。以高标准建设丰都国家农业科技园区为抓手,突出示范带动作用。按照"一中心八园"的规划思路,着力推进科技研发中心、标准养殖园、绿色种植园、食品加工园等重点项目建设。在示范区主要发展肉牛、蛋鸡、肉鸡、生猪、花椒、红心柚、榨菜等种养业,带动辐射区发展"1+4+X"的特色效益农业。2019年,核心区农民人均可支配收入达17 676元,是全县农民人均可支配收入的1.22倍。

二是产业发展数字化。近年,丰都县大力推进大数据在全县产业发展转型中的应用,助力脱贫产业稳健发展。其中,肉牛产业率先进入线上业态。"有牛网"利用互联网、大数据手段,连接肉牛行业上、中、下游的垂直电商平台,为用户提供在线交易、物流保险、供应链金融、有牛指数、有牛学院和兽医服务六大功能。上线短短半年多,注册用户数超过1 500家,平台交易额突破4亿元,35名贫困户通过平台脱贫增收。

三是产业发展高效化。科技特派员在科技服务工作中,结合丰都农业产业发展实际,在技术、品种、管护等方面注重更新、优化、提升,力争把现有产业效率提高、效益提升。在精细调研、试种的基础上,推广的滕州马铃薯种植面积超过10万亩。在种植新品种、采用新技术后,马铃薯亩产由以前不到750公斤增加到约3 000公斤。此外,采用大量新技术,对苹果、桃、葡萄、草莓、青脆李、脆红李等水果采取口感提升、采摘时间延长、错时上市等措施,增加产品附加值,提升产品竞争力,增加产业效益。

选准、管好、用活——扎实推进石柱科技特派员工作

——石柱土家族自治县经济和信息化委员会(县科技局)

重庆市石柱紧紧围绕四个"30万"工程产业发展的科技需求,精准选派市县两级科技特派员,出台科技特派员经费管理办法,实施经费包干制,通过创新服务体系,优化科技特派员工作环境,让科技特派员制度在石柱演绎乡村产业发展、农民增收、县域创新能力提升的生动实践。

2004—2021年,石柱先后选派24批次共计556人次科技特派员(含"三区"科技人才)。为深入推进科技特派员工作,石柱着力在选准、管好、用活上下功夫,实现了产业提质、企业增效、农民增收、科技特派员获利的多赢局面。

一、"三选择"选得准

一是供需双方多向选。建立并适时更新全县科技需求台账,突出阶段工作重点,原脱贫攻坚阶段以85个深度贫困村为选派重点,现以乡村振兴重点镇、村为选派重点。在选派市级科技特派员时,县科技局以全县科技需求台账中"所需"对应科技特派员"所能"进行选派,确保"所长之人"能选派到"所需之处"。其中,2021年,全县选派的市级科技特派员47名、"三区"科技人才20名,均是在黄连、莼菜、辣椒、蜜蜂等产业方面的专家和技术人员。

二是上派下推结合选。主要做好与国家级"三区"科技人才、市级科技特派员对接,注重挖掘现有在石柱开展工作的市级驻村工作队、对口协作单位的专业技术人员队伍资源,通过科技特派员推荐、企业推荐和乡镇推荐等多种方式,先后推选出5名科技特派员。其中,重庆市质量和标准化研究院研究员、桥头镇野鹤村第一书记邱克斌担任科技特派员后,联合县农委、县商务委等单位编制了《石柱脆红李生产技术规程》,目前该规程已发布并实施,解决了脆红李产业面临的一些共性问题。

三是拓宽领域按需选。除了选好农业方面的科技特派员以外,还增派医疗、大数据等方面的科技特派员。选派了2名医疗专家担任科技特派员,入驻县中医院开展技术指导,技术指导2个特色专科,培养技术骨干4名,提高了县中医院的医疗水平。

二、"三到位"管得好

一是组织保障到位。制定县"为科技工作者办实事　助科技工作者作贡献"工作清单。清单共有20项,旨在调动全县各级各部门资源,为科技特派员提供全方位服务。二是经费兑现到位。简化经费报销程序,实行单次包干制,按照2 000元/(人·次)经费标准包干,同一天不同服务对象视为不同服务次数,扩大了科技特派员帮扶范围,让科技特派员有更多的精力开展科技帮扶服务。三是宣传表彰到位。在农业产业中作出突出贡献的科技特派员,邀请石柱电视台进行专题报道。2021年,拍摄"最美特派员"短视频1个,入围全国相关比赛20强,拍摄科技特派员为民办实事专题宣传片3个。在推荐的市县优秀科技特派员中,李学刚入选2019年全国优秀科技特派员,杨灿芳获评2020年度全国三八红旗手,柯剑鸿获评2020年重庆英才·创新领军人才等光荣称号,2021年陆智明获评民盟脱贫攻坚先进个人。

三、"四举措"用得好

一是积极开展田间服务。激励科技特派员少在会场,多深入田间地头、生产现场,及时提供技术指导服务。2017—2021年,全县科技特派员帮助开展产业规划135场次;开展技术培训460次,培训群众1万人次,发放技术资料1.2万册,帮助解决技术难题2 000余项;帮助引进新品种25项,推广新技术60项,科技特派员真正成为全县主导产业的"主心骨"。二是实施组团服务。组建辣椒、黄连、中蜂等专业团队9个,发挥团队优势开展产业技术攻关。如市农科院派驻石柱的黄启中、黄任中组建的"双黄"

辣椒团队,成为亮点。自2004年以来,黄启中就以科技特派员的身份重点帮扶石柱,到2021年,17年来,通过选育的"艳椒"系列品种,带动全县1.6万户农户发展辣椒种植约5.3万亩,实现经济效益8 000余万元,实现"种椒3亩,脱贫1户"的憧憬。中蜂团队从产业规划、产业全环节技术指导、星级农户培育等方面开展蜜蜂小镇创建工作。以"小蜜蜂托起乡村振兴大梦想"为主题的2021年"世界蜜蜂日"主会场活动在中益乡举办。兽医团队开展猪场、鸡场、羊场疫病监测服务,春秋两季采样,共监测疫病11种(其中包括非洲猪瘟),避免了重大疫病给养殖场带来的巨大经济损失。三是开展"为民办实事"系列活动。在走访企业时,了解到有民营企业准备生产莼菜保健品,想请专家帮助指导,县科技局牵线联系了县"三区"科技人才、西南大学园艺园林学院于杰副教授。其帮助企业在果胶分离这个技术点上进行拓展。受兔毛市场低迷影响,长毛兔养殖户刘海龙一直亏损,为转变养殖户思路,市科技特派员、市畜牧科学院的高级兽医师王孝友连续半年帮忙理清发展思路,为其提供技术支撑。现在刘海龙已经养殖肉兔2 000余只,并将成本控制到了最低。市科技特派员、市中药研究院副研究员王钰,在石柱建立试验示范基地,带动周边群众种植川牛膝,经济效益可观。四是积极争取项目。2020—2021年,通过市级科技特派员,石柱共申报市级团队项目4个,获380万元项目经费支持;建成9个科技特派员示范基地,2个科技专家大院,培养技术骨干40余人,培育3支农业生产社会化服务队伍。

随着乡村振兴战略的实施,未来石柱的科技特派员除了夯实已有的工作成果,还可探索以投资入股、合作的方式提供更多元的科技服务。

荣昌"四举措"护好科技特派员服务路

——荣昌区科学技术局

以解决农村基层实际问题为导向,荣昌区围绕自身优势特色产业、企业发展科技需求,以"按需选派、双向选择、突出重点、保证质量"的原则选派科技特派员,科技服务覆盖全区21个镇街,引导广大科技人才聚焦荣昌、服务基层,着力解决"三农"问题,推动巩固拓展脱贫攻坚成果同乡村振兴有效衔接。

一、梳理自身资源,聚焦产业发展

一是聚焦重点工作。紧紧围绕"全面推进产业基础高级化、产业链现代化,打造重要高新技术产业基地"的目标,进一步做强"1+2"特色农业带,荣昌区选派9名科技特派员对口支持荣昌猪、粉条、柑橘产业发展,及时指导创建荣昌猪、河包粉条等2个科技专家大院,将创新资源集聚到重点产业领域。二是聚焦创新领域。为进一步支持荣昌区全面推进全区数字乡村建设,着力提高乡村数字化治理效能,创新拓展人工智能服务方向,选派了重庆邮电大学人工智能领域专家张清华、张旭等市级科技特派员;为进一步推动成渝地区双城经济圈科技协同创新、人才资源共享,将科技特派员作为协同创新、交流合作的重要纽带,共推选9名四川农业大学的专家教授担任市级科技特派员,为荣昌科技发展提供服务。三是聚焦弱项短板。荣昌区拥有西南大学荣昌校区、重庆市畜牧科学院等一流科研机构,先后获批建设国家级生猪大数据中心、国家生猪技术创新中心等科技创新平台,在畜牧业方面有强大的人力及智力支撑。相较之下,荣昌区种植业科技人才资源较为短缺,为此区里加强与四川农业大学、市农科院、市中药研究院等机构的沟通联系,选聘一批市级专家,鼓励区内企事业单位推荐一批长期从事农业技术推广工作的中高级技术人员,选拔一批实干人才。2022年,荣昌区共选聘市级科技特派员30名,区级科技特派员39名。

二、优化管理制度,健全保障机制

一是健全选派机制。为规范管理、优化服务,激励广大科技特派员深入农村开展科技创新创业与服务,推动巩固拓展脱贫攻坚成果同乡村振兴有效衔接,根据《国务院办公厅关于深入推行科技特派员制度的若干意见》(国办发〔2016〕32号)和《重庆市科技特派员管理办法》(渝科局发〔2019〕146号)等文件精神,结合科技特派员工作实际,制定出台了《重庆市荣昌区科技特派员管理办法》(荣科发〔2020〕1号)。该办法明确了科技特派员的选派原则、服务内容、管理要求、经费使用、考评应用等方面的内容,让制度管人管事,使各项工作有章可循。二是健全管理机制。科技特派员年初制订年度工作计划,年底上报服务总结,服务期间实时分享工作影像资料至工作群。同时,通过到服务对象所在地实地调研、与服务对象交换意见、查阅服务相关资料和工作记录等方式,具体了解科技特派员服务情况。以上要素均作为年终考评的重要依据。服务效果好的,期满后可续聘,优秀的科技特派员可推荐为市级科技特派员加强选用,不合格的科技特派员将不再选派。营造比学赶超的良好氛围,实现能上能下的选派制度,进一步激励科技特派员充分发挥科技服务作用。三是健全保障机制。及时为科技特派员购买意外保险,确保科技特派员下基层放心;工作经费分两次拨付,及时报销科技特派员在履职过程中产生的培训、交通等费用,确保科技特派员下基层舒心。

三、鼓励干事创业,突出工作实效

一是开展常规服务。科技特派员围绕荣昌区优势特色产业,支持全区14个农业科技专家大院建设,重点联系农业科技型企业、专业合作社等,通过现场服务、技术培训、电话咨询、网络会诊等方式开展科技服务活动,培养技术骨干,助力农业产业发展和农民增收致富。2022年上半年,全区科技特派员围绕现代农业产业发展的目标,开展花椒剪枝、粪污处理等线上线下技术服务200余次,技术指导27余项,开展技术培训16场,引进新品种17项。二是鼓励个性化服务。鼓励科技特派员创新创业，领办、创办或入股农业企业、合作社、协会等机构，与服务对象结成利益共同体，有效带动农业增产，农民增收。重庆文理学院园林与生命科学学院黄科教授，对口服务重庆勇庆华清农业科技发展有限公司。作为生姜科技专家大院的专家之一，他帮助解决了生姜种植的技术难题，加强了生姜新品种的推广，创办了农民专业合作社。与农户结成利益共同体后，双方关系更密切、干劲更足，面对风险的决心和勇气也更大。三是强化激励机制。对科技特派员既要讲奉献的要求，也要提供"看得见、摸得着"的鼓励措施。为此，荣昌区积极帮助科技特派员申报市级专项，优先支持其参与合作的农业科技计划项目。重庆市科技特派员专项"肉兔健康养殖关键技术集成与应用""晚熟柑橘产业链短板关键技术集成与应用"进展顺利，项目补助资金共计150万元；2022年荣昌区"柑橘优良砧木新品种'蒲江香橙'成果转化"等5个农业科技项目，补助资金共计48万元。

四、加大宣传力度，树立先进典型

一是多形式宣传科技服务。充分利用报纸、广播电视、科技网站等公众媒体，加大对科技特派员创新创业服务行动、成功经验和模范事迹的宣传报道。2022年5月21日至28日，全区开展以"走进科技 你我同行"为主题的科技活动周活动，通过一系列丰富多彩的群众性科普活动，带领老百姓走进科技殿堂，感受科技魅力，掀起新一轮科技创新热潮。活动期间，荣昌区联合相关单位在区人民广场举办全区科技活动周主场展览，展示全区科技创新成果和科普成果，同时，组织市区两级科技特派员集中开展科技下乡活动，深入田间地头，提供科技指导和服务共计30余次。二是营造科技创新氛围。2022年5月30日是第六个"全国科技工作者日"。荣昌区召开了科技工作者代表座谈会，发布了《致科技工作者的一封信》，旨在使科技工作者切实感受到"家"的温暖和"节"的温馨，鼓励广大科技工作者牢记使命责任，切实担负起支撑地区产业发展的第一资源作用，创新报国，引领发展。三是宣传模范事迹树典型。市委宣传部、市科技局共同举办2021年"弘扬科学家精神,加强作风学风建设"短视频大赛,荣昌区推荐的作品《以科技服务农业,创新无刺花椒技术》荣获大赛一等奖。该视频记录了科技特派员吕玉奎研发无刺花椒技术的历程,展示了科技特派员投身创新实践的风采,激发了科技工作者的创新活力。"人才+资源+N"模式获人民网"2021乡村振兴示范案例"报道。推荐科技特派员入选2021年荣昌区科技创新工作先进个人、荣昌区优化营商环境工作先进个人共计10余人。把实干导向鲜明地树立起来,弘扬他们的创新创业和奉献精神,提高科技特派员的知名度和影响力,为科技特派员开展工作营造良好氛围。

科技特派员王介平(右)到荣昌区龙集镇指导绿佑蜂业厂房搬迁及设备安装

科技特派员王瑞生(左一)同荣昌区渝西蜂业专家大院专家团队引进中蜜1号母本,与本地的意大利蜂父本进行杂交组配

科技特派员罗文华(台上)在荣昌区荣隆镇举办养蜂技术培训

江津区"三个导向"创新推进科技特派员制度

——江津区科学技术局

习近平总书记强调,创新是乡村全面振兴的重要支撑。要坚持把科技特派员制度作为科技创新人才服务乡村振兴的重要工作进一步抓实抓好。江津区围绕人才下沉、科技下乡、服务"三农"的重要指示,按照重庆市科技特派员的工作方向,紧扣需求导向、专业导向、绩效导向,创新推进科技特派员制度,为乡村振兴提供坚实的人才支撑和智力保障。

一、紧扣需求导向,精准选派科技特派员

建立科技特派员选派机制,坚持"需求为主、专业对口、'两情相悦'、三方评价"的双向选择方式,有效提高科技特派员资源配置。一是围绕产业发展需求选派。根据全区现代农业、富硒产业等领域发展情况,围绕主导优势农业产业布局及技术需求情况,与科技特派员自身技术优势相互匹配,做到精准选派、精准服务。同时,围绕粮食、油料、花椒、水果、蔬菜、水产、茶叶、中药材(枳壳)、畜禽、土壤肥料等组建首席专家团队,重点研究关键共性技术攻关和推广应用,着力解决农业产业发展中科技支撑不足、创业带动不足、农技推广服务供给能力不足等难题。截至2021年底,累计选派科技特派员500余人次,组建10个产业专家团队,帮助企业和行政村制定产业发展规划120余个,实现主导优势农业产业全覆盖,实现产业规划、品种繁育、种养生产、产品加工、仓储运输、市场营销产业链全参与。二是围绕基地建设需求选派。鼓励有科研项目的技术人员把产业基地建设到具有产业基础的乡镇,通过项目实施示范带动产业发展。完善"科技特派员+公司+基地+农户"的传帮带方式,建成以专家大院、科技特派员工作站、星创天地、科技特派员创新创业示范基地、农业科技成果转化基地、科技型企业(实验室)为主的科技创新服务阵地136个,指导项目实施240多个,为涉农企业和农民群众提供"研、学、产、加、销"全方位服务。三是围绕创新创业需求选派。将有科研成

果需要转化且具有创新创业需求的科研人员或技术团队,定向选派到与其技术相匹配的产业基地开展技术服务,与产业基地联合创办、领办企业或者合作社,共同推动产业发展。截至2021年底,累计示范推广了农业新成果、新技术、新模式321项,促进农业科技成果转化135项,研发推广花椒等新品种、新工艺67种/项。

二、紧扣专业导向,精准提供优质服务

创新科技特派员服务模式,推行"农民(农企)点菜、专家下厨,政府买单、部门端菜"的工作服务模式,不断提升科技特派员服务质效。一是服务科技示范园建设。坚持以国家级农业科技示范园区为主要阵地,集中展示先进的种植养殖技术、优良的新品种和标准化基地建设成效,带动当地及周边农户参与产业发展。截至2021年底,重庆江津国家农业科技园区已入驻益海嘉里(重庆)粮油有限公司等规模经营主体(含企业)326家,建成江津现代农业气象试验站等科技研发服务平台22个、农业科普示范基地28个、科技特派员创新创业示范基地10个,科技特派员在园工作人数长年保持在40人以上。二是攻克产业发展技术难题。科技特派员深入基地、深入企业、深入农户了解产业发展状况,面对面宣传惠农政策、解答政策疑问,手把手传授种植养殖技术、解决技术困扰;同时,联合专家技术团队,申报市级科研项目,共同谋划产业发展,攻克产业发展中遇到的技术难题,为产业发展扫清障碍。截至2021年底,科技特派员累计攻克技术难题1 468个,获得专利、软件著作权等知识产权1 827项,发表论文369篇,推动农业综合生产成本降低8.9%,成功帮助重庆味之海食品有限公司、重庆博力生物科技有限公司等企业在产品开发上取得关键性技术突破。三是培育农村科技致富带头人。坚持引进与培养相结合,从村"两委"成员、村级后备干部、农村党员、小微企业负责人、农民专业合作社负责人、家庭农场主、种养业大户等人员中筛选培养对象,并引进在外创办企业、务工且有意愿返乡创业的本土人才,积极开展农业科技指导培训、技术帮扶等活动,培养带动一批懂技术、善创新、能引领的科技致富带头

人。截至2022年，依托科技特派员及产业专家团队，举办农业技术交流会与培训会约2 500场次，培养农村实用人才12.7万人次，培养农村科技致富带头人和科技二传手1.5万余人。

三、紧扣绩效导向，精准设立考核激励机制

建立江津区科技特派员管理制度，健全完善科技特派员管理考核制度和晋升机制，充分激发科技特派员的内生动力。一是落实基本保障。在科技特派员选派服务期间，确保原单位职级、工资福利待遇不变，选派经历等同于机关事业单位干部的进修、社会实践、挂职锻炼经历，与原单位在岗人员同等享有职称评审、项目申报、评优评先等方面的权利。二是设立专项经费。2022年，区财政预算列支科技特派员专项经费近100万元，其中市级科技特派员工作经费64万元（人均2万元），区级科技特派员工作经费9万元（人均3 000元），科技特派员创新创业示范基地建设工作经费26万元，主要用于支付科技特派员在技术服务过程中的设备费、材料费、测试化验费、加工费、交通差旅费、科研投入补助、保险和培训费等。三是突出表彰激励。出台《江津区科技特派员考核工作实施方案》，对科技特派员进村入户服务情况采取定性与定量考核相结合的方式进行评价，通过科技特派员自我评价、服务对象评价、科技部门评价，评出优秀、良好、合格与不合格四个等次。考核结果与次年聘请、补助发放、评先评优、基地申报、股份激励等直接挂钩，持续激发科技特派员自觉创新创业的热情。截至2021年底，累计136名市、区级科技特派员的创新创业典型案例被《科技日报》等主流媒体宣传报道，32名科技特派员先后获得"全国农牧渔业丰收奖农业技术推广贡献奖""全国科普带头人""全国优秀科技工作者""重庆市科技进步奖"等国家级、市级荣誉表彰。

第二章 经验交流

科技特派员李英(拿话筒者)现场培训农机操作技术

科技特派员为学员答疑解惑

科技特派员为四屏镇四面村党支部提供技术帮扶

开州强化四项举措推进落实科技特派员制度

——开州区科学技术局

近年来,开州区科学技术局(科技局)认真贯彻落实习近平总书记对科技特派员制度推行20周年的重要指示,在市科技局的精心指导下,扎实开展科技特派员工作。截至2020年,共选派"三区"科技人才112名、市级科技特派员157名、区级科技特派员近200名,为脱贫攻坚和乡村振兴产业发展提供了有力的科技人才支撑,对促进农业科技成果转化,助力产业提质、企业增效、农民增收作出了积极贡献。

一、开展精准选派,找准技术需求服务"切入点"

按照区粮油、柑橘、中药材、生猪、冷水鱼等产业的发展规划,找准镇村、企业(专业合作社等)产业发展的科技需求,结合科技特派员的专业特长,进行精准选派。一是建立科技型企业走访调研制度。通过实地走访、现场收集、书面征集等方式多渠道了解产业技术需求,建立并适时更新全区科技需求台账。二是实现全区主导产业技术服务全覆盖。按照乡镇(街道)主导产业发展科技需求,在每个乡镇(街道)至少选派1名科技特派员提供科技服务,对产业发展提供技术咨询指导。三是组建农业产业体系科技特派员团队(首席专家团队)。由重庆市农业科学院、重庆市农业学校、重庆三峡学院牵头,组建了果树、再生稻2个科技特派员团队,同时还组建了蔬菜、伏季水果、油菜、生猪、山羊等15个农业产业体系首席专家团队,并向团队开展新技术、新品种的引进、推广和应用给予445万元的项目经费支持。四是拓宽科技需求领域。在选好用好农业方面的科技特派员以外,根据需要还选派了大数据、智能设计、环境保护等专业领域的科技特派员。

二、建立示范基地,培育打造科技推广"新亮点"

科技特派员按照帮扶协议约定的内容积极开展咨询、培训等服务,通过建立科技示范基地,加强新品种、新技术的引进和试验示范。一是结合科技扶贫建立科技示范基地。在关面乡泉秀村、麻柳乡九华村、赵家街道青云村等地,科技特派员建立了木香、青翠晚熟李子、柑橘等科技示范基地7个,辐射带动贫困户500余户。二是通过科技特派员团队建立科技示范基地。科技特派员团队在大进镇红旗村、竹溪镇白云村和平溪村分别建立了茶叶、柑橘、再生稻科技示范基地1 000亩,促进了相关产业标准化生产。三是依托科技项目建立科技示范基地。科技特派员通过联合实施科技项目,在郭家镇毛成村、临江镇福德村、南雅镇民安村建立了葡萄、水稻等科技示范基地3个,开展"优质高产"示范推广。

三、加强宣传报道,挖掘先进典型"闪光点"

近年来,科技特派员通过帮扶指导培育了重庆晖春生态农业科技有限公司、重庆市开州区渝灿农业开发有限公司等农业科技型企业38家,重庆伍六奇农业科技开发有限公司、重庆盛物农业发展有限公司等高新技术企业6家,成功申报国家级"星创天地"1家、市级科普基地1家、"重庆英才"创新创业示范团队1个,联合培育了渝东北首个6项指标均达优质的水稻新品种"U2优548",选育出了"开州汉府黑羊"新品种,3名科技特派员获得市级科技奖励。鼓励广大科技特派员坚持把论文写在大地上,充分发挥自身优势,主动服务"三农"。一是在《开州日报》设立专栏进行宣传。邀请区融媒体中心多次对科技特派员工作进行专题报道。二是组织开展评比评选活动。组织拍摄"大美特派员"短视频2个,评选全区"最美科技工作者"10名,其中1名为科技特派员,并进行广泛宣传。三是在市级以上主流媒体进行宣传。重庆师范大学的杨宪10多年来致力木香的种植和研发;重庆市农业学校王华平校长率领的专家团队潜心研究畜禽粪污的综合利用;市级科技特派员周贤文一直专注于"开县春橙"品牌的打造;重庆三峡学院科技特派员团队联合开发出了"科特宝贝"生物肥、"科特老白干"白酒、"科特再生稻"等科特系列产品。开州区科技局通过《光明日报》《重庆日报》以及华龙网等多家媒体对这些优秀科技特派员的"闪光点"进行了广泛宣传报道。

四、强化规范管理，探索管理机制"创新点"

为激励广大科技特派员不忘初心、牢记使命，扎根基层、苦干实干，开州区科技局不断探索完善管理机制创新。一是将科技特派员工作作为全区人才引育重要抓手。选派7名开州外的科技人才为市级科技特派员，并首先在重庆（市区）、成都建立2个科技人才联络服务站，组建1个科技顾问团。二是建立科技特派员对接服务机制。由区科技局领导成员牵头，明确科室人员以"一对一服务"的方式联系对接科技特派员，为其开展服务提供必要的保障条件。三是强化科技特派员日常事务管理。印发了《重庆市开州区市级科技特派员及"三区"人才专项资金管理暂行办法》（开州科发〔2020〕24号），明确了科技特派员及"三区"科技人才的经费使用规范。每年度开展科技特派员工作开展情况资料汇编工作，并将汇编资料分别寄送给科技特派员派出单位和本人。收集企业遇到的技术难题和科技特派员服务中发现的技术问题，组织科技特派员有针对性地编写技术问答宣传资料近5 000册，并将其免费发放给企业、农户及专业合作社。加强科技特派员相关档案资料管理，为科技特派员购买意外保险，并逐步形成以科技特派员工作实绩和帮扶对象满意度为导向的考核评价机制，促进广大科技特派员为助力乡村振兴作出新的更大贡献。

科技特派员陈春林（右一）在五通乡开展养殖技术培训

开州区科技特派员工作站

生猪养殖技术培训现场

巫溪构建三级科技服务体系,助推产业升级发展

——巫溪县科学技术局

巫溪县地处渝东,位于渝、陕、鄂交界处,处大巴山东段南麓,全县面积4030平方公里。辖32个乡镇(街道),是典型的山区农业县。2008—2022年,全县累计选派市级科技特派员(含国家级"三区"人才)625人次。为了充分发挥科技人才和实用科学技术在产业发展中的催化剂作用,让科技人才请得来、下得去、留得住,巫溪县出台了《巫溪县创新驱动发展专项资金管理办法》(巫溪委发〔2016〕82号),在科技特派员服务工作中不断探索,创新"多对一,一对多"的服务方式,抱团发展,分工协作,逐渐形成了国家、市、县三级科技服务体系。

一、创新服务模式,构建科技服务体系

(一)构建三级科技服务体系

多年来,结合产业发展情况,巫溪按照"产业对口、力求实效"的原则,逐渐拓宽了科技特派员的选聘范围,形成了由国家级"三区"人才、市级科技特派员与县级科技特派员组成的国家、市、县三级技术服务体系和专家团队,指导全县产业发展。

(二)创新"多对一,一对多"的模式

针对全县的产业需求,科技特派员按照技术领域划分分别组团,以团队的形式进行服务,组建产业技术专家组,分工合作。通过线下技术培训、生产一线技术指导、线上电话、微信及QQ等方式,开展远程视频直播教学和技术指导或现场指导,创新服务,为农产品代言、直播带货,促进消费扶贫。其中秦巴山区"牧羊"教授赵永聚、"小土豆做成大产业"的王季春、"做药农贴心人"的彭锐、"泥脚杆"教授陈吉轩深受老百姓欢迎。

(三)抱团发展,构建分工协作模式

巫溪县成立了科技特派团,采取资源共享模式,拓展服务范围,助力乡村振兴,围绕中药材、山羊、生猪、青脆李、核桃、冬桃、蜜柚等产业以及

乡村治理、卫生健康领域开展技术服务。科技服务期间，各组各显神通，分别策划项目，转化推广成果，成效显著。

(四)搭建"科技大讲堂"视频网络平台

围绕巫溪县马铃薯、中药材、山羊、青脆李、核桃、茶叶、柑橘及冷水鱼等主导产业和特色优势产业制订培训计划，合理安排培训内容和时间，推广应用实用新技术，激发农民创新创业活力和内生动力，大力发展特色产业，构建"一镇一品，一村一特"的产业格局，建设美丽乡村，助力乡村振兴长足发展。

二、创新管理机制，确保服务落到实处

一是加强制度建设。制定出台了《中共巫溪县委关于深入推动科技创新支撑引领高质量发展的决定》(巫溪委发〔2021〕16号)和《巫溪县人民政府办公室关于印发巫溪县支持科技创新若干财政金融政策的通知》(巫溪府办发〔2021〕68号)，明确健全科技人才服务体系，设立科技特派员服务专项资金，支持科技人员向生产和基层一线流动。制定巫溪县"为科技工作者办实事助科技工作者作贡献"工作清单，切实解决科技工作者在知识产权保护、法律服务、子女入学、看病就医等方面的难题。制定出台了《巫溪县科技特派员("三区"人才)专项资金管理办法》(巫溪科技局发〔2020〕15号)，明确科技特派员的服务内容、服务时间和服务方式等，规范科技特派员工作，加强资金管理，将远程服务纳入工作经费报销范围。

二是成立服务工作领导小组。成立了国家乡村振兴重点帮扶县科技特派团重庆巫溪团服务工作领导小组，明确了工作机构、职责分工以及运行机制，建立了联络员机制，搭建信息沟通平台，开展师徒对接，培育本土技术骨干人才。

三是加强监督管理。每年发布考核通知，通过采取平时情况统计、工作自查总结、帮扶村评价、电话回访、实地走访等形式，对选派的科技特派员的工作绩效和服务情况进行全面考核。

三、强化多措并举，助推产业长足发展

（一）对症把脉，量身撰写实用技术资料

科技特派员根据生产时节并结合反馈的技术需求，编写了《巫溪琯溪蜜柚春季管理技术要点》《科学养兔技术手册》《生猪科学养殖技术手册》《肉牛科学养殖技术手册》及《春季蔬菜生产管理要点》等技术手册和要点30余套，指导农业生产。科技特派员深入贫困村开展科技服务，以"一带五""一带十"等方式，对有想法、有基础、有干劲的贫困户进行重点培养，带领村社贫困家庭兴业脱贫。每年举办各类技能培训、专题技术培训30余场次，参训人员500余人次，培育技术骨干70余名，发放各类技术资料3 000余份。

（二）强化基地，发展优势特色产业

科技特派员根据乡镇产业重点打造产业集群，结合巫溪县山羊、中药材、核桃、茶叶、青脆李、中蜂等区域优势特色产业，按照"科技特派员+基地+农户"的模式，重点建设科技示范基地。分别在红池坝镇、田坝镇、菱角镇等地建设山羊养殖基地，在兰英乡、双阳乡等地建设中药材基地，在蒲莲镇、红池坝镇等地建设茶叶基地，在城厢镇、徐家镇、通城镇等地建设青脆李基地，在天元乡、白鹿镇等地建设中蜂基地，在田坝镇、上磺镇等地建设核桃基地。

（三）加强引进，加快科技成果转化

2021年帮助引进"云上黑羊""阳光1号""渝城1号"等多个新品种，引进推广核桃嫁接、青储饲料加工调制、能繁母猪饲养管理技术等50余项实用新技术，解决蜜柚果实酸甜度调控、青脆李裂果预防等30余个技术难题。以项目为引导，推进技术集成推广与科技成果转化应用，指导申报"大宁河鸡保护利用与巫溪养鸡产业升级技术集成与应用"等3个项目，建设科技示范基地和技术研发中心。实施"巫溪县老鹰茶""生猪产业技术创新研究与应用""巫溪县红池坝镇菊花良种引进与技术应用"等3个项目，有效助力乡村振兴和产业转型升级。

（四）整合资源，搭建科技服务阵地

深入开展产学研合作，加强与高校、科研院所合作，构建"1+N"科技创新平台体系，与西南大学达成共建马铃薯区域重点实验室合作意向，布局

中药材、食品加工等技术研发中心。搭建巫溪洋芋星创天地,指导建设马铃薯、大宁河鸡、山羊等4个市级专家大院,建设红池林肉牛等3个专家大院。充分利用科技特派员资源,建设渝东北山羊综合试验站,建设巫溪县马铃薯脱毒种薯研发中心,推动产业链与创新链深度融合,夯实协同创新及产业发展的阵地。

(五)强化服务,培育创新创业主体

科技特派员带项目、带技术、带资金开展农业科技创新创业活动,结合特长,培育科技示范户,以点带面,推广新成果、新技术、新设备,指导农户开展创新创业活动,建立专业合作社、养殖场、家庭农场等,通过技术培训、现场指导等方式,培育创新创业主体100余个。巫溪县积极培育企业自身科技人才,吸纳骨干参与科技项目,提升企业研发水平,加大科研投入,引导企业建设成为科技型企业和"双高"企业,累计培育74家市级科技型企业,7家国家高新技术企业。

科技特派员送核桃管护技术下乡

科技特派员李周权(台上)开展
"蛋肉兼用鸡"生态养殖技术培训

组织召开科技特派员进村服务启动会

云阳科技特派员精准助力脱贫攻坚与乡村振兴

——云阳县经济和信息化委员会（县科技局）

2014—2021年，借助国家级"三区"科技人才政策和重庆市科技特派员入乡进村扶贫帮扶项目，云阳累计选派科技特派员473人次，开展进村帮扶和服务企业2 200余次，组织大中型技术培训170余场次，解决技术难题1 000余个，引进推广新品种新技术500余项，建立科技示范基地20余个，实施国家、市、县级科技特派员项目50余个，争取上级项目资金1 300余万元。

云阳以"五个着力"和聚焦"四大优势"为抓手，创新科技特派员选派与服务机制，在精准助力脱贫攻坚与乡村振兴、推动县域产业技术创新和特色产业发展等方面成效显著。

一、"五个着力"创新机制，营造科技服务良好环境

2014—2021年，得益于市科技局对科技特派员工作的大力支持，县科技局创新的科技特派员选派与服务机制以及科技特派员的无私奉献和辛勤付出，云阳科技特派员科技服务有声有色。

一是着力坚持选派服务"三个结合"。坚持科技特派员选派服务同乡村产业发展实际相结合、同企业乡村科技需求相结合、同优势特色产业发展相结合，使科技服务更加精准。同时，选派前征询科技特派员本人、派出单位、服务企业意见，实现"三体合一"，有效提升了选派效率和满意度。

二是着力创新成团分组"组团服务"。云阳围绕全县产业布局，成立科技特派员帮扶团，下设中药材、柑橘、畜禽水产养殖、传统种植、特色经济作物、乡村振兴6个产业小组，采用"组团服务"模式，实现主导产业全覆盖、深度贫困村全覆盖。科技特派员结合自身专业优势，精准发力，通过现场指导、技术培训、引进新品种、提出产业发展建议、项目推动等方式，为云阳脱贫攻坚和乡村振兴、产业高质量发展服好务。科技特派员科技服务得到了云阳县委县政府高度认可，并写进了党代会和当地政府工作报告。

三是着力围绕产业打破"区域限制"。2021年,云阳围绕产业需求,聚焦中药领域,打破区域限制,从成都中医药大学选派了中药化学、中药资源学、中药学专业的3名科技特派员,充实了科技特派员队伍,推动了云阳特色优势产业发展。

四是着力推动管理服务"周到细致"。云阳坚持每年召开1次科技特派员工作会,征集科技特派员对云阳产业发展的意见建议。2021年,专门编印《云阳:脱贫攻坚有我——科技特派员纪实》,准确翔实地记录科技特派员助力云阳脱贫攻坚、开展科技服务全过程,让科技特派员的奉献和服务得到更多人的认可和肯定。作为科技特派员的管理服务部门,县科技局把科技特派员当家人,努力保障其在云阳期间吃住行的安全和便捷,安排专人对接联系。通过QQ群、微信群等平台随时进行交流,并额外为科技特派员购买了"交通意外险",为其出行安全提供保障。在日常管理方面,要求科技特派员到云阳至少报备3次。第一次是出行之前报备,告知工作计划,以便及时安排食宿和车辆;第二次是服务过程报备,通过照片、视频等方式分享经验,在条件允许的情况下安排工作人员或记者随行;第三次是安全返回报备。

五是着力坚持绩效考核"公开透明"。制定《云阳县科技特派员管理办法》,在服务内容、形式和经费管理等方面进行细化,做到专款专用、公开透明。①制定流程公开透明。办法初稿起草后,征求科技特派员帮扶团团长、副团长意见,并现场征集科技特派员工作会参会专家意见,修改完善后按规范性文件制定流程,征求法律顾问意见并报县政府备案审批。②经费分配公开透明。第一是科技特派员个人补助,基础工作经费5 000元,在选派通知下达后发放;绩效工作经费按服务次数发放,每人每次2 000元,用于包干报销差旅费、培训费等。每年总额不超过1万元,针对服务次数超过5次的,考核评优时予以倾斜。第二是产业示范项目经费,按照产业分组安排实施产业示范项目,每个项目原则上支持工作经费3万元,对帮扶成效显著的项目重点支持。第三是科技特派员考核奖励,帮扶期满,根据科技特派员工作总结、帮扶记录及成效佐证资料,对综合表现优秀的给予考核绩效奖励。③绩效工作公开透明。服务期满后,根据科技特派员填报的工作日志统计帮扶次数,并公开公示,力求不错、不漏,并接受科技特派员监督。

二、聚焦"四大优势",助力脱贫攻坚与乡村振兴

通过聚焦科技特派员专业、技术、纽带、团队"四大优势",最大限度地发挥科技特派员科技服务的作用,促进科技特派员精准助力脱贫攻坚与乡村振兴,推动县域产业技术创新和特色产业发展。

一是聚焦专业优势,精准引进推广新品种新技术。市农科院、西南大学、市中药研究院等机构的科技特派员,为云阳引进推广了柑橘害螨等病虫害防治、菊花钩藤等中药材种植、毯苗机插秧、优利有机疏润营养液肥施用、生猪良繁良育及重大疫病防控等先进实用技术30余项。市药物种植研究所、市中药研究院、市农科院、西南大学等科研院所、高等院校的科技特派员,为云阳引进了新品种40余个,包括钩藤(中药材)、"旌1优华珍"和"桃湘优莉晶"等国家一级米质水稻品种2个,明皇菊、黄金菊、杭白菊等菊花品种3个,薏苡、渝青玉3号、大爱111和青贮玉米318等牧(饲)草品种4个。科技特派员徐敬明利用自己的人脉资源,自费邀请中国水产科学研究院南海水产研究所张家松博士专程来到云阳,为对虾养殖基地提供技术指导。张博士还将自己在新疆的实验成果毫无保留地传授给养殖场。据初步估算,通过近两年的技术改良,养殖场可实现年毛收入160余万元。科技特派员魏光河帮助云阳3家本土企业申报并获得各级科技项目10余项,指导2家企业新建猪场的选址、场地布局及圈舍设计,开展规模猪场腹泻因素分析及防控策略等专题培训14次,培训人员560余人次,积极推广"猪—沼—果"循环生态发展模式,企业效益显著提高。

二是聚焦技术优势,精准实施产业示范基地建设项目。在盘龙街道实施"白茶种植科技特派员试验示范基地建设"重点项目1个,项目资金80万元。在泥溪、农坝等地实施"科技特派员农业科技试验示范基地建设"项目12个,项目总投资50.8万元,主要开展黑木耳、柑橘、水稻等传统产业技术升级示范及宽叶韭菜、车厘子、乌梅等新品种栽培试验。项目由

科技特派员担任技术负责人,依托贫困村企业(或专业合作社)具体实施,当地乡镇政府、村委会配合云阳县科技局进行项目管理,助推传统产业转型升级,提高农户经济效益。2021年,依托农业科技企业等立项科技特派员产业示范项目14项,项目资金达40.5万元,有效推动农业科技企业长远发展,带动周边农户增收。

三是聚焦纽带优势,加强产学研协作。由科技特派员提供技术支撑,组织企业成功申报"云阳县黑木耳标准化生产技术集成与应用""云阳奶牛特色产业扶贫及技术集成与应用""云阳菊花优质高产关键栽培技术集成与应用""云阳生猪生态养殖产业核心园建设及关键技术集成""云阳县高海拔山区轮牧山羊配套技术集成及其推广应用""长江上游特有鱼类厚颌鲂规模化人工繁殖及健康养殖技术集成""南美白对虾淡化养殖技术集成示范与应用"等多个市级科技项目。与西南大学、重庆市畜牧科学院开展全国牧草栽植试验项目合作,在云阳县林久农牧综合开发有限责任公司进行了薏苡草等优质牧草种植实践,建设综合牧草种植试验示范基地350余亩,在凤鸣镇、高阳镇、平安镇等乡镇推广应用约3 150亩,带动农户种草约3 400亩,指导建设了牛丫头农庄,实现了农旅结合。由西南大学协助的明豪生猪养殖专业合作社成为云阳县唯一一个国家级农民养猪合作社示范社,并依托云阳县芸生农业生猪养殖基地及白茶基地建设科技特派员核心示范园区。通过科技特派员的协调,重庆邮电大学在云阳设立了三峡库区水环境大数据中心,与云阳县政府签订协议,成立了重庆邮电大学云阳产业技术研究院。市中药研究院在云阳设立渝东北检验检测研发中心。

四是聚焦团队优势,精准助力产业发展。2021年,发挥科技特派员团队优势,主动服务全县产业。①主动对接全县产业需求。科技特派员主动认领年初征集的86条产业科技需求,为全县产业按需提供精准科技服务。云阳县与科技特派员帮扶团共同编印实用技术手册5 000余本,作为培训资料免费发放给农户。②推荐科技特派员担任产业顾问,为云阳县委县政府提供决策参考。陶洋被聘为大数据产业发展顾问;魏光河被聘为云阳县生猪产业发展顾问;肖波、崔广林、吴叶宽被聘为云阳中医药发展专家咨询委员会成员。③主动谋划产业项目，打造示范标杆。组织中药材、柑橘、畜禽水产养殖、传统种植、特色经济作物、乡村振兴6个产业小组进行专题讨论，提出年度工作计划，明确1个重点打造的示范项目，集中力量做出成效、做出亮点。在科技特派员的助力下，大阳米、坪天大米荣膺"三峡杯重庆十大好吃大米"称号。通过科技特派员的技术支持和帮扶，云阳70%的水产品实现了自给自足。组织西南大学科技特派员制作的微视频《星河》，经市科技局推荐，荣获科技部2021年度"大美科技特派员"优秀微视频作品第10名。

西南大学何桥教授（右五）在清水乡磁溪村开展李子栽培管护技术培训，现场讲解枝剪技术

西南大学柑桔研究所专家（右二）在云阳县凯盟农业开发有限公司指导园区管护及产业规划

重庆市畜牧科学院三峡分院专家在云阳良种肉牛繁育场指导肉牛繁殖与克隆技术

重庆市农业科学院专家在云阳清水土家族乡指导辣椒种植技术

以人才、技术为引领，推动乡村产业高质量发展

——城口县科学技术局

近年来，城口县深入实施科技特派员制度，围绕县域产业发展情况和技术需求，按照"专业对口，按需选派"的原则，逐渐拓宽了科技特派员的选派范围，从农林产业，扩大到农业、林业、工业、教育业和卫生业，形成了"国家—市—县"三级联动服务体系。在确保科技特派员覆盖全县八大支柱特色产业的同时，探索深化科技特派员在社会民生领域作用发挥的路径，为乡村振兴提供有效的技术支持和人才支撑。自2016年以来，共选派重点帮扶县科技特派团专家21人，国家级"三区"科技人才165人，市级科技特派员199人，县级科技特派员127名，深入全县25个乡镇街道，依托龙头企业、专业合作社、种植养殖大户等共同开展科技帮扶工作。

一、切合实际需求，精准选派科技人才

一是聚焦城口经济社会发展实际、企业需求实际、技术攻关实际，通过实地走访、书面征集、电话访谈等多元化方式，广泛收集企业、单位、群众的科技需求，以单找人，按单派人，确保选派的科技特派员到城口有事干，能干事，干成事。二是围绕产业发展需求，组建城口县专家顾问团，邀请重庆市科学技术研究院、重庆市畜牧科学院、重庆师范大学、重庆市林业科学研究院等高等院校、科研院所知名专家为城口县重点产业顾问，为制订产业发展规划建言献策，提供技术咨询和指导，帮助解决产业技术问题，助推乡村产业高质量发展。三是充分发挥科技特派员人才优势、智力优势，坚持高效、协作原则，跨学科、跨部门组建科技特派员团队，通过现场指导、技术咨询、技术培训等多种方式，深入基层开展科技服务，助力乡村振兴。

二、优化管理机制，着力提升服务质量

一是完善科技特派员联系服务乡镇机制，每个乡镇明确专人负责科技特派员联系服务工作，保障特派员到村社的后勤和安全。二是修订完善《城口县科技特派员管理办法》，优化科技特派员考核机制，将科技特派员自评、服务日志、服务对象满意度、专家考察论证等纳入年度考核标准，确保考核真实、全面、有效。三是制定出台《城口县支持科技创新十五条政策》，明确支持科技人才引育，鼓励科技特派员到县内企业开展科技帮扶，按照年度考核，给予一定经费补助。四是创新科技特派员优先承接市县科技项目制度，以科技特派员团队的服务效果为标准，推进服务成效好的团队申报市级相关项目，积极联系县农委、县商务委、县林业局等单位，推荐优秀团队承接相关产业的研发创新项目，鼓励科技特派员团队承接企业的研发项目，促进科技特派员团队技术成果转化为经济效益。

三、创新服务模式，激发创新创业活力

一是围绕技术需求，开展帮扶工作。2021年以来，全县25个乡镇实现科技特派员全覆盖。科技特派员服务村社163个，帮扶龙头企业、村集体经济组织30个，带动农户750余户。围绕城口中蜂、城口山地鸡、城口核桃、道地中药材、食用菌等重点产业开展技术培训100余场次，培训农户3 500余人次，帮助解决产业技术问题100余个，推广新技术45项，引进新系列新品种53个，为城口县产业发展提供了坚实的科技支撑。二是培育市场主体，增强创新动力。科技特派员在开展服务过程中，培育壮大了重庆市城口县鸡鸣茶业有限责任公司、重庆煊鹏农业发展有限公司、城口县鲲鹏食用菌种植专业合作社、重庆登娃食品开发有限公司等一批产业发展主体，且已培育出高新企业1家、科技型企业15家。其中，与科技特派员建立长期合作机制的重庆天宝药业有限公司已从本土企业成长为上药集团子公司，年产值达2亿元。三是搭建交流平台，服务创新发展。近年来，科技特派员团队与城口企事业单位合作，成立了大巴山中药研究院、

山地鸡遗传资源研究所、核桃产业星创天地、三品功能食品研究院等城口产业发展急需的研发平台,为城口产学研交流、重点技术攻关、新产品研发奠定了基础。四是服务重点产业,助力乡村振兴。城口龙头企业与市县科技特派员深入合作,围绕县域重点产业开展技术攻关和项目研发,为乡村产业发展和产业振兴提供了有效技术支撑。安徽农业大学宁井铭教授领衔的茶叶特派员团队与城口县鸡鸣茶叶有限责任公司联合实施"城口鸡鸣贡茶提质增效与夏秋茶多元化利用技术集成应用"市级科技项目。以公司为服务主体,引进茶树良种14个,引进新茶园建设及幼龄茶园管理技术1套,新建品比园1个、标准示范园1个,辐射带动鸡鸣、咸宜、明通等地发展茶园1 000余亩,带动茶农年人均增收1 000元。重庆师范大学许金山领衔的中蜂特派员团队依托蜂业龙头企业"花千源",申报了"重庆市中蜂种质资源挖掘与蜂蜜优质高产配套技术集成及应用"市级科技项目,并获得2018年度重庆市科技进步奖二等奖。不仅推广了中蜂蜂群快速扩繁、人工育王、巢蜜生产、格子箱饲养等4项新技术,解决技术难题8个,新增产品2个,还建立了1个蜂群繁育基地,技术覆盖东安镇、高观镇、厚坪乡、鸡鸣乡、岚天乡、双河乡、沿河乡、龙田乡、周溪乡等9个乡镇,惠及640名蜂农,为村集体经济组织销售农特产品1 500万元,实现村集体分红55万元,有效带动了村民增产增收,推进了乡村产业高质量发展。

聚焦三力、提升水平
万州区打造渝东北科技特派员工作标杆

——万州区科学技术局

近年来，万州区不断创新科技特派员管理服务方式，深入实施科技特派员制度，已形成政府推动、部门协同、科技特派员充分发挥作用、服务群体高度认可的工作格局，2009年以来累计选派1 092名科技特派员，他们来自北京、福建、山东、南京、云南等10多个省市；扎根服务52个镇乡街道累计200余家企事业单位，覆盖种植养殖、医疗卫生、教育等各个领域，科技特派员工作多次被科技日报、人民网等主流媒体宣传报道。

一、创新选派方式，在精心上聚力

一是围绕特色产业精心选派科技特派员。建立科技型企业走访调研制度，通过实地走访、企业工作群征集、书面征集等方式多渠道汇聚产业技术需求，累计实地走访农业科技型企业300余家，多渠道协调科技特派员提供产业技术指导，多渠道化解科技特派员供求的矛盾，实现全区主导产业、特色产业科技特派员对接服务全覆盖。

二是围绕协同创新精心引进科技特派员。充分发挥鲁渝协作、三峡库区对口支援、成渝地区双城经济圈建设和万达开川渝统筹发展示范区等合作平台，将科技特派员作为协同创新、引才智力的重要抓手，2021年成功引进山东农大、邹城市国家农业园区、山东果树所专家5名，福建农科院专家3名，四川省茶研所、达州农科院专家2名，中国农科院郑州果树所专家1名。

三是围绕技术集成精心组建特派员团队。改变科技特派员"单兵作战"模式，打破区域、领域限制，创新组合选派模式，通过团队力量带动产业整体发展。2020年以来，成功组建乡村振兴科技特派团、百万头生猪生态养殖关键技术集成与应用科技特派团，邀请国家农业信息化工程技研究中心主任赵春江院士作为我区"三区"科技人才,并协调院士团队与市茶研所团队、区茶叶专家合作在我区开展智慧茶园示范试点。同时,在条件适宜的村居建立特派员集中服务平台,累计建成国家级星创天地1家、市级4家,市级农业科技专家大院5家、区级11家。

二、创新管理机制,在精细上用力

一是率先建立区县科技特派员管理制度。结合万州实际,出台《万州区科技特派员管理办法》,优化考核模式,以基层服务对象满意度为主,优化建立科技特派员评价管理体系;优化资金管理模式,中、后期以特派员系统工作数据填报与服务对象反馈为依据两次考核,经费分两次拨付,确保资金使用落到实处。2021年连续出台《重庆市万州区人民政府办公室关于印发〈支持科技创新若干财政金融政策〉的通知》(万州府办发〔2021〕50号)、《关于印发万州区支持科技创新若干财政金融政策实施细则的通知》(万州财办发〔2021〕21号),明确在推动科技创新方面,支持科技特派员选派,引导科技特派员下基层开展科技创新服务并给予经费补助。

二是率先实施科技特派员示范项目认定。通过细化认定标准,将一批有科技特派员参与的科研项目认定为"科技特派员示范项目",集中展示科技特派员引进农业新品种、推广新技术、应用新材料、实践新业态的成绩。新公布玫瑰香橙无人机植保技术示范、油橄榄新品种及丰产栽培技术示范推广、芦花鸡生态养殖关键技术集成研究等示范项目6项,建立示范园4个,开展培训20余场,培育企业技术能手100余名。初步形成以户带村、以村带乡的农业技术示范推广新模式。

三是率先探索科技特派员选派评分制度。按照公开、公平、公正原则,对国家级、市级科技特派员实行选派评分制度。建立评分制度注重科技特派员服务成效、服务对象满意度、对接企业影响力、特派员行业影响力等实绩评价指标,分值占70%,突出重工作成效、拓选派领域、扬优秀先进、助重点产业的选派导向。

三、创新服务模式,在精准上发力

一是服务乡村振兴。通过深入实施科技特派员制度,2021年全区新选派科技特派员207名,引进品种435项,推广新技术251项,解决技术难题635个,组织7场特派员乡村振兴培训,参训1 000余人次,科技特派员实地指导、培训13 000余人次,为我区推进乡村全面振兴提供了坚实的科技支撑。

二是服务特色产业。科技特派员深入企业、农村"把脉问诊",以科技力量助推全区特色产业发展。在以邓烈为带头人的科技特派员的帮助下,万州玫瑰香橙成为万州农业支柱产业,先后被评为全国乡村特色产品、全国名特优新农产品等,发展面积达15万余亩,年产值超过2亿元;黄文章研究员联合三峡职业学院、万州水产研究所开展稻渔工程产学研合作攻关,制定全市首个稻渔企业标准,服务全市稻渔企业20余家,培育稻渔米、稻田鱼绿色食品8个和有机转换认证1个、市级名牌农产品2个,累计在万州及周边10余个区县发展示范种养3万余亩。

三是服务"产学研"协同。以科技特派员为纽带,深化全区"产学研"协作。2021年,科技特派员牵头申报"生态佛手茶的开发与运用""食用菌绿色及规范化生产技术集成与应用"等9个市级科技项目,"铁皮石斛拟境栽培关键技术集成及产业化应用""百万头生猪工程生猪疫病远程诊断平台与预警系统集成与应用"等7个区级科技项目,极大地提高了全区科研项目质量与结题率。鼓励科技特派员创办、领办、培育农业科技型企业,助力全区农业科技型企业"六连增",由2016年发展4家增加到2021年发展75家,累计达294家。

第三章 团队实践

科技引领甜蜜之路
——小蜜蜂托起中益乡乡村振兴大梦想

中益乡位于石柱土家族自治县中部,是重庆市原深度贫困乡镇之一。2019年4月15日,习近平总书记来到中益乡实地了解脱贫攻坚工作情况,对当地脱贫攻坚工作给予肯定。当地干部群众凝练出"先吃黄连苦,后享蜂蜜甜"的脱贫攻坚精神,将中蜂产业作为当地脱贫增收的主导产业,将创建"中华蜜蜂小镇"作为中益乡发展的主题定位和主要动力。中蜂产业是我市现代山地特色高效农业的重要组成部分,是集经济、社会与生态效益于一体的绿色产业。近年来,中益乡依托重庆市畜牧技术推广总站科技特派员团队,从中蜂养殖、加工、销售、蜂旅融合等全产业链条出发,助推中蜂产业走上了标准化、品牌化、产业化的发展道路,并成功创建了"中华蜜蜂小镇"。

一、因地制宜指导,提升蜂蜜质量

中蜂生产的蜂蜜,味道香醇,绿色生态,赢得了广大消费者的青睐,市场前景广阔。但中益乡的中蜂生产方式较为落后,导致蜂蜜质量不高,主要体现在缺乏标准化蜂场建设规范,大多数蜂农仍沿用木桶的原始饲养方式,还处于毁巢取蜜的生产阶段。有的蜂农虽然采用活框饲养的方式,但是所用蜂箱种类繁多,蜂箱设计不合理、不规范,没有结合中蜂生物特性进行设计,既不适合生产中蜂成熟蜂蜜,又无法保证蜂蜜的质量和产量。科技特派员团队专家针对不同规模养蜂户推广成熟蜜生产配套技术。一是针对饲养规模30群以下的养蜂户,从选址布局与设施设备、蜂种选择、饲料选择、蜂群常规管理、蜂群四季管理、病虫害防治、蜂蜜生产、记录档案管理等方面,结合重庆地区中蜂养殖户的养殖习惯,编印了地方标准《中蜂养殖技术规程》,指导养蜂户规范生产,并推广适用于小规模养蜂户生产成熟蜂蜜的"二次摇蜜"新工艺。二是针对饲养规模30群及以上的规模养蜂户,设计推广新型中蜂成熟蜜生产专用蜂箱,集成中蜂成熟蜜生产饲养管理技术,从中蜂成熟蜜生产的条件,适龄采集蜂培育,采蜜群组织及管理,生产期蜂群管理,取蜜原则,蜂蜜后熟,蜂蜜包装、标识、贮存和运输等方面规范了中蜂成熟蜜生产配套技术,提升了蜂蜜产量和质量,增加了养蜂效益。

二、创新培训模式,培养养蜂熟手

传统的课堂培训模式下,农户学到的养蜂知识有限,培训效果不佳。科技特派员团队有针对性地开展了"养蜂熟手"培训,培育养蜂"种子户"。在中益乡遴选了一批有一定基础、有意愿的农户,安排到市级示范蜂场开展为期7天的小班养蜂实训。培训不采用传统培训模式,而采取"小班培训(5人左右)+理论讲解+实践操作+技能比赛"的方式,学员在蜂场与科技特派员团队专家一起参与蜂群的日常管理,在养蜂实践生产中发现问题并及时解决问题。学员实践学习中蜂高效养殖、病敌害绿色防治、流蜜期饲养管理、人工育王等技术。确保学员学到真本事、真技术,并鼓励学员学成后带动当地农户发展养蜂。中益乡累计举办4期中蜂养殖实战技能培训,培养养蜂"种子户"20余名。通过培养一批懂技术、能带动的"种子户",大力推广中蜂养殖新技术、新模式,让蜂农"一技在手,产业有成"。培育的"种子户"陈小平,已成为中益乡的养蜂致富带头人,建立了标准化示范蜂场,保有蜂群200群以上,年收入10万元以上。通过赠送蜂群、技术指导等"传帮带"方式,支持习近平总书记在中益乡看望的原贫困户马培清和谭登周发展中蜂养殖,巩固拓展中益乡脱贫攻坚成果。

三、规范行业标准,狠抓示范基地

为推进中益乡中蜂规模化、标准化示范基地建设,按照"蜂种良种化、养殖设施化、生产规范化、防疫制度化"的总体要求,科技特派员团队结合制定的《中蜂标准化场建设规程》《中蜂种蜂场建设规程》等地方标准以及《重庆市中蜂标准化示范场验收评分标准》,指导中益乡扎实开展中蜂标准化示范场建设,同时加大蜜蜂授粉技术的示范推广,加强技术培训和推广,实现种养结合,提升农作物的产量和品质。指导建成中蜂授粉示范基地3个、中蜂标准示范场3个、保种场1个、数字化认养平台1个,培育蜂产业龙头企业1家,打造了"圆小益""益点甜蜜"等品牌2个,年产值800万元以上,有力地推动了当地中蜂标准化、品牌化、产业化发展,并促成中益乡荣获"全国蜜蜂授粉基地示范试点""全国成熟蜜基地示范试点""五倍子优质蜂产品基地"等荣誉称号。

四、打造"蜜蜂小镇","蜂文旅"融合发展

科技特派员团队积极对接中国养蜂学会,推动中益乡"中华蜜蜂小镇"的创建工作。指导推动当地中蜂科普馆、蜜蜂主题乐园、中蜂标准化示范场、蜂蜜扶贫加工车间等项目建设,推动中蜂全产业链发展。同时以"蜂文旅"融合发展为路径,扩展蜂产业发展链条,联合当地政府构建"大研学"旅游格局,丰富乡村旅游业态,打造全国有影响力的"中华蜜蜂小镇"。以"小蜜蜂托起乡村振兴大梦想"为主题的2021年"世界蜜蜂日(5·20)"中国主会场活动在中益乡成功举办。科技特派员团队从活动的策划、申报的竞选、方案的论证、活动的推进、新闻发布会的召开到成功举办全程参与支持。活动的成功举办得到了各级领导和社会大众的一致好评,充分展示了重庆市蜜蜂产业发展在巩固拓展脱贫攻坚成果同乡村振兴有效

衔接中发挥的重要作用。活动期间,中国养蜂学会为中益乡"中华蜜蜂小镇""中华蜜蜂科普馆(中益乡馆)"授牌,提升了中益乡"中华蜜蜂小镇"在全国的影响力。

指导建成的中益乡中华蜜蜂科普馆

五、营造良好氛围,加大宣传力度

加强媒体宣传报道,一是配合重庆市新闻发布中心召开了2021年"世界蜜蜂日(5·20)"中国主会场活动新闻发布会,邀请中国养蜂学会和重庆市农业农村委领导出席新闻发布会,扩大活动的社会影响力。二是在学习强国、中国养蜂学会公众号、重庆电视台、重庆日报等平台,发布与中益乡中蜂产业相关的节目和4期专题片,发表《"蜂文旅"融合 中益乡的甜蜜之路》《石柱县成功申办2021年"世界蜜蜂日(5·20)"中国主会场》《重庆举行2021年"世界蜜蜂日(5·20)"中国(重庆·石柱)主会场活动发布会》《重庆蜂业导师谭宏伟 培养百名养蜂"种子户"》《石柱中益乡中蜂产业获专家"支招"——"蜂文旅"融合发展之路切实可行》等宣传报道10余篇,进一步提升了中益乡"中华蜜蜂小镇"在社会上的知名度和影响力,促进了中益乡"蜂文旅"融合发展。

科技特派员团队参加2021"世界蜜蜂日(5.20)"中国(重庆·石柱)主会场活动

下一步,重庆市畜牧技术推广总站科技特派员团队将进一步加强蜂业科技创新和技术服务,围绕提升中益乡中蜂产业的标准化、规模化、机械化、智能化和蜜蜂授粉产业化水平,真抓实干,推动中益乡在"十四五"期间中蜂产业高质量发展,真正用小蜜蜂书写中益乡巩固拓展脱贫攻坚成果大文章、托起乡村振兴大梦想。

科技特派员谭宏伟(右一)服务中益乡被重庆电视台新农村频道专题报道

引"稻渔科技"下乡，树"忠州农田"影像

稻渔生态综合种养，是农业农村部主推的生态种养模式之一。具有"一田多用、生态循环、绿色发展"等特征，对稳定粮食产量、助推产业发展、增加农民收入，加快农(渔)业转型升级有显著作用。立足企业发展需求，引进重庆三峡职业学院"智慧稻渔"产业研创团队，结合本县气候、土壤、水利等基础条件，以库区粮油和水产品市场消费为导向，在忠县晨帆农机专业合作社进行5年的试验，形成了"三峡稻渔生态种养"范式，取得了较好的经济社会效益。

一、搭台"县校合作"，建"科技团队"

2015年以来，重庆三峡职业学院水稻专家黄文章、养殖专家周亚等15名科技特派员组成"智慧稻渔"产业研创团队，技术指导忠县晨帆农机专业合作社发展稻渔产业。团队成员服务稻渔生态种养产业全链条，重点围绕水稻选种、渔业养殖、接茬种植、宜机化耕作、产品加工等方面开展技术服务，多方位多角度推进稻渔生态种养模式发展，提升稻田综合效益。

二、支持"校企融合"，打造"稻渔模式"

2015年，忠县晨帆农机专业合作社与重庆三峡职业学院签订了校企合作协议。主要探索优质稻选种(以"丰优香占"和"野香优海丝"为主)、宜机化耕作、稻鱼鱼种选择、有机饲料投放等种养技术难题。结合三峡库区水稻和鱼生长特点，先后开展了不同养殖模式生长指标分析、不同稻鱼养殖密度产量分析、不同水稻种植密度产量分析、不同养殖模式鲤鱼生长指标和肌肉营养成分分析等试验，以探索适宜的鱼种规格、鱼种养殖密度、水稻栽培密度和田鱼饲养管理措施等内容。

通过5年的试验，结合三峡库区的农业气候、土地、水利等情况，以库区粮油和水产品市场消费为导向，选种优质水稻，鱼种以鲤鱼、鲫鱼为主，

罗非鱼、草鱼为辅,采用"开挖宽沟深凼""投放大规格鱼""投喂结合"等种养技术,实现"零化肥、零农药""一季稻、两茬鱼、三结合"的三峡库区稻渔综合种养模式。

通过5年的努力,忠县晨帆农机专业合作社不断发展和壮大,现有稻渔产业基地900余亩,年收益达200余万元,是重庆市首批新型职业农民(现代青年农场主)创业孵化基地、重庆市农产品绿色健康养殖模式试验示范基地、重庆市农产品区域公用品牌"巴味渝珍"授权农产品基地。

三、鼓励"组团下乡",促进"跨界融合"

出台优惠政策,鼓励本土专家与来自高校的科技特派员一起"组团下乡"指导,实现种植、养殖、机械与加工等专业的"跨界融合"。水稻种植特派员每年1月实地调研水稻选种,3月下旬指导春播,4月中旬指导秧苗防病害管理,5月中旬指导水稻田间管理,7月上旬指导水稻虫害管理;水产养殖特派员3月中旬指导确定鱼种及数量,4—6月指导加强饵料投喂管理,7—8月指导饵料和水质管理,10月指导鱼种投放和饵料管理;农业机械化特派员4月初指导插秧机、犁田机等机械保养维修和机械操作,8月中旬指导收割机保养和机械操作。水稻收割后各专业特派员组团到基地开展与稻渔产业相关的种植、养殖、农机、加工等专业技术培训,提高基地管理人员的技术技能,推动三峡稻渔生态种养产业发展。

四、创建"稻渔学院",塑造"农田品牌"

重庆三峡职业学院在忠县晨帆农机专业合作社成立"稻渔学院",开展稻田养鱼示范、稻渔职业农民培育和创业孵化工作。同时将学院水产养殖技术、食品加工和农业机械化等专业教学实践基地设在该合作社,每年开展技术培训指导1 000余人次。通过实践基地培训,重庆三峡职业学院学生曾获市级创新创业大赛奖2项。

2016年"县校社"联合研创的"晨帆牌稻田鱼"和"晨帆牌稻鱼米"品牌问世，其检测指标符合欧洲标准。2017年，该合作社的种养模式荣获国家级绿色生态奖；2018年，晨帆稻苑鱼（鲫鱼、鲤鱼、草鱼）获得绿色食品证书；2019年晨帆大米被认定为重庆市名牌农产品；2021年基地产水稻和加工大米均获得有机转换认证。如今，稻渔学院的产品均符合绿色食品标准，所产鲤鱼、鲫鱼、草鱼和大米均获得绿色食品认证。

同时，团队科技特派员在"特农淘"电商平台上推介稻渔产品，帮助制定《稻渔综合种养技术规范》企业标准1项，制作稻田鱼和稻鱼米宣传片推动稻渔品牌建设和产品营销。合作社负责人赵丽获2017年全国农业劳动模范、第一批全国农机使用一线"土专家"称号。

五、输出"稻渔版本"，播撒"忠州影像"

高校科技特派员的"全程技术指导+节点实地指导+品牌产品推介"服务模式，以忠县晨帆农机专业合作社稻渔产业为实践参考，结合三峡稻渔生态种养模式，形成了"忠县稻渔产业"版本。构建的"试验基地+示范基地+稻渔企业"稻渔产业推广架构，先后在梁平、万州、开州等地推广应用。团队按照三峡库区丘陵地貌和气候特点，在忠县晨帆农机专业合作社建立低海拔示范基地，在万州区龙沙镇印合村股份经济合作联合社建立中海拔示范基地，在开州区开竹粮油种植股份合作社建立高海拔示范基地，构建了不同海拔三峡稻渔综合种养模式。现"忠州稻渔"已辐射带动其他区县发展稻渔产业3.1万余亩，年经济效益达1.1亿元。

重健康养殖,促生态效益

畜牧业是农业蓬勃发展的重要支柱,在农业经济迅猛发展中具有至关重要的地位,关系到食品供给与安全、生态环境安全、人民健康和社会稳定。畜牧业的健康发展对提高人民的生活水平以及国家粮食安全都具有重要意义。经过几十年的发展,我国畜牧业已从家庭副业转变为农业的支柱型产业,但仍处于"高消耗、高污染、低产出"的传统产业阶段。随着市场不断变化,传统畜牧产品已无法满足人民的需求,市场供求矛盾逐渐显现,迫使畜牧业向"安全、生态、高效、绿色"的现代产业转型升级。

团队坚持"源头减排,过程控制,末端处理,终端利用"的原则,重点从疫病监测、生物防控、减抗替抗、粪污处理、人才培养等环节入手,协同彭水汉葭街道、绍庆街道、鹿鸣乡、龙塘乡、联合乡、黄家镇、太原镇等7个乡镇的企业,除采用重点疫病监测、有效筛选利用减抗替抗产品、优化免疫程序与圈舍消毒程序等疫病防控技术外,还采用固体粪便堆肥、污水肥料化等模式,将干粪、废水等制成生物有机肥用于"果、蔬、粮、林"的种植,实现了"畜禽—粪污—沼气+有机肥—经林果、中草药、蔬菜"的种养循环与绿色养殖可持续发展。

一、建科技服务团队,结对帮扶促发展

为贯彻落实习近平总书记关于坚持人才下沉、科技下乡、服务"三农"的重要指示精神,通过科技助力乡村振兴,重庆市畜牧科学院团队联合重庆市畜牧技术推广总站、重庆文理学院、重庆第二师范学院、重庆电子工程职业学院、彭水苗族土家族自治县畜牧技术推广站、彭水苗族土家族自治县动物疫病预防控制中心的16名长期从事畜禽养殖、疫病防控、粪污资源化利用、信息化技术等领域的市级科技特派员,组成了"彭水畜禽绿色养殖专家大院",长期服务彭水农业发展。

团队于2020年率先与彭水县八戒庄生猪养殖专业合作社、彭水县合理农业开发有限公司、彭水县华瑞农牧科技有限责任公司、重庆一航生态

种养殖专业合作社联合社结对帮扶，通过养殖技术指导、改良养殖模式、优化粪污处理设施、改善畜禽养殖环境、示范粪污资源化利用、赠送健康养殖物资等措施引导企业发展健康养殖，带动周边农民就业创业，为乡村振兴探索新的路径。

二、提升地方农业技术水平，开展养殖技术培训

为深入贯彻习近平总书记在中国科学院第二十次院士大会、中国工程院第十五次院士大会和中国科协第十次全国代表大会上的重要讲话精神，团队自觉践行爱国、创新、求实、奉献、协同、育人的新时代科学家精神。根据彭水畜牧产业和企业发展需求，团队积极开展养殖技术培训与实用新技术推广，向龙头企业、专业合作社和村级股份经济联合社提供长期技术指导和决策咨询，培育新型农民，助力畜牧业发展，带动农民就业。自2020年以来，团队先后在彭水汉葭街道、鹿鸣乡、黄家镇等地举行农业农村人才能力提升集中会议培训，培训1 000余人次；现场技术指导2 000余人次；发放技术指导及培训资料2 000余本。

团队在推广产业技术过程中获得了服务对象的广泛认可，同时积极参加重庆市科学技术局、中共重庆市委宣传部举办的2021年"弘扬科学家精神，加强作风学风建设"短视频大赛活动，并荣获三等奖。

三、提升畜牧技术水平，促健康发展

团队采用空气微生物自然沉降监测法，针对养殖场现有消毒药物过氧乙酸、聚维酮碘、次氯酸等的消毒效果和消毒程序进行评价，明确养殖场现行消毒程序的消毒效果并及时调整优化，确保养殖场生物安全。

团队结合国家动物疫病重庆观测实验站工作，将前期研究的畜禽疾病快速诊断、监测、预警、控制以及净化技术集成，建立适宜彭水的畜禽疾病综合防控体系。结合当地畜牧产业发展政策，加强养殖企业的圈舍改造，使其逐步达到圈舍标准化。同时以替代高残留、高耐药性抗生素为目标，开展猪、

羊、禽等主要畜禽生产过程中常用饲添化学药物的替代比较研究,制定畜禽用抗生素替代品使用方案,进行产品推广示范,为打造地方畜禽高端品牌,提供技术支撑。采取系列技术手段,从生物安全、疫病防控、标准饲喂、肉品质改善等方面提升地方养殖水平,确保畜禽健康养殖效益。

在养殖场指导粪污处理　　　　　在养殖场指导注射疫苗

四、积极践行"生态+"

为深入贯彻"绿水青山就是金山银山"的理念,团队坚持产业和生态保护有机结合,坚持以"生态+"的理念发展产业,在产业发展过程中强化生态环境保护,实现投入品减量化、废弃物资源化、产业模式生态化,使绿水青山持续发挥生态效益和经济效益。

针对粪污资源化利用方面,团队引导企业/养殖户重视其发展面临的痛点和难点,重视粪污资源化利用,为促进畜牧业与种植业有机结合,推广循环养殖的科学理念奠定基础。通过调研彭水养殖业粪污资源化利用的现状,团队针对主要畜种(猪、肉牛)建立了适合本地区的中小规模生猪、肉牛养殖场粪便清理、收集、运输、处理和再利用模式。同时采用固体粪便堆肥、污水肥料化等模式,将干粪、肥水转化成有机肥,用于"果、蔬、粮、林"种植基地浇灌利用。团队在彭水龙塘乡、太原乡开展试验应用,种植烤烟4 000余亩,蔬菜2 000亩,中药材黄精1 000亩,经果林1 000余亩。形成了"畜禽—粪污—沼气+有机肥—经果林、中草药、蔬菜"畜禽绿色养殖可持续的良性发展,社会、经济、生态效益显著。

科技帮扶，让"柴火树"变成"摇钱树"

酉阳土家族苗族自治县是160个国家级乡村振兴重点帮扶县之一，桃花源景区驰名天下。近年来，在科技特派员团队等的帮扶下，酉阳正形成另一张"油茶特色产业"名片，建成了集油茶良种繁育、高产示范种植、茶油加工、研发及销售等于一体的全产业链体系。科技特派员团队多年扎根酉阳山区农村，通过驻村驻企结对帮扶，利用科研成果促进油茶产业发展，创新利益联结模式带动农户增收致富。酉阳科技特派员团队中先后涌现出全国优秀科技特派员代表王友国、全国脱贫攻坚先进集体代表清明村驻村工作队等先进人物和集体。

一、专注油茶产业，让"柴火树"变"摇钱树"

科技特派员团队帮扶的酉阳五福镇（大河村、高桥村、五福村），车田乡（清明村），都是位于武陵山区腹地，离重庆主城500多公里，原来以传统产业为主，5 000多亩野生老茶树无人问津，农户用来做柴烧。经过广泛调查和科学论证，团队发现当地土壤呈微酸性、高富硒，特别适宜油茶树生长，由此将油茶作为当地脱贫致富、乡村振兴的支柱产业。在当地党委政府的全力支持下，五福镇、车田乡规划发展富硒油茶示范基地5万亩。一是通过用好产业发展和扶贫政策，创造条件让农户（特别是贫困农户）直接参与基地建设，投身产业发展，让农民成为产业工人，从中获得长期稳定收益；二是充分发挥科技作用，通过应用良种良法、生态经营等技术措施，将基地油茶林建成亩产茶油40公斤、年亩产值3 200元以上的高效示范基地，让昔日的"柴火树"变成了"摇钱树"。

五福镇油茶栽培技术培训会现场

油茶育苗技术培训会现场

二、多模式开展科技结对帮扶

被称为"博士书记"的方文,时任重庆市林业科学研究院经济林研究所所长,被组织选派为酉阳车田乡清明村第一书记,成为用科技成果推动脱贫攻坚工作的第一书记典范。他充分发挥党员先锋模范作用,将科研团队和科技成果带到清明村,将科研试验基地建到清明村,探索建立了一系列产业发展方式,盘活了全村资源,用活了项目资金,激活了农民动力,实现了产业现代化、创新化、科技化的初始目标。

王友国通过领办农业企业,从"退休者"变成"创业者"。2015年,已退休的王友国没有享受退休后的安逸生活,他响应市科技局等部门退休技术人员参与农村科技创业的号召,从退休的科技特派员转变成了一名创业者,走上了创业扶贫的道路。一是加强科研攻关。他服务的公司先后承担了市级及以上油茶类科研项目5项,取得科技成果3项,获得重庆市科技进步奖二等奖1项、发明专利6项，引进长林系等油茶品种17个，其中5个品种被审定为重庆市地方品种，主持制定油茶栽培等企业技术标准2个。二是加强品牌建设。公司在酉阳新建年产1 000吨茶油加工厂1个，注册"五福缘""五福盈""英棋"等茶油商标，发展成为集科研、良种培育、种植、加工、销售于一体的全产业链公司。公司现已取得重庆市油茶定点苗圃资质，被评为国家林业重点龙头企业、国家高新技术企业、重庆市农业产业化龙头企业、国家级科技型中小企业、国家级油茶产业科普示范基地和国家级科普惠农兴村先进单位。

三、创新联结模式带动农户增收

结合农村"三变"改革，团队探索出了以酉阳天馆乡1万亩油茶为示范的"145"收益利润分红模式，采取集体经济占10%、企业占40%、农民用土地入股占50%的方式，通过龙头企业"订单式"合作带动发展油茶种植，实现农户增收。通过油茶产业发展，带动五福镇、车田乡等乡镇3 000余农户增收，其中仅五福镇就有368户1 100余名原贫困人口通过利益联结模式实现了年均务工和分红收入10 000元左右。

一朵蘑菇的"接二连三"

万盛经开区丛林镇绿水村作为重庆市首批乡村振兴示范点，近年来培育壮大特色食用菌产业成绩斐然，以"农业+研学+旅游"业态延伸蘑菇产业链，不仅增加了村民收入，还促进了乡村旅游发展。以重庆市农科院食用菌团队为核心，组建的市级食用菌科技特派员队伍，攻克了菌糠作为双孢蘑菇培养料的配方筛选技术难题，建立了重庆市科技特派员菌糠循环农业示范园，开发了废菌包种植双孢蘑菇新技术，探索了保护生态环境的废菌包资源循环再利用新方式，引进了珍稀食用菌优良品种。通过技术指导与生产培训，带动了周边农户从事香菇、黑皮鸡枞等食用菌种植，着力提升食用菌种植技术水平，促进了全镇食用菌产业的进一步发展。

一、具体做法

（1）以重庆市农科院食用菌团队为核心，组建市级食用菌科技特派员项目队伍，研究解决了菌糠作为双孢蘑菇培养料的配方筛选及优化的技术难题，并制定了相关技术规程。

科技特派员项目组收集了当地产量最大的菌糠，通过测定、分析菌糠中有机质、总氮、磷、钾、铜、锌、铁等多种营养成分，评价其利用价值。以不同种类的菌糠为试验因素，以不同的添加比例为试验水平，开展菌糠制作双孢蘑菇培养料的正交试验，收集产量数据，筛选出经济效益最优的配方。试验结果表明，在每1 000公斤配料中，金针菇菌渣385公斤，稻草、蔗渣、笋壳、玉米芯等300公斤（合计），猪粪、牛粪275公斤（合计），石灰15公斤，石膏15公斤，轻质碳酸钙10公斤为最优，其C:N=31:1。

同时，以空气湿度、培养料水分、二氧化碳含量和光照度等因素为研究对象，以获得优质双孢蘑菇鲜品为目的，研究双孢蘑菇生产环境的综合控制技术，为菌糠循环利用提供全产业链的技术指导，集成"菌糠循环生产双孢蘑菇的栽培技术规程"。

(2)依托万盛经开区丛林镇雁博生物科技有限公司的食用菌生产基地,建立重庆市科技特派员菌糠循环农业示范园,示范废菌包种植双孢蘑菇新技术,引进黑皮鸡枞菌、猪肚菇等珍稀食用菌优良品种。

项目承担单位与合作单位签订产学研合作协议,通过任务分解、资金配套的方式,推进各项研究。采取"边试验,边示范"的工作模式,开展新技术示范、新品种引进等工作,示范规模为10亩。集成、示范和推广新技术1项,即菌糠循环生产双孢蘑菇的技术,试验品种为双孢蘑菇192,平均产量达到20公斤/米^2。菌糠循环农业示范园以当地量产的金针菇、香菇等废菌包作为双孢蘑菇生产的主料,探索废菌包资源的循环再利用,既保护了生态环境,同时又产生了比较显著的社会经济效益。2021年引进新品种2个,即黑皮鸡枞菌和猪肚菇,在3—11月进行试种,其农艺性状表现良好,产品供不应求。项目组针对雁博公司等企业对产品重金属含量提出的担忧,根据《食品安全国家标准 食品中污染物限量》的要求,对其进行取样检测分析,最后将结果反馈给该公司负责人。检验结果表明绿水村的食用菌产品未发现食用菌污染物含量超标的情况。

(3)依托绿水人家星创天地,签订科技扶贫结对帮扶协议,针对企业开展技术指导与生产培训,带动周边农户从事香菇、黑皮鸡枞菌、秀珍菇等食用菌生产。

采取结对帮扶的方式,对单个企业开展"一对一"的技术帮扶,开展技术培训,培育本土食用菌种植能手,提升企业食用菌种植技术水平。明确科技扶贫结对帮扶的主要任务,即提升结对对象的食用菌生产科技水平,对其提供技术咨询服务,帮助企业开展新品种新技术的试验示范、实用技术指导、生产指导与技术培训,提供食用菌产销信息服务等。已签订科技扶贫结对帮扶协议5份,服务对象分别为重庆书容蘑菇种植专业合作社、重庆花雨伞蘑菇种植专业合作社、重庆市汶杨蘑菇种植场、重庆雁博生物科技有限公司及重庆市万盛经开区斌源食用菌种植场。"一对一"的技术帮扶模式有效地解决了企业在生产中出现的技术难题,及时为企业提供了产品市场信息,帮助企业策划科技创新、基地建设等方面的项目,帮扶针对性强,效果良好。推荐帮扶对象参加了由重庆市食用菌协会主办的食药用菌研讨会、羊肚菌产业发展大会、优势特色食用菌品牌推广等行业交流活动,"走出去、请进来",掌握国内外行业新动态,同行之间进行深度的学习交流,拓展了企业的发展思路,提高了食用菌生产及管理能力。采取"技术指导+现场培训"方式,技术指导累计30余人次,在绿水村开展技术培训2次,培训题目为"草菇栽培技术""食用菌覆土技术",基层技术员及职业农民共50余人次参加了培训。

(4)为重庆书容蘑菇种植专业合作社提供钾镁肥,开展增产试验,根据种植场地受季节性洪灾影响的情况提供场地改造规划建议,并为受灾企业进行爱心捐款。

重庆市农业科学院专家在丛林镇指导食用菌技术培训与交流

食用菌特派员团队专家在丛林镇开展食用菌实地考察、培训

二、取得成效

(1)开展废菌包制作双孢蘑菇培养料的技术研究,攻克技术难题1个,即菌糠作为双孢蘑菇培养料的配方筛选及优化。筛选以金针菇菌糠、牛粪和猪粪为主要原材料的双孢蘑菇培养料优良配方1个;集成高效栽培技

术2套,即"菌糠循环生产双孢蘑菇的栽培技术规程"和"黑皮鸡㙡菌工厂化生产关键技术"。

(2)建立重庆市科技特派员菌糠循环农业示范园1个,示范面积约10亩,示范废菌包种植双孢蘑菇新技术1项,成功引进黑皮鸡㙡菌、猪肚菇等珍稀食用菌优良品种2个。开展食用菌生产及菌糠循环农业示范,探索废菌包资源的循环再利用新方式,保护了生态环境,满足了人们对绿色健康食用菌产品的需求,同时产生了比较显著的社会经济效益。

(3)结对帮扶5项,技术指导累计30余次,培训基层技术员及职业农民50余人次,带动从业人员50名以上,提高了当地食用菌种植技术水平,促进了当地食用菌产业的进一步发展。目前,万盛经开区丛林镇绿水村特色食用菌产业规模不断发展壮大,食用菌生产的经营主体已有6家,其中龙头企业3家、专业合作社1个、种植大户2户,绿色认证产品3个,食用菌生产实现年产量6万吨、年产值6亿元,可长年解决周边富余劳动力就业600余人次。

科技引领，丰都建"牛都"

依托西南大学肉牛现代化生产技术团队（重庆市高校创新团队）和重庆市肉牛工程技术研究中心组建的肉牛科技特派员团队，立足以丰都为代表的重庆地区肉牛养殖现状，围绕肉牛产业的良种创新、饲料资源开发与利用、草畜配套、营养调控、疫病防控、生物安全和粪污资源化利用等环节开展了系列研究及技术集成推广工作，突破了部分肉牛产业技术瓶颈，引导丰都肉牛产业从无到有、从小到大、从弱到强；为丰都移民安稳致富、脱贫攻坚及乡村振兴作出了贡献。

丰都县地处三峡库区腹地、武陵山脉北麓，是三峡工程重点移民县、国家扶贫开发工作重点县。2005年，丰都地方财政收入仅有13 348万元，贫困农民人均纯收入仅有1 898元，全县贫困人口发生率12%。丰都的三峡移民主要实行就地后靠的开发性移民安置政策，人地矛盾非常突出。在国家及重庆市相关项目的支持下，西南大学肉牛科技特派员团队（以下简称团队）把肉牛养殖脱贫致富的理念带到了丰都，并成了丰都肉牛产业起步、腾飞以及科技扶贫和乡村振兴的重要支撑。

一、科技引领，突破肉牛生产技术瓶颈

团队立足丰都肉牛养殖现状，以国家"十五"科技攻关重大专项、"十二五"国家科技支撑计划项目、"十三五"国家重点研发计划课题，以及重庆市科技特派员团队项目、重庆市重大科技专项、重庆市"121"科技支撑示范工程重点项目等科研项目为依托，突破了一些技术瓶颈，科技赋能丰都肉牛产业发展。

（1）改良本地黄牛，肉牛生产效益成倍提升。2003年，团队依托科研项目引入安格斯牛、西门塔尔牛等8个国外优良肉牛品种对丰都本地黄牛进行杂交改良，筛选培育出红安格斯牛、西门塔尔牛和本地黄牛的"红西本"三元杂交牛。该牛24月龄的平均体重可达550—600公斤，是本地黄

牛体重的3倍。大部分当地人见到了真正的肉牛,养殖杂交肉牛才开始被群众接受,并作为致富增收的途径得到农户认可。丰都的肉牛产业从此诞生。

（2）突破地源性饲料利用瓶颈,实现肉牛健康、高效养殖。团队开展了酒糟、柑橘渣、竹笋加工剩余物等地源性饲料资源的开发利用研究,延长了地源性饲料的安全储存期,并提高了营养价值,获得国家发明专利3项,实现了产业化应用,可使肉牛养殖经济效益提高约20%。研发的糊化淀粉尿素可替代日粮中氮含量的20%,降低了肉牛养殖对豆粕等优质蛋白质饲料原料的依赖度,提高了经济效益10%以上。研发的包被赖氨酸、包被蛋氨酸、包被胍基乙酸、复方中草药等产品在降低肉牛日粮氮水平、提高饲料转化率、抗热应激、降低CH_4等温室气体排放量等方面有显著作用。

（3）建立草畜配套技术体系,实现肉牛生产"种养循环"。团队研发了促进牧草种子发芽技术、平衡施肥技术等,获得国家相关发明专利12项,发布重庆市地方标准13项,初步构建了重庆市主推牧草生产规范体系,构建了肉牛草畜配套技术,解决了肉牛饲草供给不足和供给不均衡的问题,并利用饲草种植消纳肉牛养殖粪污,实现了种养循环。

（4）构建重点疫病防控技术体系,确保肉牛安全养殖。团队制定、优化了适合高温高湿地区肉牛重点疫病的免疫程序;构建了以"复方运舒散"预防、中西药联合处方和"抗毒散"治疗的肉牛运输应激高效防治技术体系,降低肉牛运输应激损失90%以上;构建了科学用药方案,达到了抗生素减量使用、主要疫病高效防控的目的。

（5）开展粪污资源化利用研究,确保生态环境安全。团队探明了规模化牛场主要污染物的排放特征,制定了牛粪堆积和发酵过程中的减排措施;明确了牛场粪污的气体排放系数及覆盖和酸化的减排效果,为肉牛低碳养殖提供了基础参数和方案。

肉牛科技特派员团队指导农户养殖育肥牛

肉牛科技特派员团队指导企业进行肉牛选种选配

二、创新肉牛养殖模式，规范养殖技术

团队在助力丰都肉牛产业20余年的发展过程中，为引导农户从养殖耕牛到肉牛的转变，提出了"三先一后""五推五改一防"的技术要领。即先种草、先建圈、先培训、后养牛；推广良种、推广种草及秸秆利用、推广短期育肥、推广犊牛补饲、推广定期驱虫；改野交乱配为人工授精、改长期哺乳为适时断奶、改旧式圈舍为新式圈舍、改单一饲料为混合饲料、改敞放为放牧加补饲；综合防疫。提出了南方农区肉牛养殖草畜配套模式。团

队围绕肉牛产业制定了重庆市地方标准17项,包括《肉牛全混合日粮(TMR)饲养技术规程》《架子牛饲养管理技术规程》《牛程序化输精技术规程》等,对养殖场(户)标准化、规范化养殖肉牛起到了指导作用。

在丰都肉牛产业进入质量效益型发展阶段后,团队总结提炼了3种不同规模和组织方式的肉牛生产盈利模式,即肉牛全产业链龙头企业经营和盈利模式、肉牛专业合作社养殖和盈利模式、肉牛小群体大规模养殖小区经营和盈利模式,构建了西南丘陵山区优质肉牛高效安全养殖技术体系。

三、科技下乡,助推脱贫攻坚和乡村振兴

丰都县属于传统的养牛区域,肉牛养殖成为丰都移民"搬得出、住得下、稳得住、能致富"的最重要途径之一。为促进和保障农户养殖肉牛的效益最大化,团队成员经常到乡村走访养殖农户,开展肉牛养殖技术咨询和培训,手把手地教会农民养牛、配种、疫苗注射等实用技术和现代肉牛科学技术。丰都县委、县政府始终把肉牛产业作为农业主导产业抓紧抓实。从2008年开始,丰都县把肉牛产业作为"一号产业",把肉牛产业扶贫当作"一把手工程"来抓。丰都肉牛产业发展进程及扶贫效果被国务院原扶贫办等中央机关高度关注和肯定。2012年7月"中国产业扶贫·肉牛发展峰会"在丰都成功举办。峰会面向全国推介了丰都肉牛产业发展的成功经验,推动了扶贫攻坚和移民安稳致富与肉牛产业发展的有机融合。2018年,全县人均纯收入为131 044元,共2.1万农户通过养牛实现了脱贫致富目标。20年初心不改,团队培训指导了上万名肉牛产业新型农民,培养了一批本土专家。2021年5月,CCTV-13以"重庆丰都:特色产业铺就乡村振兴路"为标题报道了丰都县肉牛产业助力乡村振兴的成果。

2020年1月,《科技日报》以"西南大学科特派:助力地方脱贫的科技先锋军"为标题报道了团队助力丰都县成为"中国肉牛之都"的过程和变化。《光明日报》《中国青年报》《中国扶贫杂志》以"把论文写在大地上、把成果结在农户家"等为标题对团队扶贫事迹做了报道。2019年9月,团队在教育部精准扶贫典型项目集中推选会上作了题为"科技赋能助推肉牛

产业扶贫"的经验交流。在帮扶过程中,团队有4人次获得"重庆市优秀科技特派员"的称号。

四、助力产业融合,打造中国牛都

在团队的科技强力支撑、政府高度重视、企业全力带动和养殖户积极参与下,丰都肉牛产业在全国崭露头角,超高的发展速度和良好的发展模式引来全国瞩目。2011年9月,第六届中国牛业大会在丰都顺利召开。有了科技的支撑,当地肉牛庭院牧场得到快速发展。2013年5月7日,中央电视台综合频道《新闻联播》以"重庆丰都:庭院牧场做大'牛'产业"为标题对丰都肉牛产业向全国做了报道。丰都肉牛产业已经成为当地的支柱产业和扶贫示范产业。

2021年底,丰都县年存栏肉牛15.6万头,出栏8.3万头,规模化养殖比例超过50%,已形成牧草种植、饲料加工、肉牛繁育、肉牛育肥、粪污资源化利用、肉牛屠宰加工贸易等产业融合发展新格局,全县肉牛产业综合产值超100亿元。丰都县成为国家肉牛优势产区县、全国肉牛产业大县、国家科技富民强县示范县,正推进"中国肉牛之都"建设。

"五带"科技服务入酉阳，万亩榨菜冬季绿山乡

2018年以来，由渝东南农科院冷容等科技特派员组建的榨菜产业科技服务团队，立足酉阳苍岭镇产业发展实际，持续到重庆市青弘翔农业发展有限公司开展科技服务工作。几年来，按照"带产业，带技术，带模式，带项目，带观念"的思路，"培养一批能人，振兴一个产业，富裕一方百姓"的理念及"三区"科技特派员签订的协议的要求，围绕企业需求，认真厘清思路，强化科技服务意识，发挥专业优势，扎实开展科技特派员科技服务工作。以科技特派员真正成为农村科技的播种人为己任，恪尽职守，脚踏实地，累计培训50余场次，累计推广榨菜25 000余亩（总产值3 000余万元），很好地完成了科技服务各项工作任务，得到了当地种植户、企业及政府的肯定，辐射带动了酉阳周边地区榨菜产业的发展。酉阳融媒体和湖北来凤县融媒体先后进行了相关报道，产生了很好的社会反响。榨菜产业科技服务团队的科技特派员们用汗水和印在田间的足迹，在连绵武陵山谱写着新时代农业科技特派员服务产业、服务当地人民和政府、为当地乡村振兴寻找新路子的新篇章。

一、带去企业，带动产业

酉阳部分地区有种植当地榨菜老品种羊角菜用作鲜食蔬菜和手工制作老咸菜的习俗。2017年，曾有榨菜加工企业到酉阳发展榨菜产业，由于没有优良的品种和专业的种植技术支撑，企业选择的种植基地海拔过高、土壤不适宜、播种期不当、管理不到位等诸多原因，榨菜不长"疙瘩"，抽了薹开了花，农民吃了亏，企业受了损。2018年起，包括冷容在内的榨菜产业科技服务团队通过调研酉阳乡镇和企业情况，在3个乡镇选择了15个试种示范点，并由团队提供专业的种植技术指导，示范点达到了预期效果，打破了当地人"不相信可以种得出榨菜、种得好榨菜、种得出好榨菜"的传统观念。尤其是一处海拔600—800米的示范点，所种榨菜产量高、品质好。重庆市农委领导、

县农委领导和供销社负责人等亲自到现场查看,均给出了非常肯定的评价,表示愿意继续支持当地发展榨菜产业。企业根据建议,及时抓住时机带着很多有种植意向的乡镇领导、种植大户、种植散户到现场观摩,增强其发展榨菜产业的信心和决心。2021年,冷容同志等特派员依托单位优势,及时引进榨菜收购企业2个,特别是把榨菜加工龙头企业重庆市涪陵榨菜集团股份有限公司引入了当地,与当地专业合作社(种植大户)达成收购青菜头的意向性协议书,拓展销售渠道,帮助解决榨菜青菜头销售难的问题。随着榨菜产业在当地的进一步发展,一大批榨菜加工企业和农业经纪人也在赶来的路上,榨菜产业正在酉阳、在武陵山的腹地快速兴起。

二、带去技术,带出规范

2021年,榨菜产业科技服务团队的特派员们实地调查走访10余个乡镇、10个专业合作社、7个种植大户,为当地引进榨菜新品种4个、酸菜新品种1个,推广栽培技术5项。全年组织育苗、移栽、田间管理、病虫害防治技术培训13次;培育基层技术骨干12人次;培训菜农350人次;发放技术资料300余份;线上远程指导90余次;线下技术服务300人次;引进、推广新品种5个;引进、推广新技术5项;解决技术难题3项;服务企业、合作社、协会等机构6个,服务村庄23个;推送科普信息20余条。通过技术培训,发放规范化的技术资料,现场示范示教,建立微信群,以文字、语音、视频等方式开展线上线下技术服务,使所有的服务对象都按无公害榨菜高产栽培技术规范的要求进行榨菜栽培,带出了榨菜栽培的实施标准,带出了榨菜规范栽培的队伍,实现了酉阳榨菜栽培的规范化,极大地提高了种植户的种植水平。

科技特派员冷容在酉阳苍岭镇
指导榨菜播种

科技特派员冷容在酉阳后坪乡
指导榨菜播种

三、带去模式，带出规模

为助推酉阳当地榨菜产业发展，榨菜产业科技服务团队建议当地政府改变以往按种植面积来补贴种植户的做法，推动企业与专业合作社(种植大户)签订收购协议，专业合作社(种植大户)与菜农签订收购协议，构建"企业+基地[专业合作社(种植大户)+菜农]"加工生产产业链，形成谁发展、谁担责、谁收购、谁收益，责权利相统一的订单农业模式。当地政府采纳了这个建议，采取了种植户交1元的青菜头，政府补贴0.3元的新模式，极大地提高了种植户的种植积极性和管理责任心。酉阳正是由于采用了"企业+基地[专业合作社(种植大户)+菜农]+政府补贴"的产业模式，助推了当地榨菜产业的发展。截至2021年末，酉阳有18个乡镇、120余家专业合作社(家庭农场、种植大户)、6 000余农户种植榨菜，种植面积达25 000余亩，酸菜种植面积1 000余亩，辐射带动邻边的湖北省来凤县凤头姜专业合作社种植榨菜1 500余亩，贵州沿河县种植榨菜1 000余亩，榨菜种植的规模正在逐年迈上新的台阶。

四、带去项目，带出信心

2021年8月底至9月初，榨菜产业科技服务团队依托所在单位承担的

"国家特色蔬菜产业技术体系渝东南综合试验站"和"重庆市现代山地特色高效农业(榨菜)产业技术体系创新团队"等项目,在酉阳苍岭镇苍坝村、苍岭镇秋河村、五福乡龙沙村、酉水河镇老柏村、后坪乡唐家湾村建立了5个榨菜核心示范村、1个酸菜核心示范村,共计示范面积255亩(榨菜150亩、酸菜105亩),长势长相良好,各个示范点都取得了很好的产量,榨菜品质优良,起到了很好的展示与示范作用。通过做给农民看,一方面向当地农户展示榨菜的丰产栽培技术,另一方面使当地农户找到与核心示范区域榨菜产量与质量的差距并设法缩小差距,增强当地菜农种植榨菜的信心,为今后企业、专业合作社扩大种植面积、促进当地榨菜产业的发展起到积极的推进作用。

五、带去观念,带新路子

冷容等科技特派员们通过走乡串镇,走村串户,与种植农户面对面交流,讲明种植榨菜是利用冬闲地,不与大春作物争地,既可养地,也可增加一季收入的道理,改变了当地群众冬天"围着火炉烤半年"的习俗。经过几年的尝试,当地菜农尝到了利用冬闲地种植榨菜的甜头,大大提高了种植榨菜的积极性与主动性。种植榨菜正在改变当地农民只种大春作物的习惯,正在改变当地的产业结构,使当地人形成了农业要走产业化发展道路的观念,为当地乡村振兴带出产业新路子。一些专业合作社负责人通过交流与尝试,开阔了视野、拓展了思路,正在抓住乡村振兴的机遇,在榨菜产业链上寻找最适合自己的商机,正在把酉阳的榨菜生产逐步融入重庆市场、四川市场、湖北市场、浙江市场,为当地乡村振兴想新点子,探新路子。

几年来,榨菜产业科技服务团队的科技特派员们不忘初心、脚踏实地,通过"做给菜农看,领着菜农干",点对点、面对面地耐心指导,帮助菜农掌握了种植榨菜的技术要领,无私付出,实现了酉阳榨菜栽培技术的规范化,有效保障了加工企业的原料供给,促进了酉阳榨菜产业化发展的进程,为武陵山山区乡村振兴铺垫了产业振兴的路子。

科技助力小辣椒做成大产业

石柱辣椒种植历史悠久,20世纪90年代初期,石柱辣椒就开始零星种植,但是名气小,常规品种退化严重,产量低,抗性差。为了将辣椒产业做大做强,当地联合重庆市农业科学院成立了辣椒专家大院和辣椒研究中心,建立了"研究中心+专家大院+技术团队+辣椒基地"科技支撑机制。产学研创全面结合,科技赋能辣椒生产,数年间,石柱红辣椒香飘天下。

一、科技领先选育新品种

1999年,重庆市农业科学院辣椒团队在石柱龙沙镇大沙村教村民科学管理田间地头的辣椒时,现场被村支书"技术好是一方面,关键这品种太难管了,不是生病,就是产量起不来"一席话刺痛。当时,国内没有自主选育的杂交朝天椒品种,要么是常规品种,要么靠进口,因此团队决定以科技引领产业发展,选育"本土朝天椒"。团队首先根据调研确定了产量高、抗性好、果大、易采摘的新品种选育方向,然后再跑遍中国辣椒生产区收集育种材料。在收集材料的同时,到海南开展加代南繁,强化材料纯化,2004年配制了单生朝天椒组合J0425,2008年通过重庆市品种审定,定名为"艳椒425",这是国内第一个单生朝天椒杂交新品种。2008年在石柱马武镇试种60余亩,大获成功。艳椒425果长、果大、产量高、抗性好、易采摘,而且烘出来的干椒发亮,商品性好,椒农都反映"好种、好管、好摘、好卖"。团队以科技解决了产业中存在的问题,技术在业内领先。因为以前没有种过这种长果杂交朝天椒品种,所以当地椒农把艳椒425当成常规种,自己留种,第二年种下去,结果在南川等地出现了"燕椒"等杂二代。因此团队在培训时,往往要强调,杂一代不能留种这种常识。经过近10年推广,艳椒425被产区和加工企业接受,是重庆、武汉加工企业的重点采购品种。

同时,团队推陈出新,为产业升级和高质量发展提供了新品种,2017—2019年,根据市场需求,又推出了三系配套的朝天椒新品种"艳椒

435""艳椒465",具有更高产、更辣、更抗病、更易采收的特性,同时,还具有种子生产成本低等优势,在生产中可减少投入成本。经过多年的品种创新,使石柱辣椒品种率先经历了2—3轮的更新换代,提高了辣椒单位面积效益。

二、院县合作建立科技支撑机制

有了好品种之后还需要技术的支撑,为了将辣椒产业做大做强,石柱加强与重庆市农科院合作,于2008年建设石柱辣椒研究中心,建立了"研究中心+专家大院+技术团队+辣椒基地"科技支撑机制。团队在进行辣椒栽培技术需求调查研究的基础上,以提高单位面积效益、降低生产成本、保障原料安全生产为突破口,开展加工型辣椒安全高效栽培、加工关键技术研究,先后研究集成了重庆山地辣椒集约育苗技术、地膜覆盖栽培技术、辣椒机械化规模化干制技术等,在产区示范推广,提高了重庆辣椒整体生产水平。坚持以科技创新助推产业升级,指导开展辣椒品种引进、筛选、培育,建立了三级辣椒良种繁育体系;同时坚持标准化生产,制定并发布实施了《石柱辣椒产地环境条件》等地方标准17个。

三、技术落地构建技术服务体系

近年来,团队依托石柱辣椒研究所,围绕石柱辣椒质量、效益及竞争力的提升,全方位服务石柱县辣椒产业。团队成员不仅通过面对面下乡村、入田间、进企业提供精准科技服务为当地"输血",还注重培养本土辣椒人才,增强当地自身"造血"功能。每年团队派出10余位科研人员,在辣椒生产各关键环节以现场培训会、院坝会等形式开展辣椒标准化生产技术培训,推广辣椒漂浮式育苗、地膜覆盖、病虫害绿色防控和统防统治技术等,促进了分散育苗到集中育苗、床土育苗到水培育苗的转变。一是针对目前在家种辣椒的主要劳动人群是老人,文化程度很低甚至不识字的状况,组织编写了多套通俗易懂、图文并茂的辣椒标准化生产技术图书。

二是培训技术人员、种植大户,"授人以渔",为乡镇和合作社培养了一批当地"土专家"和脱贫带头人,形成了基层技术服务团队。三是办好田间学校,进行现场示范,手把手地教,涉及种辣椒的每一个环节,从播种到育苗管理,从挖土、铺地膜,到栽苗子、上大厢,都实地示范,让他们依葫芦画瓢,一步步跟着学。

通过把辣椒标准化生产技术传授给农户,指导到地块的方式,提升了石柱辣椒标准化生产水平,提高了辣椒产量和效益,同时团队还带来了全国辣椒市场的最新信息,帮助石柱的辣椒卖出去,并且卖个好价钱,做到产前、产中、产后全生产服务。

科技特派员在石柱临溪镇前进村现场培训

科技特派员在石柱六塘乡室内培训

四、产研融合帮助培育龙头企业

为了促进石柱辣椒产业高质量发展,团队深化与农业产业化龙头企业合作,通过采用"科技特派员团队+企业"的"1+1"组建方式,探索创新订单农业模式,建立"农户+基地+合作社+公司"或"农户+基地+公司"模式。实行订单生产,合作社或公司提供专用种子、化肥,引导有一定劳动能力和种植意愿的农户自己经营种植,团队免费提供辣椒整个生产过程的技术指导,最后由企业实行订单保底保护价收购,确保农户长期稳定收益。石柱县先后培育了34个辣椒专业合作社,发展辣椒种植大户(种植3亩以上)4 800多户,发展乡镇示范片88个,县级示范片9个,每年带动2 900多户贫困户种植辣椒7 500余亩,户均种椒2.5亩左右,实现收入6 000元以上。

同时团队发挥科研院所科技创新、市场洞察力优势,以农业科技为主线,串通起生产、加工、流通、营销等各个环节,与农民、合作社、龙头企业、政府一起形成农业产业化联合体,帮助培育了以重庆谭妹子金彰土家香菜加工有限公司为代表的26家本地辣椒加工企业,并引进重庆小天鹅投资控股(集团)有限公司、重庆香水火锅有限公司等6家企业。通过充分发挥龙头企业的引领、示范和带动作用,创新合作模式、优化产业结构,提升整个辣椒产业集群的发展水平,使辣椒产业成为全县精准脱贫和乡村振兴的支柱产业。

五、重视质量协助打造本地品牌

打造具备一定知名度和影响力的本地辣椒品牌,离不开创新发展和对外宣传。团队发掘自身科研优势,依托科研平台,一方面,开展专业技能培训,传播品牌培育理念;另一方面,以石柱示范基地为核心推广科研院所最新科技成果,指导石柱辣椒研究所育成石辣系列品种,丰富了"石柱红"产品,并集成推广了以集约化育苗、地膜覆盖为核心的节水栽培、配方施肥技术,规模化机械化辣椒干制技术,为农民增收提供了有力支撑,得到了行业内单位及兄弟科研单位的认可,形成了一定的品牌影响力和号召力,并取得明显的社会经济效益。

为发展好辣椒这一特色产业,团队充分发挥优势,科技立"品",转化树"牌",推动科技创新与成果转化相互融合。石柱成功打造的"石柱红"品牌成为石柱辣椒产业品质和声誉的"身份证"。"石柱红"鲜辣椒和辣椒干先后获得"A级绿色食品认证""农产品地理标志""全国十大名椒"等荣誉称号。如今,石柱早已成为全国闻名的"中国辣椒之乡",辣椒种植面积稳定在10万亩以上,年产鲜椒约8万吨,干制辣椒约2万吨,综合产值5亿元以上。

"科特"助力龙头企业,科技助推柠檬产业
——潼南柠檬产业(加工)科技特派员团队工作掠影

柠檬产业作为重庆市现代山地特色高效农业产业之一,是巩固拓展脱贫攻坚成果和推动乡村振兴的主导产业。潼南区是我国柠檬产业核心优势区,也是成渝地区双城经济圈安-潼柠檬特色农业带高质量发展核心区,现有柠檬种植面积23万亩,年产量25万吨,分别占全市的71.9%、75.5%,产值近30亿元。

2018年,全区柠檬果品以鲜销为主,加工为辅,年加工量约2.4万吨,占生产总量的10.4%。加工层次主要以保鲜、冷贮、分级包装等初加工为主。时有柠檬综合加工企业3家(汇达柠檬、帝安农业、金鑫柠檬),设计年加工能力约20万吨,加工产值约40亿元;已建成年加工能力5万余吨,加工产值10亿元的产业体系,主要产品包括柠檬饮料、柠檬冻干片、柠檬面膜、柠檬精油和柠檬蜂蜜茶等。精深加工还存在精度不够精、深度不够深、广度不够广等问题。精深加工是柠檬产业链延伸、价值链提升的关键与必由之路。

为提高潼南柠檬精深加工水平,促进潼南柠檬产业进一步高质量发展,2019年潼南区引进了重庆檬泰生物科技有限公司。该公司集柠檬科研、精深加工、销售、大数据应用与管理于一体,是柠檬全产业链高新技术企业。公司采用高新技术和绿色环保工艺,实现了柠檬的全成分"清洁化"精深加工,使柠檬综合产值提高10倍以上,以柠檬精深加工龙头企业的担当来实现"给乡村振兴插上科技的翅膀"的目标。

产业发展快不快,关键要靠龙头带。为有效发挥科技资源的精准赋能作用,潼南区科学技术局为促进柠檬产业高质量发展,按照市、区科技特派员管理办法要求,组建了潼南柠檬产业(加工)科技特派员团队,由重庆食品工业研究所有限公司、重庆市农业技术推广总站、西南大学、潼南区科学技术信息中心、潼南区两江蔬菜生产力促进中心等单位的市区两级科技特派员组成。科技特派员团队与龙头企业携手合作,协同创新,聚

焦龙头企业技术创新、工程建设、新品研发、成果转化目标,开展一系列从无到有,从有到优的技术创新、技术提升和技术完善工作,同时将取得的成果进一步转化、扩散到柠檬加工企业,有效地助力了柠檬产业加工链条的延伸和技术水平的提升。

一、携手创新助力龙头企业,工作实效助推产业发展

为进一步落实习近平总书记关于科技特派员的指示精神,坚持人才下沉、科技下乡、服务"三农",在重庆市科技局和潼南区科技局的大力支持和指导下,科技特派员团队下沉到重庆檬泰生物科技有限公司、重庆汇达柠檬科技集团有限公司等柠檬精深加工龙头企业,深入到研发、加工第一线开展科技帮扶工作。科技特派员团队根据企业实际情况和产业发展需求,瞄准特色主导产业发展瓶颈,积极参与实施"高功效、高附加值柠檬产品深加工""潼南区山地特色柠檬、枳壳资源培育与扶贫产业链条延伸关键技术创新""潼南区柠檬产业链关键技术集成及成果在乡村振兴中的应用"等一批国家、市、区级科研项目,携手龙头企业,协同创新,解决一系列产业发展的"卡脖子"技术问题。

科技特派员团队的专家们在所在单位的支持下,从行业发展技术咨询、新建深加工生产线工程建设、新产品开发、生产技术规程及作业指导等体系的建立、质量标准的制定、品质控制与检测体系建设、技术培训等各个方面对所服务的企业进行全方位的技术帮扶,在2020—2021年期间,主要取得了以下成效:

(1)开发柠檬果片、柠檬饮料、果胶软糖、高酯果胶、低酯果胶、酰胺化果胶等产品6个,推广即食柠檬果片、柠檬果胶软糖、柠檬汁饮料产品3个(合计);

(2)指导重庆檬泰生物科技有限公司建设柠檬软糖生产线1条、柠檬即食片生产线1条和饮料生产线1条;

(3)转化科技成果3项;

(4)为重庆檬泰生物科技有限公司编制柠檬果胶软糖、柠檬果片、柠檬果汁的生产操作规程；

(5)指导品质控制与检测体系建设，指导制订企业标准；

(6)培训企业技术人员、检测人员50人次；

(7)把科技特派员工作站建在了龙头企业，为科技特派员与企业进行更有效的沟通、合作，开展技术帮扶工作搭建了工作平台，大大提高了工作的及时性、有效性；

(8)组织科技特派员和企业技术人员及相关人员进行技术交流20余次；

(9)发表技术论文1篇。

二、优化柠檬深加工产品生产工艺，并实现产业化

科技特派员团队将现代食品加工技术运用到柠檬果汁、即食柠檬片、柠檬果胶软糖等系列产品的研究与开发中。采用复合酶制剂处理柠檬果汁，优化酶解参数，提高柠檬果汁的感官品质与稳定性；综合考虑能耗和品质指标，采用分段式干燥方式，得到营养丰富、风味俱佳的即食柠檬片；配方中加入食药物质、益生菌等，经过特定工艺和优化参数研发出营养健康的柠檬果胶软糖；经严格的试验设计和反复的优化试验，筛选出高酯果胶、低酯果胶、酰胺化果胶制取的最佳工艺，并制备出优质的试验产品。利用研究优化的柠檬果胶软糖、即食柠檬片、柠檬果汁生产工艺，指导重庆檬泰生物科技有限公司建设柠檬果胶软糖、柠檬即食片、柠檬果汁生产线3条，实现研发产品产业化生产。其中柠檬果胶软糖产品投入市场后受到消费者青睐，当年就获得2 000多万元的销售收入。从柠檬果胶软糖的研发上市过程，可以看出科技特派员团队在帮扶工作中的担当和作为。

科技特派员团队根据龙头企业提出的市场开发与新产品研制的目标任务，与企业的技术人员紧密结合，在实验室试制、中间试验到生产线建设、试车投产、上市销售等全过程开展研发试验。这个过程由三大工作内容板块(三要素)组成：新品研发与工程建设(技术硬件)；工艺规程与品控

体系建设(技术软件);技术交流与技术培训(技术人才)。

(1)新品研发与工程建设。由科技特派员团队联合企业技术人员研制的柠檬果胶软糖是以柠檬果胶为主要原料及基体,富含DHA(二十二碳六烯酸)、维生素A、维生素D等的新型营养保健果胶软糖。它具有低甜度、低热量、入口柔韧、食而不腻、易消化等特点,以其细腻的组织形态和新鲜水果风味而著称,加之果胶具有降血脂、降血压、降血糖、预防动脉硬化等心血管疾病之功能,作为一种美味方便的即食食品,深受广大消费者的青睐。

研发团队经过刻苦攻关、反复试验,解决了原料配方、工艺参数、设备选型、保质期等所遇到的一系列技术难题,终于达到了预定的研制目标。在工艺路线和基本工艺参数都明确的基础上,研发团队(科技特派员+企业技术人员)进一步按照规模生产和生产许可证(SC)的要求,对设备选型、生产线设计、车间布局等各个方面进行指导并参与设计、安装、调试等工作。经过多次试车试验,成功建设了柠檬果胶软糖生产线,具备了批量生产上市合格产品的能力。

(2)工艺规程与品控体系建设。工艺规程与品控体系主要指企业生产、质量控制必不可少的技术指导文件。这是一个由较多文件构成的系统,编制任务比较繁重。对于新建的企业来说,更是一个比较大的难题。但如果没有工艺规程和品控体系,生产线就不能按照预定的工艺和质量标准生产出合格的产品。科技特派员团队急企业之所急,主动承担了工艺规程和品控体系文件的编制工作。在这一过程中,为制定从原料到成品、从包材要求到标识标签等规范文件,科技特派员团队在重庆食品工业研究所有限公司(科技特派员团长所在单位)等单位的支持下,做了大量的检测、分析工作,终于编制出了柠檬果胶软糖生产和品控所必需的全部技术文件,为企业取得生产许可证奠定了基础,为生产合格产品提供了软件保障。

(3)技术交流与技术培训。在新品生产所需的硬件、软件都具备的情况下,生产和品控人员队伍配备就是最后的"东风"(必要条件)了。科技特派员团队从两个方面开展帮扶工作:一是组织开展技术交流。团队利用科技特派员工作站,组织有关技术交流会,使科技特派员与企业技术人员得以充分沟通和交流,达成共识,形成合力。二是开展技术培训。参加培训人员包括车间管理、生产操作、工艺技术、设备操作与维修、质量检测、品质控制等方面的人员。培训内容包括食品质量安全有关法律法规、工艺规程、质量管理体系等方面。通过交流与培训,为企业建立了能够胜任新产品生产的技术与品控队伍,解决了产品上市销售的最后要素问题。

以上帮扶工作及其成效,大大助力了潼南柠檬企业乃至潼南柠檬产业高质量发展,助推了潼南地区柠檬深加工技术水平和产能的提升;开发出价值更高、市场更广的系列新产品,有效延伸了柠檬产业链和铸就了新的价值链。对提高柠檬加工比值,增加产业整体收入,克服鲜柠檬市场价格波动伤农的影响,实现种加销一体化、联动化有着非常积极的意义。

科技特派员团队不忘初心、牢记使命,现正在乡村振兴的路上开展新一轮技术创新与技术帮扶工作,助推潼南柠檬产业高质量发展。柠檬产业的持续兴旺,必将带来乡村的强劲振兴!

研发项目交流

培训检验人员

指导工程建设

现场座谈交流

科技特派员工作站建设

科技特派员团队合影

绿水青山映大地，生态扶贫显真情

生态文明是乡村振兴的重要支撑，良好的生态环境与生态产品是农村的最大优势和宝贵财富。永川区科技特派员团队结合经济落后地区与重点生态功能区在空间上高度吻合的特点，积极推进乡村生态产业化，实现乡村振兴与生态保护相协调、农民致富与可持续发展相促进，让良好生态成为乡村振兴支撑点，最终实现乡村振兴与生态文明建设"双赢"。

一、走绿色振兴之路，助力乡村振兴

自2017年以来，团队积极参与永川区污染防治攻坚与脱贫攻坚工作，通过对流域水环境长期跟踪研究，发现永川区经济落后地区与重点生态功能区在空间上高度吻合，乡村振兴需求与生态环境问题密切相关，将乡村振兴和生态环境保护结合起来，是独特的乡村振兴方式。团队将"生态修复、保护环境、产业致富、改善民生、人地和谐"作为工作的出发点，结合流域生态修复的实际需求，指导市级贫困村宝峰镇龙凤桥村流转原有闲置土地，建立多品种水生植物种植合作社，培育扶贫产业，壮大集体经济。先后为合作社编制《植物育苗及管理手册》，提供以受援单位水生植物为载体的仿生境缓冲带岸线、局地湿地系统等生态修复关键技术培训，提高合作社人员专业技能，突出农业"科技"属性，提高合作社现有生态产品附加值。先后引导24户贫困户参与"合作社+贫困户"的运作经营，累计营收40余万元。先后被重庆网络广播电视台、永川电视台采访报道。团队成员先后获得2018年、2019年永川区委、区政府颁发的"水环境治理突出贡献奖"。

水生植物种植合作社成员分红现场

二、组建协同创新团队,实现多学科融合

习近平总书记强调,创新是乡村全面振兴的重要支撑。要坚持把科技特派员制度作为科技创新人才服务乡村振兴的重要工作进一步抓实抓好。产业扶贫是中国打赢脱贫攻坚战的"密码"之一,产业振兴也将成为推进乡村振兴的重要法宝。要推动乡村产业振兴,紧紧围绕创新现代农业,围绕农村一、二、三产业融合发展,就需要更多的创新要素和技术人员,改变"一员对一企""一员对一社"的"单兵作战"方式。团队与中国环境科学研究院、重庆市生态环境科学研究院、重庆文理学院乡村振兴学院等单位组建了乡村生态环境保护与生态产品价值实现协同创新团队,打破学科界限、单位界限、地区界限,为流域水环境保护与受援单位科技服务保障提供重要支撑。团队先后参与制定地方生态补偿管理办法及小流域水质提升技术规范;完成地方河长制工作、农村黑臭水体整治等技术培训10余项;设计完成流域生态基流、流域水质达标、规模化水产养殖尾水处理示范工程方案等20余项,场镇污水处理厂尾水湿地14处。

规模化水产养殖尾水整治示范设计效果图

三、探索低碳乡村新路径，发展农业碳汇产业

乡村生态农业产业具有强大的碳汇功能，在应对气候变化和推进"双碳"目标实现的过程中，发挥着重要的作用。今后，团队将结合高标准农田建设、农田宜机化改造等，通过推广优良品种和绿色高效栽培技术，提高氮肥利用效率，降低氧化亚氮排放；提高秸秆综合利用率，开展秸秆肥料化、饲料化和基料化等技术推广，探索农业碳汇产业发展新路径，服务于我国提出的"双碳"目标，让良好生态成为乡村振兴的支撑点，让低碳产业成为乡村振兴新的经济增长点，促进农业高质高效、乡村宜居宜业、农民富裕富足，助推农村生态产品价值实现。

给农机装上"大脑",科技助力乡村振兴

丘陵山区农业机械的发展长期以来滞后于我国农机整体发展水平。丘陵山区地形条件复杂、作业环境多变、成熟机车手缺乏、劳动力老化、年轻人不愿意务农是制约其机械化发展的几大瓶颈。为此,在永川科技局的支持下,科技特派员团队利用自身技术优势,依托现有平台,与哈尔滨星途导航科技有限公司联合研发了西南首台"山地水稻插秧机无人驾驶系统",同时联合重庆市农机推广总站、永川区农委等部门建立了西南首个"智能农机装备西南试验示范基地",之后与重庆华世丹农业装备制造有限公司联合成立了"智能农机创新研发中心",为重庆市智能农业装备发展打开了新的局面。以永川区为示范点,团队围绕水稻智能化生产关键技术及装备展开了对口帮扶工作,完成了技术支持、模式革新、农机人才培养等相关工作,具体工作如下。

一是建立了水稻耕种机械作业实时监控管理系统,当地合作社管理人员能够实时监控示范基地耕种管收农机具的位置和作业轨迹,提升了当地水稻机械管理水平。并针对示范区水稻全生育期的生长状况,建立了智能遥感监测系统,实现了水稻的全程侦察和长势信息、病虫害信息监测,针对病虫害信息,将进一步开展智能植保精准作业。

二是建立了一套智能气象监测系统,该系统能够实现空气温度、空气湿度、气压、风速、降雨量等常规气象要素的实时监测,为调控水稻周围生长环境提供依据,优化水稻生长环境,通过环境大数据分析,实现水稻产量的提前预测及自然灾害的超前预警。服务团还针对水稻智能化生产需求,配备了智能卫星平地系统1台套,在水稻耕整机械、插秧机、收获机上配备自动导航驾驶系统3台套,完成了智能化精准作业800亩。该帮扶科技成果被重庆市多家媒体报道,反响强烈。

三是形成了一种"农机作业监控系统+智能遥感监测系统+智能植保精准作业系统+智能气象监测系统+水稻耕整机械、插秧机、收获机自动导航驾驶系统+智能卫星平地系统"的水稻智能化生产新模式。该模式使当

地水稻机械化生产效率得到了大幅度提升,累计示范面积已达1 000亩以上。

四是开展了以田间讲学、集中培训、技术指导等方式为主的专题帮扶,并重点围绕水稻智能化生产关键技术、装备系统、生产模式等新兴内容进行了专题培训,累计开展专题培训5次,培训700余人次。

五是联合当地企业建立了一个智能农业装备示范基地。该基地旨在推广油菜机械助播助收,进一步形成融入科技、旅游、服务等元素的高效现代农业生产模式。重点围绕油菜播种机山地拖拉机无人驾驶关键技术开发、果园机器人研发及应用、智能农机高端人才培养、智慧农业规划设计、核心技术研发及产业应用推广等工作。基地立足于永川区临江镇,辐射江津区、铜梁区、梁平区等多个地区,旨在更好地为团队从事乡村振兴科技帮扶工作提供支点。

如今,永川已经站在了现代农业集约化、规模化、产业化的大舞台上,成为重庆市水稻全程机械化(智能化)生产的先行者,在推动乡村振兴、产业发展中,必将成为水稻高效智能化种植领域的又一个"引领者"。

创新生态渔业模式，让鱼塘水面飘绿植

重庆拥有丰富的名优鱼类资源，这些名优鱼营养丰富、味道鲜美、口感嫩爽，很受人们喜爱。重庆文理学院孙翰昌教授带领的生态渔业科技特派员团队以长江上游珍稀特有鱼类保护与开发为突破口，带动棘腹蛙、大鲵（娃娃鱼）、岩原鲤、禾花鱼等名优鱼类产业技术开发，深入研究名优鱼类健康养殖的发展规律，重点攻关产业发展的关键共性技术问题，取得了一批创新性成果，以科技创新助力乡村振兴。2021年团队入选重庆市水产科技创新联盟，参与重庆市鱼类种质资源普查及长江流域渔业资源本底调查。同时长期与行业企业合作，已与永川区双竹渔业协会共建名优鱼良种繁育中心，并积极开展名优鱼无特定病原苗种繁育及开发，取得良好进展。

重庆文理学院生态渔业产业化技术创新团队　名优鱼类健康养殖技术培训会现场

一、瞄准鱼类种业创新，开展名优鱼遗传育种

2010年以来，团队成员一直致力于名优鱼类遗传育种工作，在重庆市科技局、市教委科技项目支持下，攻关土著名优鱼类禾花鱼苗种规模化繁育关键技术，获得了禾花鱼精子保存、胚胎发育、个体繁殖力等方面的数据，取得了禾花鱼人工繁殖技术成果，为后期的重庆市农业科技成果转化项目"禾花鱼苗种规模化繁育关键技术中试与示范"奠定了基础，并积极开展鲫(♀)×禾花鱼(♂)杂交及杂交F1、亲本的形态特征研究。

二、聚焦产业关键技术,开展名优品种高效繁育技术攻关

团队安排科技特派员长驻永川区水花鱼养殖专业合作社,长期开展禾花鱼台湾泥鳅等亲鱼培育、个体繁殖力、人工繁殖、鲫(♀)×禾花鱼(♂)杂交育种等技术攻关。经过优化亲鱼培育、人工繁殖技术指标,优化水环境、饵料营养指标,提升了繁殖率,技术指标稳定,使催产率达到95%,受精率、孵化率均达90%,鱼苗成活率达85%。

在台湾泥鳅苗种高效繁育方面,经过关键技术攻关,优化了种繁育关键技术,技术指标熟化程度较高,亲鳅培育、人工繁殖技术指标稳定,培育亲鳅约13 000尾,催产率达到95%,受精率、孵化率均达90%,鱼苗成活率达88%,达到了规模化繁育效果。

科技特派员开展技术服务及帮扶,收集鱼类优良表现特性,开展品种选育及疾病绿色防控,创造性地建立了调控淡水鱼类杂交育种与高效繁殖的新理论和应用技术。联合研究成果在《淡水渔业》《科学养鱼》等核心期刊发表。

三、针对生态渔业常见疾病发力,解决卡脖子的技术问题

团队主要围绕大鲵、中华鳖、台湾泥鳅等名优鱼及大宗淡水鱼类疾病进行绿色防控研究,针对名优鱼类病毒性疾病、细菌性肠炎、腐皮病等常见疾病发病范围更广、传播速度快、交叉感染严重、危害程度大等特点,根据病灶临床症状、流行规律和发病特征,结合致病菌的16S rDNA、外膜蛋白、溶血素及丝氨酸蛋白酶基因特异性,建立四重PCR法分子快速检测技术,准确率达85%,比传统检测方法灵敏度、特异性高20%以上。开展致病菌的药敏试验,从诃子、五倍子、大黄等135种中草药中选出具有较强抑菌作用的中草药,研制了专门针对名优鱼类常见疾病的中草药配方和细菌性疾病灭活疫苗,预防率达75%以上,治愈率达80%以上。创建快速诊断名优鱼类致病菌分子检测法及疾病防控技术体系,率先提出名优鱼类

常见疾病生物防控理念，建立了"理论先导—检测指向—个体化目标治疗"的名优鱼常见疾病生物防控技术模式。

四、关注鱼类功能器官健康，提升生态鱼肉品质

采用变性梯度凝胶电泳技术研究了大鲵、大口黑鲈等名优水产动物的肠道菌群结构，系统研究了大鲵肠道内优势菌群的基因指纹图谱，研究其与动物生长发育、营养吸收、物质代谢、疾病发生和免疫调控等关系，分析了实验动物对蛋白质、脂肪、碳水化合物、维生素及无机盐的需要量，获得了准确的指标参数，结合消化酶特点及名优鱼摄食方式，研发了移动式投喂技术，优化饵料组成及投喂频率，提出了提升名优鱼功能器官健康水平及鱼肉品质的精准营养调控策略。同时积极开展鱼菜共生、稻鱼综合种养等健康养殖模式创新，取得了显著成果。

五、积极推进产业链打造，共建示范基地

在生态渔业科技特派员团队帮扶指导下，重庆市武隆区天露淡水鱼养殖场已由原来单一的养殖场发展成为集泥鳅繁育、鱼菜共生、休闲渔业、娱乐餐饮等功能于一体的生态渔业农庄；彭水顺裕珍稀水生动物养殖有限公司也由原来的大鲵繁育、养殖企业发展成为集名优鱼健康养殖、休闲垂钓、拓展运动、赏花、住宿餐饮等功能为一体的休闲农业企业。该成功模式被科技日报、环球网、新华网等多家媒体报道。

科技特派员团队助推秀山茶叶产业快速发展

秀山位于武陵山脉中段，四川盆地东南缘的外侧，为渝东南门户。秀山现有茶园面积15.7万亩（2021年数据），是我市茶园面积最大的区县。以前秀山茶园以山地茶园为主，由于地理条件的限制，茶叶生产科技含量不高，茶园品种良种率低、茶园管理效率低、单位面积产值低，茶叶加工机具、技术落后，茶叶品质良莠不齐，茶产品市场竞争力弱。实行科技特派员制度以来，秀山先后围绕茶叶品种引进、种植、加工、品牌打造等环节选派了茶叶专业方向科技特派员20余人次，开展科技帮扶和支撑工作。科技特派员精准发力，协同创新合作，支撑秀山茶叶产业稳定健康发展。现将该地区科技特派工作的具体做法和取得的成效整理如下。

一、产业科技支撑具体做法

（一）明确问题、组建团队

以农业供给侧结构性改革为主线，围绕山地特色茶产业发展，广泛开展调研，根据县、乡镇及当地企业的发展规划和目标，明确制约产业发展的瓶颈及技术难点；积极遴选、凝聚优秀人才，优化资源配置，组建涵盖茶树育种、栽培、加工、经营管理等茶叶研究领域的产业科技支撑团队，开展对茶产业全产业链的科技服务。

（二）建立示范基地、协同创新合作发展

为加快当地茶产业发展，克服农业资源分散、力量碎片化的不利条件，由县经信委（县科技局）牵头，科技特派员派出单位与帮扶企业签订科技合作协议，形成结对帮扶体，共同创建茶叶科技试验示范基地或生产线；依托基地或生产线开展国内外先进技术的引进筛选转化试验，示范先进成熟的成果技术，开展共性关键技术问题联合攻关，加快技术的落地和应用，推进乡村振兴和农业农村现代化建设。

(三）开展技术培训指导、科技支撑人才振兴

依托科技特派员的派出单位市农科院茶叶所科技示范与服务中心和市院地示范基地，采用"走出去、请进来"的方式，面向秀山茶叶新型农业经营主体和新型职业农民开展专项或综合技术培训，在科技特派员茶叶科研项目实施和应用过程中培养当地产业发展急需的技术骨干和技术能手，同时培育当地人才的自身造血能力。

二、取得的成效

（一）成熟科技成果落地生根，助力秀山茶叶高质量发展

将科研项目和集成的先进的实用的成熟的技术成果带到峨溶居委会让其落地生根，依托协同建成的示范基地或生产线，将成熟技术优先用到当地茶园生产管理及企业加工生产中。在2021年度科技支撑期间，先后将科技部项目"西南地区（渝川贵）茶园化肥农药减施增效技术集成与示范"、农业农村部"国家茶产业体系刺吸式害虫防控岗位和重庆综合试验站"、重庆市科技局"针形名茶连续机械化标准化加工技术集成及应用""夏秋茶鲜叶高效利用研发及产业化""科技特派员专项"等科技项目形成的科技成果（技术）应用推广到当地，技术内容涵盖了品种引进与搭配，茶园化学肥料、农药减施增效技术，茶园主要虫害防控技术，针形名茶加工技术，夏秋茶鲜叶资源高效利用等多个方面。

（二）开展技术培训指导，助推乡村科技人才振兴

依托示范基地，采用"走出去、请进来"与技术培训指导相结合的方式，2021年累计开展茶叶管护技术培训、指导活动20余次，累计培训茶叶生产管理、茶叶加工的茶叶技术骨干和技术能手100人次，进一步加强了茶叶科技人才自身造血系统的构建，使其本土专家能有效地开展茶叶种植、加工技术培训活动。

（三）科技支撑，取得良好的社会经济效益

通过科技示范应用，引进了巴渝特早、白毫早、保靖黄金茶1号、保靖黄金茶2号、舒茶早、皖茶91、蒙山9号等优良茶树品种20余个，建成了渝

东南地区唯一一个优良茶树品种示范园,面积达30亩。2021年,秀山茶园面积达15.7万亩,较"十三五"初增加10万亩左右,茶树良种率从30%增加到60%。通过生态栽培技术的示范,茶园在减少或不施化学肥料和农药的情况下,生态环境得到了有效改善,茶产品的品质安全得到了保障和提升。2021年,重庆皇茗苑农业综合开发有限公司等多家企业通过有机茶的复认证。科技特派员团队示范推广了"手采+机采"的茶叶采摘模式。春茶采摘前期对名优茶原料进行手采,春茶采摘后期和夏秋季对优质茶原料进行及时机械化采收,这种模式解决了人工采摘采工不足及采摘效率低的问题。茶农收益不仅没有下降还有所提升,当地示范区域茶园亩产值达6 000元以上。优化茶叶加工生产线和生产加工工艺,协助企业开展名优茶产品研发,提高了其品质质量,协助制作的茶产品在重庆"三峡杯"、国际鼎承茶王赛等市内外名优茶评比中多次获奖;2021年指导制作的边城秀芽牌秀山毛尖、嘉茗牌秀山毛尖等在"中茶杯"第十一届国际鼎承茶王赛春季赛中获得特别金奖,茗香牌秀山毛尖、民蕊牌民蕊毛尖等获得金奖;制作的边城秀芽牌秀山毛尖、民蕊牌民蕊绿茶分别获得华茗杯特别金奖、金奖;指导制作的皇茗苑牌秀山毛尖获得"巴味渝珍"杯重庆市第三届斗茶大赛金奖,入选第四届中国国际茶叶博览会推荐产品、第二十四届中国农产品加工业投资贸易洽谈会优质产品。

(四)茶事活动指导,做好茶旅融合

为提高企业知名度,打响茶叶品牌,提高企业的市场竞争力,积极指导企业参展各类茶博会,先后参加2021年重庆茶博会、2021年杭州茶博会、第二十四届中国农产品加工业投资贸易洽谈会。在茶生产中践行绿色发展理念,积极指导当地将专业茶叶生产与旅游进行结合。2021年秀山峨溶镇峨溶居委会被重庆市农业农村委员会、重庆市茶叶学会评为"十佳茶叶专业镇(村)"。

助推地方遗传资源保护利用，打造巫溪致富产业"领头羊"

打好种业翻身仗，种质资源是基础。农业种质资源是保障国家粮食安全和重要农产品有效供给的战略性资源，是农业科技原始创新与现代种业发展的物质基础。重庆巫溪有相对丰富的畜禽遗传资源，其中，板角山羊、大宁河鸡等为国家级畜禽遗传资源，在促进巫溪县畜牧业发展、精准扶贫、乡村振兴战略中发挥着重要作用。西南大学畜禽种质创新与健康养殖科技特派团队（西南大学的一个学院科研团队），助推巫溪地方遗传资源保护利用，致力将特色畜禽资源打造成致富产业"领头羊"，效果显著。

一、团队助推地方畜禽遗传资源普查和保护利用

西南大学畜禽种质创新与健康养殖科技特派团队成员前往巫溪县菱角镇、凤凰镇，多次考察重庆腾展家禽养殖有限公司、巫溪县穆燕养殖场等企业，调研大宁河鸡、板角山羊的保护利用情况，了解地方畜禽遗传资源收集保护和利用现状，并与相关部门进行对接，助推地方遗传资源保护利用。在与巫溪县畜牧兽医管理中心、巫溪县科学技术局的对接过程中，团长赵永聚教授提出，要坚持"以保为先、保用结合、多方参与、创新利用"的基本思路，建议尽快启动巫溪畜禽遗传资源系统调查与收集工作，持续开展地方畜禽品种保护行动；合理规划布局，新建、改扩建一批畜禽资源保种场，制定科学合理的保种方案，实现"应收尽收、应保尽保"的目标。在地方畜禽的保护与开发利用中，团队发挥了技术和人才优势，推动巫溪资源优势转化为产业优势，在乡村振兴中发挥了应有作用。

团队还具体指导了相关部门开展畜禽遗传资源普查，实现"行政村"和"品种"两个全覆盖，基本查清原有品种资源是否还存在，摸清了畜禽品种资源群体数量和区域分布情况；并对录入系统的数据进行系统审核和现场抽查，为畜禽遗传资源普查提供技术和智力支持。

二、团队致力将特色畜禽资源打造成致富产业"领头羊"

长期以来,巫溪县广大农牧民的肉羊饲养形成了小而散的粗饲养模式,基本上表现为"小规模、大群体",尚未形成科学饲养、标准化的管理模式。肉羊传统生产粗放、量少、质差,且无法从源头上保证企业的原料品种优良、品质优秀、经济性状好等,易造成生产销售中数量、质量无法控制等问题,难以进行标准化生产和打造优质品牌,资源优势不明显,产业优势匮乏。这种生产模式也给重大疫病的防治带来了巨大隐患,严重影响畜禽良种、动物营养等先进肉羊生产技术的推广普及。

针对这些具体问题,团队利用草食动物科学重庆市重点实验室、重庆市牧草与草食家畜重点实验室、重庆市草食动物资源保护与利用工程技术研究中心等研究平台,针对巫溪山羊养殖特点,研发组装养殖技术;推广了系列配套的山羊饲养管理技术,包括山羊计划免疫和疫病防治技术,初生羔羊的护理技术等,大幅度提高了山羊成活率。在山羊、土鸡的生产过程中,采取"养、防、检、控、治"五字方针,提高养殖技术水平。

除此之外,团队继续加大对肉羊生产规模化、集约化和标准化的支持和引导,实地调研巫溪县穆燕养殖场,常年对其提供技术方面的生产指导。在肉羊繁殖、饲料生产和加工以及肉羊疫病防控等技术上,加强培训、引导和服务;在提高肉羊养殖规模的同时,充分考虑环境承载力,提高肉羊生产的组织化程度,合理规避市场风险。几年来,在饲料配方、粗饲料的选择、饲养管理、饲养密度、舍饲清洁、饲喂制度等多个方面提出了专业性的技术指导和意见建议。团队与青岛农业大学林英庭教授、闵令江教授等专家团队成立了鲁渝科技帮扶团,共同开展了鲁渝科技协作计划项目,深入重庆巫溪县红池坝镇、菱角镇等多地肉羊养殖场进行技术帮扶,数次有针对性地开展肉羊养殖技术培训,为未来规划并建立山羊养殖示范和推广基地出谋划策。

作为小规模粗放型的肉羊养殖单位,巫溪县穆燕养殖场在2020年前圈舍规划管理不合理,其通风、清洁、安全方面均存在较大问题。养殖场常年存在经济效益低、市场竞争力薄弱、养殖技术落后等问题。由于养殖过程中缺乏专业的技术指导和科学的养殖知识等,农户仍然沿袭传统的养殖经验和方法。养殖技术落后,养殖风险增加,且养殖过程中的养殖安全、肉质品质、出栏率等难以得到有效保障。在团队的助推和帮扶下,巫溪县穆燕养殖场充分利用当地的饲草料资源,开展肉羊舍饲育肥工作,加快饲养周期,提高了肉羊出栏率,并发挥了带头示范作用。这不仅稳定了当地肉羊市场供应,提升了养殖户的生产积极性,还有效推动了当地肉羊产业发展。

指导肉羊生产和板角山羊保护利用

调研巫溪祥和养殖场情况

第四章 个人风采

推广水产绿色养殖，助推乡村产业振兴

李虹，重庆市水产技术推广总站二级研究员，副站长，重庆市生态渔产业技术体系首席专家，国家大宗淡水鱼产业技术体系重庆综合试验站站长。从事水产技术研究与推广工作近40年，主持多项省部级科技项目，获得多项省部级一、二、三等奖。中国水产学会常务理事，重庆市水产学会副理事长。享受国务院政府特殊津贴专家，重庆市学术技术带头人，重庆市"322重点人才工程"第二层次人才，全国优秀水产科技工作者，获"重庆市优秀专业技术人才"奖（立二等功）。

翟旭亮，硕士研究生，重庆市水产技术推广总站副站长，正高级水产工程师，重庆市生态渔产业技术体系岗位专家。荣获全国农业先进个人、重庆市优秀共产党员、重庆市学术技术带头人后备人选、国家级"三区"科技人才、重庆市党员干部远程教育教学专家、重庆市标准化专家等称号，主研的鱼菜共生、一改五化、稻渔种养等技术获评全国农业主推技术，主持及参与科技援疆、国家星火计划等科技攻关项目数十项，曾获中国水产学会范蠡科学技术奖一等奖、重庆市科技进步奖二等奖、全国农牧渔业丰收奖二等奖等省部级奖项7项，参与编写地方标准6项、专著11部，授权专利6项，发表论文数十篇，参与编制市"十一五""十二五""十三五""十四五"渔业发展规划。

重庆集大城市、大农村、大山区、大库区于一体,渔业产业具有较强的山地特色,产业发展不均衡、制约因素较多。重庆市科技特派员研究员李虹、正高级工程师翟旭亮针对重庆旭源农业开发股份有限公司的基地现状和产业特点,主推池塘工程化循环水养殖和陆基集装箱循环水养殖模式,以池塘鱼菜共生综合种养技术和"三池两坝"养殖尾水治理设施为主,主养黄颡鱼、抗病草鱼等品种,配套物联网智能化控制技术,打造生态、休闲、景观"三化"协调发展体系,实现养殖用水循环利用,养殖生产安全可控,养殖品种精准高效。

一、基本信息

重庆旭源农业开发股份有限公司成立于2007年,现有水产养殖示范基地200亩,主要采用池塘工程化、陆基式集装箱循环水养殖和池塘鱼菜(花卉)共生等高效养殖模式。在养殖技术上,公司主要取得了以下成就。一是通过养殖集约化,将传统池塘"开放式散养"模式变为池塘内循环流水"圈养"模式,已建成流水槽6条,单槽年均产量达上万公斤。二是实现养殖尾水零排放。采用"流水槽+底排污"尾水综合治理模式,集中收集鱼类排泄物和残余饵料,建设完善多级尾水处理设施1套(包括生态沟渠、沉淀池、生物净化池共计6亩),配备池塘鱼菜(花卉、稻)共生生物浮床400余平方米,实现了养殖尾水循环利用,向外域水环境零排放。三是实现管理智能化。推广水质监测、远程控制、环境监控、质量追溯、远程诊断"五位一体"的物联网智能化技术,实现自动投饵、自动增氧、水质实时监测和养殖过程监控等智能化管理。

二、技术措施

(一)池塘工程化循环水养殖基本原理

池塘内循环养殖系统是利用占池塘面积2%—5%的水面建设有气提推水充气设备和集排污装备的系列水槽,作为养殖区,进行类似"工厂化"

的高密度养殖,并对其余95%—98%的水面进行适当改造,作为净化区,对残留在池塘的养殖尾水进行生物净化处理,从而实现养殖周期内养殖尾水的零排放或达标排放。

(二)池塘工程化循环水养殖技术要点

1.池塘改造

将原来的两口池塘改建为连通式池塘,中间建设导流堤,池塘内建设6条可拆卸式组装流水养殖槽,长22米,宽5米,深1.8米,实现大塘养水,水槽高效养鱼。

2.集排污系统

在流水养鱼池的末端延伸3米构建废弃物收集池,收集池的下游建80厘米高的矮墙,供收集鱼类废弃物之用。收集的废弃物通过水泵吸出,可作为生物肥料。

3.污水处理

根据水槽数量建设8个尾水沉淀池,配套建设长100米左右的渠道,渠道深、宽各0.6—0.8米,与集污池相通,并保持渠道内有0.3—0.5米深的水位,渠道内通过种植水生植物等对污水进行净化。

4.生态塘生态环境构建与调控

建设约1 000平方米的生态池塘,用于水质的末端净化和循环利用,并设置导流墙和推水设备,确保达到整个净化区水体能够进行循环流动的效果;此外,还在鱼菜共生生态浮床上种植水生植物,池塘里放养滤食性鱼类、贝类,适时投放微生物制剂等,营造良好生境。

5.净化区生物净化措施

以放养滤食性鱼类为主,鲢鳙比3:1,每亩水面放养规格为150—300克/尾的鱼种100尾左右,适当放养甲鱼、翘嘴红鲌、加州鲈等名优鱼类,全程不投饲料,在净化水质的同时,收获名优水产品,提升综合生产效益。

(三)陆基式集装箱循环水养殖系统建设技术要点

集装箱陆基推水养殖是一种新型的设施养殖模式,配套建设循环水养殖箱三个,养殖容量25立方米,每立方水体单次可实现60—80公斤产量,一年可以生产两季,单箱年产量可达4 000公斤。养殖系统配有杀菌增氧系统、出鱼口、集污槽、水处理系统等功能结构件。该模式将生态池塘中的上层水不断抽至循环箱中，同时集装箱中的养殖尾水经过旋流分离器处理后返回到池塘，分离出的残饵粪便可种植经济作物。

三、主要经验做法

(一)因地制宜帮扶企业制定发展规划

一是提出养殖尾水治理具体实施方案。统筹考虑池塘养殖尾水治理和水产养殖业发展实际，改建了池塘渔业基础设施，探索示范了一整套池塘养殖尾水综合治理技术模式，以池塘内进行养殖水体原位净化修复（养殖品种结构优化、养殖模式调整、养殖密度控制、鱼菜共生等）为基础，综合采用池塘外养殖尾水异位处理（生物净化池、生态沟渠等）措施，同时以水质监测及智能控制系统建设等示范工程为依托，构建了环境友好型养殖尾水处理模式。

二是落实新品种、新技术、新模式等"三新"帮扶措施，依托重庆市生态渔产业技术体系生态模式岗位专家的优势，为企业联系技术专家指导生产实践，现场讲解日常管理中的重要环节，帮助该公司的养殖生产逐步走向稳定，并在流水池净水区域开展水上种植水稻、空心菜（蕹菜）和水生花卉，同时采用多级沉淀技术净化集污池中的养殖废水，实现尾水回收再利用。另外，通过现场技术指导座谈培训的方式引导渔民转变养殖方式，调整养殖结构，通过提高饲料系数、减少渔药使用，实现品质提升和产量提高。

(二)强化项目资金整合带动

整合生态渔产业技术体系和低碳高效池塘流水精养技术等项目资金50余万元，用于开展陆基式集装箱循环水养殖、内循环流水养殖和尾水治理试验示范，带动企业率先开展新型养殖技术示范，促进重庆地区水产养殖转型，有较好的带动示范效果。

(三)加强技术支撑

联合各院校和推广机构力量，产学研齐头并进，参与起草了《池塘内循环流水养殖设施建设及养殖技术规范》(DB50/T 1089—2021),为养殖业企业开展实际操作提供了有力的技术支撑,把池塘工程化循环水养殖模式的示范推广作为促进渔业转型升级的重要抓手,加强技术指导和监督检查,总结工作成效,宣传示范典型。

四、技术应用效果

(一)技术展示成效

在科技特派员的多年持续帮扶下,重庆旭源农业开发股份有限公司先后被评为重庆市农业产业化市级龙头企业、重庆市农业综合开发产业化重点龙头企业、重庆市潼南区农业产业化区级龙头企业。该公司示范基地被农业农村部、财政部联合评为国家大宗淡水鱼产业技术体系示范基地。在该基地应用的鱼菜共生生态种养和尾水治理模式,被确定为全国四个尾水治理模式之一。

"集装箱+池塘"工程化循环养殖技术应用全景

"鱼菜共生+流水槽"循环水养殖融合发展模式

(二)经济效益

经测产,开展工程化循环养殖,鱼病发生率显著减少,成活率提高、生长率增加,饵料系数下降,饲料投喂量平均减少60公斤/亩,降低了鱼药的使用量,提高了产品产量和品质,明显提高了养殖产量和综合产值。同时生物浮床水培蔬菜的出售也可增加试验池的经济收入。池塘内循环流水养殖系统流水槽6条,覆盖养殖面积约40亩,可年生产商品鱼约10万公斤、产值约140万元,亩新增纯收入约2 600元。集装箱循环水养殖系统,养殖黄颡鱼和草鱼可年产1.2万公斤,实现产值约24万元,纯利润约10.5万元。化肥和渔药用量减少约15公斤/亩,氮素转化效率提高约10%,养殖产量提高约10%—20%,经济效益提高约30%。

(三)生态效益

在池塘工程化循环水养殖模式下,水体不断流动以及净化区的净化作用,能有效降低鱼类养殖区水体的氨氮含量,且水生植物能有效吸收养殖尾水中过高的总磷、总氮,促进养殖水体循环利用,保证鱼类正常生长。经运行后测算,该种模式可提高水资源利用率约25%,降低人工成本约50%,节约生产成本约30%以上。通过开展养殖水体水质动态监测,分别在养殖区进水口、养殖区和养殖区出水口进行采样分析,测得水体中总磷含量均在1.0mg/L以下,净化区出水总磷含量显著下降。经过吸污集中处理净化的水体,总磷去除效果非常明显,去除率最高可达50%。净化区对水体中的高锰酸盐有着明显的净化作用,对高锰酸盐指数的去除率最高达54%。池塘循环水养殖系统对总氮具有一定去除效果,去除率最高可达21.43%。

(四)社会效益

该技术的推广,改善了地区水质调控、尾水治理现状和人居环境,对全区尾水治理工作具有较大的推动作用,对全市渔民创收也具有重要的借鉴意义。当前,该公司示范的池塘鱼菜共生和"三池两坝"尾水治理模式,已经应用到潼南全区3万亩水产养殖场。以此技术为依托,在巫溪红池坝镇引进"集装箱工程化养殖+尾水生态循环修复技术"融合模式,打造丰都三建乡"流水养殖+生态沟渠尾水治理"示范点,帮助脱贫村巩固脱贫成果,实现乡村振兴。

多措并举,护航产业发展

孙翰昌,中共党员,现任重庆文理学院园林与生命科学学院(特色植物研究院)党总支副书记、副院长、教授,硕士研究生导师。国家级"三区"科技人才,重庆市科技特派员,重庆市农林类专业教学指导委员会委员,重庆市科技特派员协会常务理事,重庆市水产学会常务理事,重庆市水产科技创新联盟常务理事,重庆市科技项目评审专家。获重庆市"优秀科技特派员"、重庆市"优秀创新创业导师"、巴南区"优秀挂职干部"、重庆文理学院"优秀共产党员"等荣誉称号。曾获重庆市科技进步奖三等奖,中国发明协会创业奖创新奖二等奖。主持和主研重庆市社会事业与民生保障科技创新专项重点项目、重庆市农业科技成果转化资金项目等省部级科技项目10多项、横向项目20多项,发表或参与发表学术论文50多篇,出版专著2部,获得授权专利10余项。

自2012年以来,孙翰昌教授连续多年被聘为重庆市科技特派员,为重庆水产养殖产业服务,长期深入彭水大垭乡、彭水长滩乡、武隆沧沟乡、永川双竹渔场等地区和水产养殖一线,开展名优鱼类高效繁育及产业化技术研究与推广工作,指导帮扶服务发展名优冷水鱼产业,助力乡村振兴。其事迹被科技日报、华龙网、环球网等多家媒体报道,国内各大主流媒体纷纷转载,社会服务成效显著。

一、立足自然禀赋,引进名优养殖品种

2010年开始,孙翰昌与彭水顺裕珍稀水生动物养殖有限公司开展长期合作,依托彭水大鲵科技专家大院,引进中国大鲵、鲟鱼、虹鳟等冷水性鱼类品种,共同攻关大鲵高效繁育及病害防治关键技术。在每年大鲵的繁殖季节,孙翰昌教授在养殖场一待就是几个月,选育优质大鲵亲本,配

制富含维生素E、营养全面的生精剂及促卵巢发育药剂,对大鲵亲本进行人工采卵、采精,实施人工授精,随时观察它们的发育情况、苗种的孵化情况,还研究疾病防控等工作。经过多年的研究积累,建立和完善了大鲵高效良繁体系,研制了生精剂及促卵巢发育的中草药制剂,实现了大鲵性腺发育精细调控。卵子优质率达90%以上,精子活力提高了15%,授精与孵化操作流程得到规范,受精率、孵化率均达90%以上。

孙翰昌教授在服务重庆市南岸区海珍观赏鱼养殖场时,立足当地自然禀赋,指导引进4个品种6种规格的观赏鱼,包括红白锦鲤、三色锦鲤、大紫红火口鱼、大红魔鬼鱼、小紫红火口鱼、小红魔鬼鱼,培育大量的优良品种,优化产业结构,为企业带来了丰厚的经济效益。

二、挖掘水产资源,开展鱼类高效繁育

2012年,孙翰昌被选聘为重庆市科技特派员及永川区科技特派员,担任永川水花鱼高效繁育组组长,重点帮扶永川吉安镇黄亿田、阎述全以及重庆市永川区水花鱼养殖专业合作社。他深入一线,挖掘水产资源,细心帮助帮扶对象制定、完善繁殖计划,指导人工繁殖技术,帮助帮扶对象解决四大家鱼、禾花鱼、泥鳅亲本培育,人工繁殖,幼苗培育,疾病防治,鱼类过冬等5个技术难题。在重庆市永川区水花鱼养殖专业合作社开展重庆市社会事业与民生保障科技创新专项重点项目"台湾泥鳅高效繁育及生物防控关键技术研究与示范"和重庆市农业科技成果转化资金项目"禾花鱼苗种规模化繁育关键技术中试与示范"等省部级科技项目。经过关键技术攻关,优化了禾花鱼、台湾泥鳅苗种繁育关键技术,技术指标熟化程度较高,亲鱼培育、人工繁殖技术指标稳定,催产率达95%,受精率、孵化率均达90%,鱼苗成活率达88%,达到了规模化繁育效果。获实用新型专利授权3个,出版学术专著1部,制定技术规程3套,发表科技论文2篇,建立试验示范区3个,示范推广面积1 200多亩,新增产值1 000多万元。合作社新增就业人数65人,带动农民增收800多万元。

三、通过科技培训,传播先进科技知识

名优鱼类品种,特别是娃娃鱼等冷水鱼,比较喜欢在山涧溪流中、阴暗洞穴里活动,孙翰昌长期开展这方面的研究,被老百姓称为"在洞穴中行走的泥(鲵)教授",当然也可能因为他还研究泥鳅高效繁育。他热衷于科技服务和先进科技知识传播。充分依靠永川区鱼类繁育专家大院、彭水大鲵科技专家大院、重庆武隆区天露淡水鱼养殖场等技术示范基地,10多年来,在永川、武隆、长寿、合川、南岸、黔江、綦江等地组织鱼类健康养殖技术培训50多场,培训水产养殖技术骨干2 000多人次,培训农民10 000多人次,免费发放科技宣传资料15 000余份。采用现场指导、QQ或微信答疑、电话服务等方式为全市水产养殖户提供免费服务,指导帮扶20 000多人次。

2020年,面对突如其来的新冠疫情,孙教授积极探索技术服务和技术推广模式,采用线上线下协同战"疫"的方式,组织线上线下技术推送50多次,开展远程"云问诊"100余次,以"名优鱼类健康养殖技术"为题讲授科技特派员网络公开课1次,7 000多人次收看。帮助企业复工复产,帮助解决一些水产品企业的销售问题,协助保障了名优鱼类等优质水产品的稳定供应。

四、攻克疾病难关,护航渔业产业发展

鱼类疾病是对鱼类健康造成极大影响的主要因素之一,也是水产养殖发展的技术瓶颈。我国目前已经发现的鱼类疾病有几百种,这些疾病不仅会对渔业发展造成不利的影响,同时也会造成较大的经济损失。为此,孙翰昌教授组织科研团队,积极开展重庆市技术创新与应用发展专项重点项目"鲤重大病毒性疾病生物防控关键技术集成与应用"以及名优鱼细菌性疾病防控技术研究,首次建立绿色环保型大鲵健康养殖技术体系,研发大鲵细菌性疾病诊断及致病菌分子检测技术。

首先,根据名优鱼类养殖品种来源及发病时间、临床症状,归纳出烂

腿病、烂尾病、败血病、腐皮病等疾病的流行规律和发病特点，进行组织病理学及致病菌的溶血素、外膜蛋白及丝氨酸蛋白酶等基因特征分析，建立四重PCR法分子快速检测技术，研制致病菌PCR检测试剂盒及检测方法，准确率达98%，比传统检测方法灵敏度、特异性高20%以上。

其次，研发了名优鱼类绿色防控技术。制备了大鲵烂腿病灭活疫苗，预防率达66.7%以上；筛选诃子、五倍子、大黄等135种具有很强抑菌作用的中草药，研制专门针对名优鱼类常见疾病的中草药制剂，治愈率达85%以上。率先提出生物防控理念，构建了"理论先导—检测指向—个体化目标治疗"的疾病生物防控技术模式。

最后，探索建立了绿色环保型仿生态健康养殖模式。比如大鲵养殖，对重庆境内大鲵野生种群生境进行全面调查，弄清楚了洞穴特征、溪流水文、植被群落特征、光照特点、饵料结构等信息，建造了仿生态养殖池、自净式工厂化养殖池等绿色环保型大鲵养殖设施。采用变性梯度凝胶电泳技术研究大鲵肠道菌群结构，系统研究了大鲵肠道内优势菌群的基因指纹图谱，优化饵料组成及投喂频率，提升了大鲵生长速率。

检测鱼类疾病病原菌　　　　　现场检查病鱼临床症状

查看小龙虾成长情况

五、建网络拓市场，服务乡村产业振兴

乡村振兴需要人才，产业发展需要市场，更需要更新管理，跟上新时代的步伐。2018年，"水花"养殖专业合作社就吸引了7名大学生、4名中职生的"鱼二代"回乡，参与到父辈的"水花"产业中来。高效繁育技术攻克后，每年重庆市永川区水花鱼养殖专业合作社繁育的鱼类"水花"（指鱼苗）都有几十亿尾，光靠传统的销售模式已经无法满足产业发展的需要了。于是，孙教授2019年就建议，合作社的养殖户要顺应时代发展，开发网络用户，构建线上销售网络，进一步拓宽"水花"市场。这个建议得到了养殖户，特别是返乡大学生们的响应，他们纷纷在淘宝等网络销售平台上开销售网店，现在合作社社员们的网店生意十分火爆，每天都有大量的订单。每年合作社网上销售营业额多达2 000多万元，具有国家地理标志商标的"永川水花"品牌，更是通过网络销售得到更大推广与发展。

全产业链服务撬动特色产业发展,助推乡村振兴典型案例

张美霞,中共党员,博士,教授,现为重庆文理学院食品科学与工程专业教师,硕士生导师。食品安全管理体系国家注册审核员,重庆市健康管理研究会运动健康专业委员会常务委员,重庆市农产品加工业协会技术专家顾问团成员,重庆市经济和信息化委员会评审专家。

张美霞自2019年被聘为市级科技特派员以后,服务大足区食品企业,带领团队深入生产一线,以提升企业产品质量、增加企业经济效益和农民收入为重点,为区食品企业及相关种植业的发展作出了一定的贡献。

一、以制定企业标准为抓手,提高食品企业安全管理水平

习近平强调,各级党委和政府及有关部门要全面做好食品安全工作,坚持最严谨的标准、最严格的监管、最严厉的处罚、最严肃的问责,增强食品安全监管统一性和专业性,切实提高食品安全监管水平和能力。

在大足区科技服务期间,团队带领相关食品企业深度解读《中华人民共和国食品安全法》,提升食品加工企业的食品安全意识,帮助重庆邓鼎计食品有限公司和重庆市宝顶酿造有限公司根据自身产品特性制定两部企业标准,取得重庆市卫健委食品安全企业标准备案。

二、以产品质量为抓手,提升企业品牌内涵

在科技服务工作期间,团队帮助重庆市宝顶酿造有限公司开发了一款新产品"风味豆瓣",并对原来的红烧肉复合调味料的风味进行了调整。公司根据团队提供的配方,生产后进行了产品品尝鉴定。配方调整后,产品风味有明显改善。2021年,在成都举办的全国糖酒交易会中,该产品得

到了很好的评价,公司获得了2 000多万元的交易订单。

根据新配方生产的试验品;现场品尝会

三、通过产业发展带动乡村振兴,农民致富

  重庆鑫轩冬菜股份合作社主要从事冬菜的种植和粗加工生产,合作社的冬菜种植规模有500多亩,解决了周围很多农户的工作问题,带动周围500多户农民进行了冬菜的种植,每户可以年增收1万元以上。为了持续带动周围农户进行冬菜种植,增加收入,重庆鑫轩冬菜股份合作社拟新建冬菜加工厂。团队协助企业进行新生产线的安装和调试,帮助企业尽快投入生产。新生产线投产后可以增加更多的就业岗位,扩大冬菜的种植面积,提高冬菜产品的附加值,带领更多的冬菜种植户走上致富的道路。

鑫轩冬菜股份合作社进行
腌制冬菜的采样

当地农民进行冬菜的晾晒

四、校企合作，为企业发展续航（学生进企业，企业家进校园）

企业长远的发展，离不开人才的培养，应用型人才的培养，离不开企业的培养和实践。2021年11月，重庆市鼎翔农业发展有限公司总经理李华琼受邀到重庆文理学院跟师生进行现场交流，讨论企业生产与实践教学、科研成果产业化的问题，就企业的人才需要以及重庆文理学院的学生培养模式进行探讨。同年12月，重庆文理学院带领食品科学与工程专业两个班级的19名学生和相关专业教师到企业参观学习，形成了良好的互动交流。

在未来，重庆文理学院将继续推进校企合作，争取与多家食品企业共同建立实践实训教学基地，促进应用型人才的培养，同时也为大足食品企业的发展提供更多优秀的人才。

科技支撑畜牧业,培育涪陵黑猪促农增收

朱丹,本科学历,农业推广硕士,正高级畜牧师,一直在重庆市畜牧科学院科研生产一线,开展猪的遗传育种研究、猪场管理和对外技术服务工作。

自2014年被聘为市级"三区"科技人才科技特派员以来,朱丹长期深入猪场,培育涪陵黑猪,开展技术培训和技术推广工作,以优质的涪陵黑猪作载体、科学的养殖作支撑,为当地生猪产业的发展作出了一定的贡献。

一、提高农业科技化、良种化、机械化、信息化、标准化、品牌化水平,为改善农业生产条件、提升农业综合生产能力和农产品市场竞争力作贡献

作为一名科技人员,她爱岗敬业、求真务实、吃苦耐劳、踏实工作,1997年从四川农业大学本科毕业,先后在重庆市养猪科学研究所育种猪场、育种中心、重庆市种猪场、重庆市畜牧科学院养猪研究所从事畜牧工作。从担任科研项目主研,到后来独立主持市级农发资金项目、特色效益农业项目、市级新型职业农民培训等工作,她一步一个脚印,从最基层的畜牧工作做起,不断积累生产、管理经验。参与国家级重大科技攻关项目3项,省部级攻关项目7项,一般科研项目5项。其中参与的攻关项目有两项分别获得国家科技进步奖一等奖、三等奖,一项获国家品种审定证书。在专业核心期刊和省级专业刊物发表科技论文20篇(含独著、合著),主编了《规模化生猪养殖场生产经营全程关键技术》,参编了《现代实用养猪技术大全》,以第二主编参与了《适度规模猪场高效生产技术》的编稿工作。2013年,项目"渝荣I号猪配套系种猪生产示范与推广"获农业部全国农牧

渔业丰收奖二等奖(排名第一);项目"现代实用养猪技术集成与推广"获重庆市科技进步奖三等奖(排名第三);2011年获"重庆五一巾帼标兵"称号;2018年获"重庆市三八红旗手"荣誉称号。

二、服务基层,促进科技成果转化和新技术新产品的推广应用工作

指导规模猪场开展畜禽标准化示范场的创建,如重庆翰霏生态农业有限公司、重庆牧文农业有限公司等,进行驻场指导,特别是在品种优良化、生产规范化等方面作出了积极的贡献,直到标准化示范场创建成功。该创建工作促使重庆市的生猪养殖技术水平上了一个新台阶,促进了农民养殖户致富增收,规模养殖场增效,经济社会效益显著。

在四川、云南、重庆等地的规模猪场进行驻场技术指导时,她善于发现问题、解决问题。特别是协助合川翰榆农业有限公司开展合川黑猪血缘保护时,她到主产区采样,在查不到任何血缘关系的情况下,果断建议进行遗传距离鉴定,初步组成相对独立的6个血缘基础群,为下一步地方猪遗传资源的保护与利用提供了素材;到中国科学院西南家猪分子育种基地指导滇南小耳猪的保种工作,该基地已投入使用,运行正常。

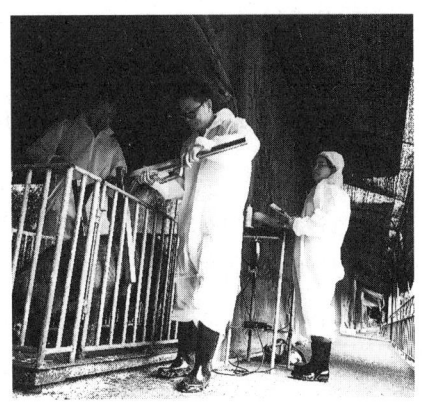

评定后备猪　　　　　涪陵黑猪选育测定现场

三、深入基层，进入猪场，开展涪陵黑猪的培育

作为一名重庆市的科技特派员，朱丹每月到对接帮扶企业开展技术服务1—2次，从事涪陵黑猪配套系选育工作，督促育种方案的落实，及时解决生产中出现的各种问题。涪陵黑猪配套系的选育正按照预期的目标稳步推进，现在群体规模及各项性能指标均达到育种方案阶段性目标要求。

四、发挥科技优势，申报科研项目，助推企业科技力量的提升

积极协助企业申报科研项目，助推企业的科技水平进一步增强，协助"盆周山地猪遗传资源保种场""盆周山地猪遗传资源收集与保存""盆周山地猪基础群建设与一世代选育"等项目的申报和实施。2016年，市级项目"盆周山地猪保种选育及试验示范"圆满完成各项任务指标。2019年，市科技局技术创新与应用发展专项重点项目"涪陵黑猪配套系选育及产业化开发"将涪陵黑猪培育项目作为重点支持的项目。朱丹更是深入猪场，开展选育工作，使项目工作稳步推进，顺利通过中期评估验收。通过科研院所科技力量的投入，共同促进了科技力量在助推地方养猪事业的发展上取得明显成效，较好地完成了科研项目工作。

五、深入一线，攻坚克难，解决现场技术难题，助推产业发展

提出合理化建议，助推企业管理上台阶，取得较好成效。每年现场培训800余人次，及时解决养猪难题30余个。对接帮扶企业发明并推广移动式猪舍（以50—100头猪为规模养殖模式），带动了每个家庭养殖户年增收3万—6万元，有效解决了环保、土地、就业等一系列问题。指导、参与该模式的养殖技术的集成与推广示范，促进了养殖户的增收；还帮扶企业开展了生产、加工、销售一条龙服务，在重庆市范围内开办"涪陵黑猪专卖店"100余家，年产值上亿元，经济效益明显。有重庆市畜牧科学院作为技

术支撑单位,有科技特派员的现场指导,朱丹指导的养猪企业在重庆市养猪行业颇有影响力。企业沙地养猪"种养还原"模式于2018年3月在中央电视台军事农业频道《每日农经》栏目分两期播出,吸引了全国各地的养殖户、养殖场负责人纷纷前来学习取经,辐射带动作用明显,社会效益显著。朱丹服务成效显著,表现突出,2016年4月被重庆市涪陵区授予区县个人科技合作奖,2019年作为科技特派员获科技部通报表扬。2021年12月,中央电视台农业频道《振兴路上》栏目播出科技特派员朱丹培育涪陵黑猪促农增收的故事。

路边摊到小作坊再到全产业链——"张鸭子"的成长之路

夏杨毅,中共党员,工学博士。西南大学食品科学学院副院长、副教授,硕士研究生导师。中国畜产品加工研究会会员,市级科技特派员,担任梁平区特色产业科技特派团团长,"梁平区水禽和甜茶特色食品产业化关键技术集成与应用"重点专项负责人。服务重庆真本味食品有限公司多年。

科技特派员团队与重庆张鸭子食品有限公司合作,使该企业从"小作坊式生产"转变为机械化、规模化生产,成为拥有专业养殖基地、自主营销网点、集研发、生产、经营于一体的、带动养殖、原料、包装、物流等产业链上下游同步发展的,具有完整产业链的集团化公司。现在,"张鸭子"年销售量已达到300万只。

一、不畏艰难,连续多年服务"真本味"创新发展

重庆梁平的"张鸭子"可谓是名声在外,从当年的路边摊发展成为如今重庆家喻户晓的特色小吃,拥有着从养殖、加工到包装、物流的完整产业链,在其发展之路上,凝结着科技特派员的心血和汗水。夏杨毅是西南大学食品科学学院副院长,2019年起至今担任梁平区的市级科技特派员,主要为当地的水禽养殖及食品加工提供咨询服务、技术支持等。

驱车来到一处养鸭场,刚进大门,燥热的空气就夹杂着喧闹的鸭叫声迎面扑来。这处养鸭场既是当地养殖户统一集中开办的鱼鸭共养的水禽示范基地,同时也是国家水禽产业技术体系重庆综合试验站,是夏杨毅和他的团队开展科学研究和科技指导的主要场所。

3万多只种鸭汇成的巨大声浪,冲击着大家的耳膜。在这样的条件下,难免心烦意乱。但是,夏杨毅和他的团队努力平复心情,仔细观察鸭

子的动态,收集数据,耐心解答当地养殖户提出的种种疑难问题。这已经成为科技特派员的工作常态。

鸭圈距离养鱼池仅一条马路,鸭子们挤过一条连接通道,扑通扑通跳进养鱼池里,悠闲自得地畅游起来。

"天太热了,看到它们游,我都想下去游一游了。"夏杨毅笑着说,这些种鸭都是养殖户们的心肝宝贝。俗话说,水至清则无鱼,鸭子游水不仅能促进自身的交配、繁育、生长,还能使水中的浮游生物更活跃,促进鱼的成长。可谓一举两得。

二、科学指导,让养殖户成为"张鸭子"的稳定供货源

夏杨毅指着鸭圈里铺设的那一个个镂空的地垫说,鸭子排泄出的鸭粪都经过上面的小孔漏到了下面的鸭粪池里,工作人员不仅每天清理鸭圈,而且及时用抽粪机将鸭粪池里的粪便抽进储粪车里,然后输送到附近的菜地、果园,用作有机肥料,充分做到了科学养殖,废物利用。

刘道荣是当地的养鸭大户,他说,以前他的养殖规模较小,鸭子年出栏量1万只左右,但是其品种跟当地的鸭子加工企业的要求不吻合,养殖技术也不成熟,因此,销路一直是个问题。在科技特派员对养殖技术的全方位指导下,现在他养的鸭子年出栏量已经达到60万只,并且与梁平当地知名的卤制烤鸭加工企业"张鸭子"实现了产品对接,成为其稳定的供货商,销路不愁了。

夏杨毅说,以前梁平当地的养殖户养的鸭子并不适合"张鸭子"的选料标准,一是养殖比较分散,养的鸭子大小差别比较大,另外,皮下脂肪比较厚,肌间脂肪少,适合做鲜烤鸭,不适合做卤烤鸭。因此,科技特派员团队指导当地农户成立合作社,进行集中养殖。另外,通过品种改良、营养搭配、科学指导,使得养出的鸭子符合卤烤鸭的选料标准,养殖户成为"张鸭子"稳定的材料供应源。

三、全产业链上指导各环节,助力"张鸭子"年销300万只

"张鸭子"是梁平特产,三代祖传卤烤工艺,以干、香、瘦等特色闻名,成为重庆著名特产。解放前,张鸭子创始人张兴海就在街边摆摊卖烧腊。经过几十年积淀的精湛卤艺,通过对活鸭选材、卤料配方、加工方法等的反复实践,最终制成了这一卤烤制品独特的风味。

为了将这一品牌发扬光大,"张鸭子"后来的传承人不断寻求突破,进行改良。近年来,"张鸭子"在继承传统独特工艺的基础上,以西南大学食品科学学院为科技依托,与科技特派员进行合作,抓住原料精选、卤制精工、高温灭菌、真空包装等关键流程,不断提高产品科技含量。

夏杨毅说,与企业接触后,"张鸭子"就向他们道出所面临的主要困难——常温贮藏的产品风味不好,与新鲜出炉的差异大。但低温冷链产品的保质期短,只有2—3天,不利于销售。

为此,夏杨毅项目团队人员实地检测公司生产车间每个环节的产品、人员和生产环境的菌落总数,并制定卤烤鸭洁净生产与品质提升方案,通过生产车间洁净化改造,利用栅栏减菌技术和充氮置换包装来保持品质,延长冷链产品保质期。目前,低温冷链产品保质期已从2—3天延长至10天以上,为产品扩大销售范围奠定了基础。

此外,"团队正在为'张鸭子'新建车间提供技术支持,使今后的卤烤鸭生产迈上自动化、智能化的食品制造之路",夏杨毅说。

上善若水，不负韶华

陈炜，中共党员，重庆文理学院副教授、硕士生导师。现任重庆文理学院化学与环境工程学院科研办公室主任、重庆市科技特派员，入选重庆市环境科技专家库。2018年、2019年连续两年获得重庆市永川区年度"水环境治理突出贡献奖"，2021年获得"感动永川人物"评选表彰。主持和主研重庆市自然科学基金面上项目、重庆市教育委员会科学技术研究项目10余项，横向项目20余项，发表相关学术论文20余篇。

2017年，重庆市永川区将坚决打赢打好脱贫攻坚战和污染防治攻坚战作为重要工作目标，并将临江河流域综合治理作为全区"一号民生工程"。通过重拳科学"治水"、铁腕有力"治病"、系统完整"治根"，2020年的水质稳定保持Ⅲ类地表水标准要求。通过"治理一条河，改变一座城"，带动了全域水生态环境改善。

陈炜，重庆市市级科技特派员，重庆文理学院环境材料与修复技术重庆市重点实验室的一名科研人员，以"抓铁有痕，踏石留印"的态度，投身地方脱贫攻坚与污染防治攻坚工作，体现了一名共产党员和科技工作者的道义担当。

一、走绿色脱贫之路，助力乡村振兴

通过对流域水环境的长期跟踪研究，陈炜发现永川区贫困地区与重点生态功能区在空间上高度吻合，贫困问题与生态问题密切相关。通过生态扶贫，把减贫和生态环境保护结合起来，是独特的减贫方式。他将"消除贫困，生态修复，保护环境，产业致富，改善民生，人地和谐"作为自己工作的出发点。2019年，他结合当前流域生态修复的实际需求，指导市级贫困村宝峰镇龙凤桥村流转原有闲置土地，建立多品种水生植物种植合作社,培育扶贫产业,壮大集体经济。为合作社编制《植物育苗及管理手册》,提供以受援单位水生植物为载体的仿生境缓冲带岸线、局部湿地系统、水生浮体、生态基辅助设施等生态修复关键技术培训。就畜禽养殖、水产养殖等生态治理内容进行业务介绍,就人工湿地类型设计、水生植物选型、出水水质保障等生态基础设施内容进行培训。提高合作社人员专业技能,突出农业"科技"属性,增加合作社现有生态产品附加值,以科学技术助力乡村振兴,先后引导24户贫困户参与"合作社+贫困户"的运作经营。合作社每年营收30余万元,走出了一条绿色脱贫之路,先后被重庆网络广播电视台、永川广播电视台采访报道。

水生植物种植合作社成员分红现场

二、用脚步丈量河道,用汗水书写担当

2018年,永川区流域污染防治攻坚工作伊始,面临河流众多、基础资料缺乏、污染严重的现状,要想从根本上解决河流污染问题,必须摸清"家底",找准"根疾"。然而,绵延上百公里的河岸线,常有荆棘丛生、道路不通等问题,污染问题排查难度极大。虽然现场污染源排查与监测是一项脏、苦、累、险的工作,但他并没有表现出"书生气",而是和环保系统工作人员一起深入河湖一线,"穿山路、踏泥泞、遇风雨、晒骄阳、钻涵洞",沿河

步行累计200余公里,行程15 000余公里,调查干支流150余条,足迹遍及全区23个镇街和3个工业园区,发现干支流污染源95处,监测河湖水质样品3 000余件,在线监测点位选址100余处。为后来的临江河、小安溪、九龙河等流域污染源解析、系统治理与保护积累了大量一手资料。

永川区国控断面现场调查采样分析

三、"三源"统筹齐控制,科研助推显成效

作为环境科研人,将科研成果应用于实践始终是陈炜的科研追求和践行目标。流域污染问题在水里,关口在岸上,为此,他积极倡导"流域统筹、水岸共治、三水融合",对工业源、农村源、生活源"三源"进行协同控制。污染防治攻坚期间,他先后参与制定地方生态补偿管理办法及小流域水质提升技术规范;完成地方河长制工作、农村黑臭水体整治等技术培训10余项;设计完成流域生态基流、生态湿地与流域水质达标方案15项,场镇污水处理厂尾水湿地14处,面积近2万平方米,得到了中国环境科学研究院、重庆市生态环境局、永川区委、区政府的高度肯定,被永川区融媒体中心采访报道。针对渝西地区特殊的流域环境,他通过200余公里的徒步调研,掌握了高水利负荷条件下微污染、富营养化初(中)期河道的自然特征,形成了以分散型污水处理、自然水体原位生态修复等为主体的流域

综合治理整装技术体系,为区域水环境稳定达到Ⅲ类水环境标准提供了重要支撑。

习近平总书记曾指出,新时代是奋斗者的时代。只有奋斗的人生才称得上幸福的人生。奋斗是艰辛的,艰难困苦、玉汝于成,没有艰辛就不是真正的奋斗。10多年前,陈炜光荣地加入中国共产党。党组织的教育培养,"时代楷模"的带头引领,让他将为党奋斗、为国奉献、为民服务的"红色基因"融入了血脉。回望过去,陈炜说,他只是脱贫攻坚战与污染防治攻坚战的一分子,荣誉是对过去工作的肯定,他将继续以奉献诠释忠诚,以担当践行使命,以实干创造实绩,不负韶华,继续贡献自己微薄的力量。

小柠檬、大未来，科技帮扶添活力

周令国，九三学社社员，重庆食品工业研究所有限公司教授级高级工程师，高级营养师，国家注册营养师，执业药师（中药），高级科技咨询师。国家科技进步奖评审专家，活性物质生物技术教育部工程研究中心技术委员会委员，重庆市食品安全地方标准专家委员会成员，重庆市中小企业专家委员会副主任，重庆市农产品加工业协会专家委员会主任。长期从事食品科学与工程、食用农产品精深加工、食品质量与安全、高新技术在食品行业中应用研究、健康食品研发与成果转化、食品质量安全检测与食品质量安全标准等方面的研究与开发。

柠檬，个头不大，却含有多种营养成分，是很好的营养健康食品和烹饪原料。潼南柠檬现已成为潼南区现代农业优势产业和"闪亮名片"，按照"规模化种植、标准化生产、智能化赋能、品牌化培训"的思路，潼南区正在加快做大做强柠檬产业链、价值链、生态链。作为潼南区选派到重庆檬泰生物科技有限公司的市级科技特派员，周令国根据潼南区农业绿色发展、乡村振兴需要，整合资源建立科技特派员专家团队，以柠檬为主要抓手，紧紧围绕产业链条延伸和培育特色产业，集成创新特色柠檬资源培育与产业链条延伸关键技术，通过技术培训与引领，提升精深加工工艺及产业化水平，全面培育壮大潼南柠檬特色产业，助力产业振兴与绿色发展。

一、具体做法

通过现场技术指导与讲解、座谈交流与答疑、实用技术培训、电话咨询与网络咨询等多种方式，坚持因地制宜、突出特色，积极整合政府、社会和市场资源，培训和指导企业关键技术人员，提高企业技术团队的技术素质，为柠檬深加工产品生产线的建设和技术队伍建设起到良好的作用。

一是抓住需求,突出重点,明确服务方向。坚持以科技服务和帮扶为中心,重点围绕发展柠檬特色产业,体现市场需求和区域特色,以企业当前阶段的发展需求为出发点,结合自己的专业特长,明确当前的服务方向和主要内容。周令国在服务企业的前期了解到当时企业正处于建设的初期,主体工程建设虽已完工,但是还需进行生产线建设,因此把服务工作的重点定在围绕协助企业建设产品生产线、产品质量检测与控制、产品工艺改善等方面,开展各种类型的科技培训和技术服务。

二是搞好调研,增强互动,解决实际问题。科技特派员工作的开展离不开当地科技局、服务企业、个人所在单位的支持与配合。在企业的高度配合下,周令国对企业的近远期发展规划、产品品类、市场定位等做了调研,并在服务期间与企业建立了良好的互动关系,到企业工厂和车间进行现场技术指导10余场次,协助柠檬加工生产线建设的工程实施,推动柠檬科技创新项目和柠檬深加工产品生产线建设的顺利实施,攻克柠檬高品质果胶生产工程技术中的难关,解决柠檬深加工产品研发中的技术难题,开发柠檬果胶软糖、高品质柠檬果汁、柠檬即食片等终端消费新品,达到了预期的目标。在助推硬件建设的同时,周令国还指导团队编制生产工艺规程、质量标准、作业指导书等技术文件,为生产质量管理奠定了技术基础,助推软件建设。

三是整合资源,协同联动,提高服务效果。在潼南区科技局的精心指导下,他围绕柠檬种植端、加工端、销售端,协助建立基地示范带动、组织开展技术培训、开展科技帮扶服务、示范推广新技术等;积极牵线搭桥,推动科研单位、高等院校同加工企业合作,用高新技术和先进适用技术改造提升传统加工工艺,加速实现科技与经济结合,着力发展和培育特色柠檬产业。他坚持科技服务下沉,把论文写在大地上,并积极推进科技成果转化,提高服务效果。

二、取得的成效

结合自身和单位的专业技术优势,周令国在柠檬深加工产业方面积极组织项目,以项目为载体,通过开展科技培训和技术服务,提高企业科技示范和辐射带动能力,有力地促进了科技与经济有效结合,加快农业产业结构调整和优势特色产业发展。

一是通过科技培训,传播了先进科学理念和科技知识。在潼南区科技局的大力支持下,周令国在重庆檬泰生物科技有限公司建立了柠檬全产业链科技特派员工作站,建立"科技特派员工作站+公司+基地+农户"的科技带动模式。依托该工作站开展培训1场,培训30人次,围绕农产品精深加工、食品质量与安全、食品标准及法律法规等方面进行宣讲与传播,增强企业管理人员与生产人员的安全生产意识,提升其食品安全意识。

二是通过技术服务,起到了积极的带动作用和引领作用。根据企业的需求,开展现场技术服务10余次,帮助企业建立了果胶软糖生产线和柠檬饮料生产线,协助其取得了食品生产许可证,配合企业进行产品质量安全检测。深入开展调研,大胆实践,充分发挥科技特派员的参谋作用、带动作用和桥梁作用。依托科技特派员工作站,经过分析问题、科学谋划,筹谋了科技特派员团队项目。整合科研资源,针对柠檬产业开展一批关键技术开发与集成,并积极探索在加工企业进行推广应用,以产生良好的带动作用和规模效益,起到积极的技术引领作用。

科技特派员工作是一面镜子,体现了科技工作者新时代的精神与情怀。周令国及其团队决心继续肩挑重担与责任,稳步推进工作,按照利益共享、风险共担的原则,采取结对子、技术入股等合作模式,把技术、信息、管理等多种生产要素有效导入企业,实现合作双赢。他表示将继续当好科技普及"推广员"、当好科技发展"调研员"、当好农业科技"服务员"、当好科技产业"领航员",继续擦亮当地柠檬产业这张"金名片"。

科技助力黄金薯结硕果

许洪富,秀山土家族苗族自治县农业综合服务中心副主任,高级农艺师,全国最美农技员之一。

自2019年12月担任重庆市"三区"科技人才科技特派员以来,许洪富牢记粮食生产年年抓紧,科技助力鲁渝协作产业发展,让黄金薯在秀山喜结硕果,实现最大单薯重0.72公斤,最高亩产3 076.40公斤,取得历史性突破。

一、具体做法

一是科技协作。东西部扶贫协作战略部署山东省对口帮扶重庆市,山东德州市结对帮扶重庆秀山土家族苗族自治县。乐陵希森马铃薯产业集团有限公司位于山东省德州市乐陵市,是一家马铃薯育繁推一体化企业,其培育的"希森6号"单季亩产高达9.58吨,创造了世界马铃薯单产最高纪录,凭借产量高、薯型好、芽眼浅、黄皮黄肉等特点,深受薯农和消费者喜欢,被称为"黄金薯"。2019年8月,秀山扶贫办组织第一书记和33名致富带头人到山东德州培训学习,考察了乐陵希森马铃薯产业集团有限公司"希森6号"马铃薯产业,认为可以引进试种。9月27日,县脱贫攻坚办召开引进山东德州优质马铃薯种植座谈会,座谈会上许洪富发言。他作为中国作物学会会员、重庆市特色粮油油菜专家指导组专家、县粮油产业技术指导组组长,凭着对马铃薯的专业研究,在会上提出三点建议意见。"希森6号"通过全国农技中心审定登记,在丰都、松桃试种表现较好,不抗晚疫病的弊端可以采取绿色防控的方式去除。县领导当场决定让许洪富担任"希森6号"马铃薯产业扶贫项目负责人。适逢10月16日世界粮食日、10月17日国家扶贫日,乐陵希森马铃薯产业集团有限公司首次走进秀山助力马铃薯扶贫产业,德州市科技局同秀山县经信委签订《科技助推马铃薯产业扶贫协议》;12月26日秀山被国家马铃薯工程技术研究中心列入全国15个希森系列马铃薯新品种推广应用示范区。2021年,许洪富承担乐陵希森马铃薯产业集团有限公司、西南大学合作"鲁渝科技协作项目·优质马铃薯新品种引进与高效种植应用"试验示范工作。

二是编制方案。主持编制《2020年东西部扶贫协作·"希森6号"马铃薯产业扶贫项目实施方案》,方案已由县人民政府常务会议审议通过并印发;编制《2021年马铃薯高产攻关项目实施方案》,方案经县农业农村委领导班子成员扩大会议审议同意。

三是采购物资。2020—2021年,两年累计采购"希森6号"马铃薯原种446.78吨、一级种65.00吨、绿色防控物资3 490.72公斤、马铃薯晚疫病预警监测仪3套、马铃薯专用肥33.60吨、生物有机肥67.20吨;2020年元旦节,首车33.76吨"希森6号"马铃薯原种"穿着棉袄"从2 000公里外的内蒙古自治区商都县种薯基地运来秀山,发放到深度贫困镇——隘口镇平所、新院等种植项目村;2020年1月6日446.78吨种薯全部调运到位,首次引进38个马铃薯新品种进行试验。

四是狠抓培训。采取"消毒拌种、起垄盖膜、精准施肥、绿色防控"等关键技术,推广"马铃薯专用肥80公斤/亩+生物有机肥160公斤/亩"的施肥模式,针对不抗晚疫病,采取"拌种+杀菌剂+杀虫剂+叶面肥+增效剂"绿色综合防控技术,邀请国家马铃薯工程技术研究中心、重庆市农技推广总站、西南大学专家现场指导26人次,采取分块分片流水作业,确保技术指导到位,让农民用最好的技术种出最好的粮食,累计培训、现场指导146期次,培训3 672人次。

五是分级销售。首次在秀山实行马铃薯分级销售,采取"农商+超市+食堂+电商"模式,召开销售协调会2次,组建销售协会、微信销售群,发布销售信息,制作项目标识牌53块、商品薯专用包装箱10 000个,产品入驻山水隘口、智博电商销售,进入大华、佳惠等超市,医院、政府机关等的食堂,远销酉阳、武隆、涪陵、花垣、保靖、松桃、铜仁、贵阳等地的批发市场。

六是奖项评选。首次在马铃薯产业开展"兴益丰"奖项评选活动,设置最高亩产奖1名(奖2 000元)、最佳种植贫困户奖1名(奖1 000元)、单薯重奖10名(各奖200元)。经专家组对70块地的现场测产和20个参赛单薯重样品的评选,清溪场镇茫洞村彭安忠获最高亩产奖(2 512.370公斤/亩);梅江镇兴隆坳村建卡贫困户杨胜刚获最佳种植贫困户奖;最大单薯重奖为宋农镇中山村建卡贫困户尹全获得,他种的马铃薯单重达到0.720公斤,清溪场镇南龙村王红顺以所种马铃薯单重0.715公斤获第二名、官庄街道雅都村王世成以所种马铃薯单重0.705公斤获第三名、清溪场镇凉水村建卡贫困户杨文斌以所种马铃薯单重0.700公斤获第四名。

二、取得成效

一是项目带动效果明显。争取项目资金310万元,21个乡镇街道75个村居367户种植面积2 747亩,落实试验区15个,平坝区乌杨街道陈斌种植场"希森6号"垄作净种生长期60天,亩产达1 707.52公斤;丘陵区钟灵镇旺龙村雷林红"希森6号"垄作净种生长期45天,亩产1 097.77公斤,比本地品种平作净种的541.94公斤增102.56%;山区兰桥镇正树村陈佑忠"希森6号"平作净种生长期60天,亩产1 155.91公斤,比本地品种的252.65公斤增357.51%;高山区溶溪镇石板村张艺仙"希森6号"平作净种生长期55天,亩产1 253.76公斤,比本地品种360.93公斤增247.37%;清溪场镇平阳村杨成中"希森6号"垄作净种生长期70天,亩产2 286.20公斤,比本地品种827.70公斤增176.21%;官庄街道白杨社区侯小英"希森6号"垄作净种生长期45天,防控区亩产1 538.92公斤,比第四次未防控区974.65公斤增产564.27公斤。梅江镇兴隆坳村建卡贫困户杨胜刚等4人种植5亩,产量10.50吨,纯收入1.20万元;里仁镇上川村建卡贫困户石敦松等4人种植11亩,产量20.00吨,纯收入1.50万元;宋农镇中山村建卡贫困户尹全等3人种植15亩,产量26.25吨,纯收入3.00万元;组织带动建卡贫困户403户,1 657人,带动建卡贫困户人均增加收入1 406.80元。

二是增产效果显著。2020年5月18—19日,县脱贫攻坚领导小组办公室邀请重庆市农业技术推广总站17名专家组成专家组测产验收。测产结果："希森6号"马铃薯起垄净作平均亩产2 064.74公斤,商品率81.13%,比对照组1 230.00公斤增产834.74公斤,增67.87%,商品率高11.61个百分点,总产4 650吨,总产值达837.00万元,增效349.26万元。一年两种"希森6号"秋马铃薯测产结果:平均亩产1 296.70公斤,比对照组603.50公斤增产693.20公斤。2021年5月18日经国家级专家组测产验收,"希森6号"垄作平均亩产2 350.30公斤,比本地品种常规种植亩产1 098.82公斤增1 251.48公斤;比对照组鄂薯5号亩产1 533.62公斤增816.68公斤,增53.25%;"希森6号"垄作高效栽培最高亩产3 076.40公斤,实现历史性突破;累计增粮457.09吨,成为武陵山区薯民保供稳粮增收脱贫致富的好产业。

三是宣传报道增多。秀山网、秀山手机报、秀山电视台、齐鲁网、武陵山传媒网、重庆日报农村版、城乡统筹发展网等媒体宣传报道希森薯业走进秀山助力马铃薯扶贫产业、"德秀""联姻"书写中国扶贫故事、重庆秀山来德州"取经"扶贫项目、山东"黄金薯""远嫁"秀山结硕果、秀山农业农村委首次引进38个马铃薯新品种进行试验、秀山开展2021年"鲁渝科技协作项目·优质马铃薯新品种引进与高效种植应用"测产验收工作等,共计25篇次。

传统农业新写意,种地道好粮的三问答卷

熊英,副研究员,在重庆市农业科学院水稻研究所从事水稻育种科研与技术推广工作。主持和主研完成国家级及市级科研项目12项,获重庆市科技进步奖一等奖2项。

重庆酉阳官楠村坐落在酉阳土家族苗族自治县浪坪乡西北部武陵山脉深处,曾是全市88个深度贫困村之一,域内山峦起伏,沟壑交错,为典型的喀斯特地貌。官楠村东与黔江区接壤,西与彭水相连,海拔700—1 200米,拥有肥沃的土地、天然的水源、独特的气候、传统的农耕模式,是传统的优质稻产地。

在助推乡村振兴的过程中,官楠村深入推进农村改革创新,充分激发农村发展活力,加快发展特色农业,加强基础设施建设。昔日的穷山沟正化茧成蝶,展翅欲飞。

重庆市农科院水稻研究所科技特派员熊英利用自身研发优质稻的优势,通过稻米提质增效,三年来,在"怎么做?做得怎样?怎样才能做得更好?"的自问中砥砺前行,交出了一份充满山区特色的答卷。

一、怎么做

(一)选产业,找瓶颈

在与浪坪乡、官楠村相关负责人进行详细交流的过程中,有人提议培育草莓苗。"官楠村多阴雨,土壤也不合适",相关专家否定了这一提议。又有人提议:"种蔬菜呢?"专家认为当地"受山区小气候影响,春季气温、水温和地温回升较慢,秋季降温较早,冬季温光资源缺乏,不适宜发展需要快捷运输的果蔬产业"。多重否定后,最后决定发展立足资源、生态条件和市场需求的优质稻特色产业。从更换品种、革新种植技术两个方面,推动优质稻发展,实现水稻生产降成本和提质增收。

(二)"量身定制"一个品种

气候优势是山区优质稻生产的先天基因,而选择合适的品种,成为发展产业的头等大事,早熟、抗病、优质是选择的基本原则。现有品种普遍生育期偏长,低海拔直播抽穗灌浆易受高温伏旱危害,中高海拔后期温度难以保证正常结实灌浆。针对丘陵山区田块零碎、土质黏重的状况,适宜山区种植的部标二级米品种"神9优25"无疑是"量身定制"的品种。该品种比大面积推广品种生育期短10天左右,还抗稻瘟病,提高了生产的安全性;米质达部颁二级优质标准,能满足加工企业的需求。

(三)农业产业的工业标准化

有了"量身定制"的品种,还得有种植的良法,给人"鱼"也给人"渔"。这套植根于酉阳的农作技术,被称为"直播轻简种植技术"。2018年,一张时间表,构建了优质稻技能扶贫的联动模式。

4月,种子、肥料、农药及培训资料全面落实到位,并分发到户。

5月,驻地培训、手把手示范直播栽培。

6月,针对施肥、除草剂施用、田间管理等问题进行培训,一一落实。

7月,两虫两病防治全程指导。

8月,山野稻田换上了耀眼的新装,乡村渐渐变成了金色的海洋。1 200亩优质水稻硕果累累。

人手一册的《优质稻配套栽培技术手册》,像极了工业生产的操作书。在农业生产的田间地头,农业生产开始有了工业化生产的雏形。

农人们每周能收到3次专题天气预报和相关的农事管理建议,便于提前采取科学的稻田灌水调温、施肥除草除虫等措施。面临长达一个多月的炙烤,稻田也未见旱象。

二、做得怎样

当优质水稻验产时,大伙儿惊喜地发现,水稻分蘖数多在28株以上,每一株有上400颗谷粒。放在以前,分蘖数有22株、每株有300颗左右谷粒的稻谷都算是长得好的。

官楠村村支书任位凤说，水稻的种植效益不断增加，无论产量、品质都超过往年，已经实现增产32.6%。守着稻田的农民尝到了甜头，全村205户贫困户都种上了优质水稻。

"想都没敢想，祖祖辈辈都没见过水稻直播这种种植模式。"种了40多年水稻的任祥安老人连连赞叹，从初期的怀疑到如今的信任，言语中处处透露出丰收的喜悦。任祥安老人高兴地说："今年种植的优质水稻产量、品质都超过往年，而且病害明显减少。我们村原来种植水稻，火蜢（稻飞虱）、穗颈稻瘟常年高发，但是今年在专家们指导下种植的优质稻在拔节期前一次药都没有打过。"

水稻淹水直播技术指导

2019年3月，酉阳城建集团来酉阳浪坪乡官楠村收购优质稻谷。48岁的谢大学将装满稻谷的麻袋，搬上了三轮车，赶往场镇。由于是优质稻谷，价格从以往的1.3元/斤涨到2.6元/斤。谢大学家的稻谷一上秤，正好7 000斤，2.6元一斤，就是18 200元。这样的收入让谢大学意外。"真得感谢重庆市农科院的专家们……，要是没有科学的选种和精心的技术指导，优质水稻就不能实现真正的价值。"

官楠村1 200亩的优质稻产业，惠及农户472户，覆盖11个村民小组，每户增收约3 500元，这些都是实实在在的数据。

成功打造的生态、绿色、健康的"酉楠香"优质稻米品牌，通过了农产品气候品质认证，为官楠村乡村振兴注入了新的活力。

三、怎样才能做得更好

"养儿不用教,浪坪官楠走一遭。"在渝东南地区素有这么一句老话,意思是官楠村的生活艰苦落后,是一个锻炼下一代艰苦创业精神的"好地方"。官楠村从困境中站了起来,但科技特派员关注的目光还不能移开,帮扶的手更不能挪走,要让它发展得更稳、更远。

2022年,重庆与山东农科院、山东农业大学合作的项目"水稻—羊肚菌高产高效轮作技术集成与示范"已在酉阳初见成效,打造了一个山地特色农业产业的示范样板。乡村振兴任重道远,熊英和她的团队将把"藏粮于地,藏粮于技"的思想贯穿基层实践全程,持续前进。

以2022年科技特派员工作远程培训会的感悟之诗作为结语:

"三农"工作勇当先,

智慧策略是关键。

成果技术作保障,

最终实效来体现!

科技增茶香,荒山变金山

钟应富,中共党员,重庆市农业科学院茶叶研究所研究员。国家级"三区"科技人才、重庆市科技特派员、重庆市茶叶技术创新战略联盟理事长、重庆市茶叶学会常务理事、重庆市茶叶商会副监事长、重庆市山地特色效益农业茶叶产业技术体系加工研究室主任。荣获中国茶叶学会全国优秀茶叶科技工作者、重庆市化医农林工委"金牌工匠"、中共重庆市农业农村工作委员会优秀共产党员、中共巴南区委组织优秀挂职干部等荣誉。先后主持各级科技项目28项,参与课题30余项,获科技成果奖6项,其中重庆市科技进步奖二等奖2项、三等奖2项、国家农牧渔业丰收奖三等奖1项、神农中华农业科技奖三等奖1项;成果登记16项,申报专利26项,已授权20项,其中国家发明专利10项、实用新型专利10项;发表科技论文近100篇。

自参加科技特派员工作以来,钟应富研究员长期深入茶区一线,推广茶叶科学技术,带动茶区产业发展,以实际行动践行习近平总书记"要统筹做好茶文化、茶产业、茶科技这篇大文章""绿水青山就是金山银山""一片叶子,富了一方百姓"等关于茶叶产业的重要论述。

一、理清发展思路,及时找准产业出路

作为云阳县科技特派员,钟应富研究员深入分析制约当地茶产业发展的难题,发现当地茶企茶类生产转型不及时、茶叶生产加工技术与装备落后,大量茶山遭荒弃,茶产业一度萧条不振等问题。对此,他多次和当地公司(重庆龙缸茶业有限公司)管理层商议企业发展目标、产品定位、经营模式等,确定了以"高山、绿色、富硒"为特色的产品定位,走高品质、差异化的发展道路,制定了公司年度经营目标、产品种类、组织模式和营销方案等。建立了以"龙缸云雾"牌系列名优绿茶为主,云阳白茶、龙缸功夫

红茶为辅的产品体系。同时,利用夏秋茶原料,开发高山沱茶,拓展公司产品结构和加工体验项目,提高了当地茶资源利用率和经济效益。

二、夯实生产技术,大力提升产品竞争力

针对当地茶园老化、产量低等问题,钟应富研究员协助茶园更新扶壮改造技术,制定逐步换种方案,引进优质、高产、高抗茶树新品种5个,使公司基地的茶叶品种由单一的川茶群体种向多品种协同发展,为多元化产品开发奠定基础。为突出绿色发展理念,确保茶叶优质安全,他常年督促公司严控质量水平,确保产品质量安全。同时,他在云阳茶区推广茶园绿色防控技术、"减药、减肥"生产技术,对茶园病虫害做到提前发现、提早防预,并采用杀虫灯、色板等设备及生物制剂、植物源农药等药剂,及时修剪和采摘,防治茶园病虫害,做到了零化学农药施用,公司基地也顺利拿到了有机茶认证。针对公司人员加工技术差的现状,他每年坚持不少于10天的蹲点指导,现场传授名优茶手工制作、名优茶机械化加工、功夫红茶加工等技术,先后为公司培养加工技术骨干20余名,其中一名技术人员获2018年重庆市首届斗茶大赛十佳手工制茶能手称号。在生产过程中,钟应富也时刻不忘创新工艺,根据当地原料特性,研发多款茶叶新产品,组织研发的"龙缸云雾"牌名优绿茶、龙缸功夫系列红茶、云阳沱茶、云阳白茶等产品多次荣获行业评比金奖,实现了茶山原料的高质化利用。产品丰富了,产品质量也得到消费者的普遍认可,公司效益自然增加了。企业收购的原料越来越多,当地老百姓采茶务工的收入也多了起来,企业发展也就更有信心了。

三、以点带面,多方共谋茶产业发展

为改变云阳县茶叶生产技术落后、茶叶企业效益低、茶农生产积极性低等问题,钟应富研究员先后组织策划了云阳县茶叶产业发展研讨会2次、重庆市科技特派员工作会议2次,邀请市内茶叶专家20余人次为龙缸

茶业有限公司及云阳茶叶产业发展出谋划策。组织茶叶生产实用技术培训5次，培训茶农300余人次，申报实施各类科技项目4个。通过系列课题研究、技术培训、专题研讨等方式，不仅提高了当地茶叶种植、管理和加工技术水平，还增强了茶农的积极性，提升了企业的信心。

四、敢于比拼，积极提升茶企认识

在对口帮扶前期，当地加工工人并不接受钟应富研究员的新工艺、新技术、新想法，认为自己做的茶叶已经很好了。钟应富研究员主动与工人从手工制茶到机械制茶，从加工工艺到产品质量，进行全方位"大比拼"。工人们喝了他做的茶后，不得不承认差距，自然就服气了，跟着学起了新工艺、新方法。在增加产品线时，公司多数股东发表了看法：茶叶本来就不赚钱，还要增加设备和包装，不是更亏吗？钟应富多次与股东们沟通，耐心讲解茶产业形势，公司基地原料优势和问题，产品结构设想及目标定位等。得到股东认可后，工作开展起来也就顺利多了。

五、强化质量，全面推广企业产品

功夫不负有心人，重庆龙缸茶叶有限公司生产基地通过了中农质量认证中心的有机茶园认证；其研发的龙缸云雾、歧阳秀芽等茶叶产品先后荣获"中绿杯"全国名优绿茶评比金奖、重庆市"三峡杯"名优茶评比金奖、"中茶杯"全国名优茶评比一等奖等荣誉，其中歧阳秀芽在2018年第二届中国国际茶叶博览会上，以优异的品质荣获金奖，是重庆市仅有的四大金奖名茶之一。通过指导策划举办采茶节，编排龙缸云雾茶艺表演，"特农淘"网上推荐等形式，加强宣传，促进销售，企业经营规模年增速保持在20%以上，利润也是逐年增长。公司也由一个不知名的小微企业成长为重庆市农业产业化的龙头企业、重庆市十佳茶叶企业。

经营利润逐年增长，带动了茶山发展，几乎荒废的茶山又焕发出新的生机，茶叶产业已成为当地农民的主要经济来源和乡村振兴的支柱产业。

第四章 个人风采

现场商议新品种引进和传授种植技术

手把手传授制茶新工艺、新技术

培训会上讲解新理论、新方法

深入一线当好"农技员",十年付出助推产业发展

李秀珍,果树学硕士,重庆市林业科学研究院林业高级工程师。主要从事核桃等木本油料树种品种选育及技术研究与推广工作,具有较强的科研能力和丰富的基层科技服务经验。

李秀珍同志从2014年开始先后被重庆市丰都、云阳、巫山和酉阳聘为科技特派员("三区"和市级),长期深入生产第一线,针对核桃产业发展中的关键技术问题,潜心研究,为广大林农实现可持续脱贫增收奠定了基础,为重庆市核桃产业发展提供了有效的科技支撑,为重庆市林业科技扶贫和乡村振兴工作作出了突出的贡献。

一、脚踏实地选育核桃良种

重庆核桃科研起步晚,为解决重庆缺乏核桃良种和配套丰产栽培技术,核桃不结果或难稳果的难题,团队在引种和选种两个方面开展品种选育工作。通过建立核桃品种比较示范园,从20多个引进品种中筛选出"渝城1号"和"清香"两个比较适合重庆栽培发展的核桃品种,在重庆已推广20余万亩。

二、研究集成核桃良种配套丰产栽培技术

多年来,通过各科研项目和大量的实地技术指导,集成了相对适宜重庆高温高湿、寡日照条件的核桃丰产栽培技术体系,包括高接换种、整形修剪、土肥水管理和病虫害防治等技术。

三、科技引领打造核桃核心示范园

自2015年以来,李秀珍带领核桃团队积极推进核桃优良品种及其配套丰产栽培技术成果的示范应用,已在城口、巫溪、巫山、云阳等十几个地区帮助企业、专业合作社和大户建立"渝城1号"高产示范基地2.5万余亩,辐射带动种植核桃十几万亩。在城口高观镇双竹村建立高产示范基地106亩,2021年干果产量达到152公斤/亩,产值达4 560元/亩,产量和收益均取得突破性进展。在彭水乔梓长寿村、云阳洞鹿青康村、巫山龙溪老鸦村和马岭村、巫溪中梁乡等核桃基地,通过高接换种和科学管护,一个又一个基地改写了不结核桃的历史,产量也逐步提高。这一批示范基地为全市核桃低效林改造起了良好的示范作用。

四、科技助推林农增收

作为一名科技特派员,李秀珍带领核桃团队长期奔走在核桃科研与产业发展的第一线,及时了解产业发展动态、企业和林农的需求,积极总结,为各级林业主管部门提供决策依据并积极建言献策,用扎实的专业技术知识和兢兢业业的工作态度在广大核桃种植户和各级组织中树立起了良好的口碑,为重庆市核桃产业发展提供了有效的科技支撑,为重庆市林业科技扶贫和乡村振兴工作作出了突出的贡献。"核桃大树全树冠嫁接方法"获得第三届"中国林业产业创新奖"。2019年,李秀珍获得第四届"中国林业产业突出贡献奖";2020年,获得重庆市林业局事业单位集中开展脱贫攻坚专项奖励;2021年,获得国家林草局第一批"最美林草科技推广员"荣誉称号。

(一)服务基层,不畏艰辛

李秀珍和她的技术推广团队足迹遍布重庆十几个核桃产区,他们常年奔走在田间地头开展培训,指导广大种植户和基层单位的核桃产业发展。无论刮风下雨还是严寒酷暑,她总是不畏艰辛,累计集中培训300多场次,直接指导林农15 000余人次。2019年的正月十五,大家都在过元宵,可李秀珍还在城口重点乡镇培训修剪技术。有种植户非常关心地问,"今天是元宵节,李老师怎么不回家?"李秀珍说,这是修剪的关键季节,她还有十几个区县需要去,如果错过了修剪的时间,那对园子的影响就太大了。在当天的培训中,天空飘起了雨夹雪,看到那么多的种植户都听得很认真,李老师毫不保留地一直亲自纠正与指导。雨雪湿透了李老师的羽绒服,她还是坚持将现场操作讲完。李老师因此患了重感冒,第二天几乎说不出话了。她十分焦急,因为还有一个乡镇安排了培训,都已经通知好了种植户。李老师接下来的时间都预约排满了,等到在其他区县讲完再返回来培训就晚了,怎么办呢?她坚持用极嘶哑的声音配合手势讲要点,让重庆市渝鲁林业发展有限公司技术员周相波代言详细解说,基层组织和种植户都十分感动。城口高观镇渭溪村的党支部书记彭书章说,这样能吃苦、肯为老百姓付出的专家很值得敬重,告诫核桃种植户要好好按照李老师教的方法去实施,否则对不起人家的付出。每当看到那些企业、大户、种植户因为种植的核桃品种不对路,管护方法不当,核桃树长不好,没收成时,李老师就特别想帮助他们。那些种植户眼巴巴地望着她,在农户口头上、电话里一口一个"李专家"的期盼中,她又整理好行李,毅然踏上行程。

在云阳指导核桃幼树春季管理

在石柱石家乡指导核桃高接换种后的管护

(二)舍小家顾大家

长期与孩子分离,让她对孩子心生歉意。孩子一听到她出差就眼泪汪汪,小脸上常常挂着与年龄不相符的焦虑与忧伤。孩子经常问:"妈妈,为什么一定要出差?"她说:"春天来了,我们要去指导别人怎么种核桃,春天不种,秋天怎么有收获呢?"慢慢地,孩子就说:"妈妈,我不喜欢春天,因为一到春天你就老是出差。"夏天到了,孩子又问:"现在不是春天,为什么还是要出差?"她说:"现在下雨多,核桃容易生病,妈妈要去给核桃治病,要不也收不到核桃。"孩子从此也不喜欢夏天。其实没有哪个季节是不出差的,孩子不喜欢没有妈妈陪伴的每一天。

(三)排忧解难,让企业起死回生

彭水有一位姓唐的老板,建了一个500多亩的核桃园,因品种不对,又非常缺乏技术,唐老板倾其所有,连县城唯一的商品房都卖了,也没换来任何收成。几经周折,在绝望之际他遇到了李秀珍。李老师通过他的描述,大概了解了园子的情况,但暂时没时间去他的基地。为了节约时间,也为了让唐老板增长见识,李老师带着他跑了十几天,让他多去看看别人的基地。他后来明白了自己园子的问题,也学到了许多核桃园管护的实用方法。出差回来后,李老师组织核桃团队去他的基地,通过现场诊断给出了调整与管理建议。2019年3月,李老师团队帮助唐老板对不结果核桃树进行了高接换种,对一部分核桃树开展针对性管护。2019年和2020年两年时间,李秀珍团队十几次奔走在彭水,唐老板的核桃园终于在2020年和2021年初见成效,让企业见到了希望。在收获之际,唐老板激动地告诉记者,是李秀珍老师救了他的命。

种下"致富竹",让荒山变"金山"

童龙,硕士,现为重庆市林业科学研究院林业中级工程师,国际竹藤中心博士。主要从事竹林可持续经营基础理论与技术研究,包括竹林高效栽培、乡土竹种开发利用、竹类种质资源收集、营林措施对竹林生长的生理整合影响等研究。

童龙自 2017 年被聘为市级科技特派员服务丰都县三建乡竹产业以来,攻坚克难、不辞辛劳,开展产业发展技术咨询服务、品种选择研判工作、栽培技术推广工作,致力于把笋竹产业变成推动竹产业高质量发展、助力乡村振兴的绿色产业。

一、科学研判,优化产业布局

作为重庆市原 18 个深度贫困乡镇之一,三建乡的脱贫帮扶工作是难啃的"硬骨头"。全乡以传统种养殖为主,土地多为山坡地,农户增收渠道单一。在充分调查摸底,掌握资源分布、水土特点、基础设施、生态环境、新型经营主体等情况后,针对当地的竹类品种单一、竹笋采摘期短等突出问题,童龙提出了全新的竹产业发展思路——"四季笋"。将以雷竹、楠竹为中心的发展思路调整为以雷竹、高节竹为主,红哺鸡竹、刺黑竹、绿竹等笋用竹种为补充的发展思路,根据各竹种的出笋期不同,选择几个竹种进行合理搭配,以实现四季供笋的全新发展模式。事实证明,这个调整更符合三建乡的资源禀赋,更有利于当地竹产业的发展壮大。大规模种植笋竹让群众实现了增收。此外还建议竹农按照农旅结合发展的思路建设"竹林人家",传播"吃竹笋,清脂刮油"的理念。

二、示范推广,助力增收致富

小竹笋,大价值。近年,丰都县三建乡竹子种植面积从几亩发展到现在的6 500余亩,其中雷竹覆盖提早出笋地块亩产值超过1.5万元。起初,当地农民对竹子如何栽植、管护、经营等都不是很清楚,面对这一情况,童龙首先从"竹子是什么"这一问题入手,利用形象的比喻向竹农解释。新竹栽植的当年会发出多根笋,这时需要及时疏采,但是对竹农来说,采了笋,痛在心里。"新竹笋就像你家里新出生的人口,人口越多,就会吃不饱,穿不暖,长不好。但是我们要是根据自身的条件进行有计划的生育,每一个笋就会得到较好的照顾。"这是童龙和竹农进行技术交流的常用方式,将专业知识变成通俗易懂的"段子"。在幼林管护中创新管护模式,提出就地取苗,实现种养一体化,即种植差的地块补苗从种植好的地块直接购买,这样不仅能提高竹农积极性,还实现了竹林的管护,一举多得。童龙长期驻扎丰都县三建乡,深入开展笋竹产业科技服务。针对三建乡雷竹分布结构不合理、立竹分布不均匀、成林速度慢、立竹细小等突出问题,通过示范操作,及时指导当地竹农采取"适时、适地、适量"留笋挖笋的方式,应用就地分苗、肥水管理等集成技术,促进丰产栽培。据2022年初步统计,三建乡雷竹笋较2021年增产5倍以上,带动2 600余人就业,竹农每亩增收400元左右。

丰都三建乡开展采笋技术培训

雷竹覆盖技术培训　　　　　　林下栽植大球盖菇技术指导

三、质量把控，丰富营销渠道

为了提高雷竹笋的保存时间及产品质量，童龙围绕笋用林基地培育以及竹笋采挖主题开展多次技术培训，讲解雷竹采挖的技术要点、笋竹留养原则等，现场操作示范、举例说明。同时按市场要求（统一生产技术、统一质量标准、统一包装、统一使用产品标识）的方式，组织农户实行规模化生产，使其建立市场化意识。农户通过磨合多种物流、渠道的方式，优化用工、物流成本结构，从销售渠道和供应链角度积累经验，为后期长期运营打造核心竞争优势。

针对雷竹笋的销售问题，童龙积极牵线搭桥，在三建乡采取了直播带货主推加批发渠道兜底的策略，联系重庆竹笋加工企业及时收购，解决销售难题。在确保不出现竹笋积压、烂在地里的情况下，同时推动农产品销售向传统电商平台如京东、拼多多扩展，力求建立稳定的市场化销售渠道，形成一套长远的销售方案模板。2022年采笋以来日均销售3.52吨。其中，直播带货日均销售1.5吨；传统电商平台日均销售0.5吨；竹笋加工厂日均销售1.5吨；现场零售日均0.2吨。同时，竹笋售价根据市场价格动态调整，前期冬笋平均售价每斤10元，春笋平均售价每斤2.8元。

四、提升附加值，拓宽增收渠道

由于雷竹出笋早，正常鲜雷竹笋收获期只有一个月。采用早出高效覆盖栽培技术，冬季雷竹笋的价格可高达20多元一斤，比春天的竹笋价格高数倍。竹笋亩产值一般在1.5万元以上，最高可超过4万元，可使经济效益提高5—8倍，同时还可以使雷竹笋的采摘期延长70天左右。2021年底，童龙开始尝试反季节覆盖雷笋，经过反复试验，将雷竹笋期从3月份提早到春节前。覆盖雷笋成功上市，2022年每亩产量达1 000公斤，亩产值超过1.5万元，经济效益显著。同时，为进一步优化三建乡笋竹产业结构、增加竹笋产品种类，着力提升三建乡产业竞争力，全力助推三建乡乡村振兴示范点建设，在重庆市林业局科技处的支持下，童龙推进了"优良笋用竹——绿竹及其高效培育技术推广与示范"项目在三建乡落地，建立高标准高品质鲜食笋绿竹栽培示范基地60亩。建成投产后，按第三年后稳定产笋700公斤/亩以上，单价14元/公斤计算，则该示范基地每年可实现销售收入58.80万元以上，经济效益显著。由于目前全乡的部分竹林还处在未成林阶段，竹林综合效益低，下一步拟通过拓展竹林林下发展空间，充分利用竹林地资源发展"林下经济"，开展竹菌、竹药等复合经营技术示范推广，提高竹林地的利用率和产出率，促进竹林增效、竹农增收，建立科技示范园以起到示范引领的作用。通过开辟切实可行、合理有效的产业发展新路径，帮助三建乡实现"造血"功能，走上长效、稳定的乡村振兴之路。

五、乡村振兴，贡献科技智慧

2021年5月，作为重庆市林业局派驻丰都三建乡产业指导组成员，童龙同志在三建乡围绕"栽种好，管护好，卖得好，分配好"的思路，逐地块、逐村、逐产业将开展调查摸底，以村为单位制定产业管护方案。将土壤贫瘠的地块，坚决调出产业管护范围，让其自然成为生态林，避免盲目投入、无效投入；对于"水土不服"的产业，能够换品种的就高换嫁接，不能换品种的就换成其他产业；针对"参差不齐"的产业，根据产业成长状况、实际需要,对症下药,精准施策,实行"网格化、精细化、绩效化"管理。他同时发挥自身专业优势,积极建言献策,查找产业问题,开展技术指导,联系行业专家,开展科技帮扶,积极推进示范基地的建设,引进新技术,提升笋竹产品附加值,得到了当地政府与百姓的充分肯定。

把科技论文写在田间地头，助力油橄榄产业提质增效

朱恒星，博士，高级工程师。现任重庆市林业科学研究院森林资源利用所副所长（主持工作），重庆市奉节县科技特派员副团长，曾获重庆市优秀科技特派员称号。

朱恒星自2018年被聘为市级科技特派员服务奉节县油橄榄产业以来，依托油橄榄科研项目和成果，助力奉节不断加快良种选育和技术推广工作，同时，积极深入油橄榄产业一线，驻扎在油橄榄基地，积极服务当地龙头企业和农户，开展油橄榄技术指导和培训，加快油橄榄全产业链专家团队建设，全面助力奉节县油橄榄产业提质增效和高质量发展，为当地乡村振兴作出了积极的贡献。

一、科技攻关，加快优良品种选育

重庆市是国内最早开始引种栽培油橄榄的地区之一，现阶段，重庆市油橄榄产业主要集中在以奉节县为主的长江三峡低山河谷地带，奉节县部分乡镇以油橄榄为重点发展产业。但是在油橄榄引种栽培过程中，存在适宜良种较少、品种配置不合理、病虫害严重等问题，产业效益还需进一步提升。2018年以来，朱恒星带头组建了重庆市林业科学研究院油橄榄研究团队，共有核心成员6人，其中高级工程师2人，工程师4人，持续开展油橄榄新品种引进、试验研究、示范推广、技术培训、合作交流等工作。朱恒星牵头主持的"重庆地区油橄榄良种选育""油橄榄落叶落果及病虫害综合防控关键技术集成与示范""油橄榄特异种质'三峡1号'生产特性评价"等市级科研项目，在油橄榄良种选育、高效栽培、苗木繁育、病虫害防治、低效林改造等方面取得系列成果。项目实施期间，在奉节县建立了3个科技示范基地，引进30多个油橄榄品种，申报了6个省级良种，取得了省级科研成果12项，发表科技论文10余篇。"莱星"和"鄂植8号"2个

良种,已成为奉节当地的主要栽培品种,产量和品质良好,有力地带动了当地油橄榄产业的发展。

二、示范推广,带动产业提质增效

依托"油橄榄丰产栽培技术""佛奥油橄榄良种示范推广""油橄榄良种'科拉蒂'及提质增效技术推广"等中央林业科技推广项目,科技特派员朱恒星联合奉节当地的久源公司、金峡公司和武摇公司等油橄榄龙头企业,在五马镇建立了丰产栽培示范基地200亩,在鹤峰乡建立了提质增效示范基地100亩,在甲高镇建立了高产示范基地200亩。在"油橄榄良种'科拉蒂'及提质增效技术推广"项目实施过程中,采取"林科院+久源公司+村合作社+种植户"的四方合作模式,由林科院技术团队提供全程技术指导,久源公司负责沟通协作,村合作社和种植户负责在油橄榄基地实施低效林改造和科学管护。通过开展高接换优、整形修剪、保花保果和病虫害防治等技术措施,油橄榄基地产量连续3年稳步提升,由改造前的60公斤/亩增加到150公斤/亩,每亩增收720元。不但有力地带动了当地老百姓增收致富,也为油橄榄公司培养了一批油橄榄技术骨干,同时在当地推广辐射提质增效技术500亩。

三、培训宣传,提高种植管理水平

市级科技特派员的职责,是不断将最新的科技成果,充分地推广和应用到生产一线,为产业的高质量发展,提供强大的技术支撑和保障。针对奉节县油橄榄目前管理模式粗放、技术推广薄弱的现状,科技特派员朱恒星带领团队,不断摸索和总结,编制了《油橄榄丰产栽培技术规程》《油橄榄高接换优技术手册》《油橄榄苗木繁育技术手册》和《油橄榄常见病虫害防治技术手册》等实用技术规范和手册。联合当地林业局和龙头企业,在五马镇、鹤峰乡、朱衣镇、甲高镇等地,累计开展苗木定植、整形修剪、田间管理、保花保果和病虫害防治等技术培训15次,共培训林农500余人次,发放技术手册1 000余册,推广1种新型长效保护剂和2种高效防虫剂。通过技术宣传培训,不断提高当地种植人员的管理水平,为油橄榄产业高质量发展奠定了坚实基础。

朱恒星在奉节县开展油橄榄整形修剪技术指导

朱恒星为县科技局领导和专家介绍基地建设情况

四、建言献策，助推产业科学壮大

截至2019年底，奉节县共发展种植油橄榄面积约13.5万亩，但与国内外种植区域相比，总体产量还处于较低水平，主要存在低效低产林占比较大的问题。科技特派员朱恒星在向奉节县林业局、科技局等主管单位汇报工作时，根据长期在奉节油橄榄产业一线的工作实际，提出奉节油橄榄产业发展势头较好，重点应放在进一步提质增效方面，应加大品种改良、低效低产林改造、适宜种植园水肥一体化建设等项目的实施。

下一步，随着建在奉节县鹤峰乡的重庆市油橄榄研发中心平台的投入使用，朱恒星带领的油橄榄研究团队将通过产学研合作开展技术创新，继续开展良种引进及选育、油橄榄山地及丘陵高效栽培、品种改良、水肥一体化高效栽培、油橄榄加工副产物高效利用等关键技术科研攻关，引领产业创新发展，助推产业科学壮大，全面助力乡村振兴。

五、团队建设，夯实产业全面发展

2020年，依托市科技局特派员专项项目，朱恒星首次选择科技特派员团队模式，希望借此构建油橄榄产业集成技术体系。当年10月，通过自主选择、区县协调，重庆工商大学教师冯敏、西南大学教授郭启高、中国农科院柑研所江东研究员等7人组成了科技特派员专家团。朱恒星带领团队着重研究油橄榄专用肥；郭启高推广了"心形"修剪技术；江东将柑橘轻基质容器育苗技术运用到了油橄榄育苗之中；冯敏发现油橄榄果渣可发酵作肥，目前正在研究加工发酵技术，还开展了橄榄醋、橄榄茶等产品的加工研究。"大家的专业方向各不相同，凑在一起形成合力，就能形成从品种选择到种植、加工等环节的产业配套技术，助力产业链的构建，服务效果更好。"科技特派员朱恒星总结道。

穿行在希望的田野

张兴端,中共党员,研究员。现任重庆三峡农业科学院副院长,国家甘薯产业技术体系万州综合试验站站长,重庆市万州区科协第五届兼职副主席,重庆市第五次党代会代表。曾获全国农业先进工作者、重庆市第四届先进工作者、万州区优秀共产党员、万州区"平湖英才"、重庆市优秀科技特派员等称号。

张兴端自2013年先后被选派为国家级"三区"科技特派员、重庆市科技特派员以来,一直帮扶万州有关乡镇扎实开展科技服务。近十年来,张兴端总是很忙,不是扎进科研试验田间进行科学数据观测,就是在考察贫困乡村乡间田野。作为科技特派员,先后对接帮扶万州4个乡镇、5家企业,还有不计其数的农户,引导帮助因地制宜发展杂粮、玉米、甘薯、马铃薯等产业,为乡村产业发展作出了显著贡献。

一、真心开展特派员帮扶

张兴端生在农村、长在农村、工作在农业战线,对农业科研和农民群众有着深厚感情。作为科技特派员,张兴端始终把农业产业发展放在心上,把群众期盼的事记在心里。2013年,张兴端作为市级科技特派员帮扶重庆市佛印山农业开发有限公司,该公司在市级现代农业园区建设有5000亩猕猴桃基地,为解决猕猴桃苗期遮阴和土壤有机质较差的问题,张兴端建议猕猴桃套种糯玉米,从播种到收获,多次深入基地,带着种子和技术资料,为当地农民开展现场教学和技术培训。2015年服务于重庆万羡农产品有限公司,在万州恒合参与建设特色杂粮生产基地,开展基地规划、环境监测、技术培训、试验示范、高产指导工作。指导公司成功申报"智汇田园星创天地",为第二年打造恒合千亩特色杂粮无公害生产基地,做好了坚实的技术储备。2016—2017年一直服务于万州恒合土家族乡玉都村,开展晚熟脆李、烤烟、中药材等产业发展和技术帮扶工作，对口帮扶万州区大梁山中药材种植专业合作社，指导合作社建设中药材标准化生产基地。2018年，对接万州区人头寨果蔬专业合作社，开展技术培训、试验示范、现场指导，建设无公害优质特色蔬菜基地265亩，春季菜用辣椒和秋季四季豆（菜豆）生产销售情况良好。引进叶菜型和淀粉型甘薯新品种5个，开展集中育苗技术培训和现场指导。2019年以来，一直帮扶万州区龙驹镇的重庆市乡下香农业开发有限公司，规划指导玉合村甘薯科技示范园建设，带领甘薯特派员团队引进淀粉型、鲜食型和叶菜型23个甘薯品种，到龙驹镇玉合村开展品种筛选试验示范，邀请行业专家现场指导甘薯手工粉皮加工技术和营销策略。

指导万州区恒合土家族乡玉都村蜂糖李示范园建设

在万州区龙驹镇指导淀粉型甘薯筛选试验栽插工作

指导重庆市乡下香农业开发有限公司甘薯集中育苗工作

二、精心实施科技特派员专项

2018年,张兴端受万州区科技局委托主持重庆市科技特派员专项工作,面对如何发挥280万元的专项经费的最大的经济效益和社会效益问题,他同万州区科技主管部门,多次会商,从特派员精准选派、服务村筛选、服务协议拟定、经费管理、过程监管、服务成效考核等方面细化方案,围绕万州晚熟柑橘、茶叶、中药材、蔬菜等主导产业和干果、花椒、脆李、草食牲畜等特色产业精准选派科技特派员。选派56名市级科技特派员和112名区级科技特派员深入贫困乡镇和贫困村,服务扶贫产业,实现万州区19个重点贫困村和龙驹深度贫困镇所辖21个村(居)科技特派员选派全覆盖,累计引进新品种113个,推广新技术129项,解决技术难题166个,新品种新技术示范推广2.3万亩,培训农民502人,服务新型农业主体36个,培育新型农业主体13个,累计新增产值1 221.6万元,获得良好社会反响。

作为深度贫困镇万州区龙驹镇的甘薯产业的发展指导专家,张兴端同志带领甘薯良种创新团队积极参加万州区科协组织的科技专家以产业助推深度贫困村脱贫行动。作为区科协兼职副主席,张兴端同志主动请缨,从三峡农科院科协挑选了20名农业专家,由万州区科协统一部署,带领专家团队深入全区19个深度贫困村,为当地发展集体产业出谋划策、开展产业咨询和技术指导服务。并与万州区科协一起为深度贫困村产业项目编写科普宣传海报。为了让科技助力活动更加接地气,张兴端带领专家服务团队在深度贫困村开展现场教学,在田间地头直接为乡镇农业服务中心技术人员和贫困户讲授田间管理要点、示范技术要领,用通俗易懂的语言为群众答疑解惑,确保参加培训的群众看得懂、学得会、做得来。

三、用心投入科普宣传

作为万州区科协兼职副主席、万州区老科协副会长,张兴端同志穿上科技特派员专属的红色马甲,多次同农业科技、医疗健康专家一起深入乡村,举办知识讲座,宣传党的政策,深入田间指导,让科技助力乡村振兴,让党旗在基层高高飘扬。在万州区白土镇大林村举办甘薯科技知识讲座和进行田间现场指导,从甘薯简要概述、传播途径、生产情况、产品消费四个方面宣讲甘薯基本知识和产业发展前景,为当地薯农答疑解惑。甘薯在粮食短缺年代是救命食物,而今正朝着适宜淀粉粉条加工的淀粉型、红心紫薯食用的鲜食型、市民蔬菜专用的叶菜型方向快速发展,成为广大消费者餐桌美味和健康保健佳品。在后山镇天元村讲授甘薯品种选择、高效栽培和加工新技术。在茨竹乡马家村对甘蓝、萝卜等蔬菜产业开展技术培训,深入田间指导蔬菜病虫害绿色防控技术。

为贯彻落实党中央对全面巩固拓展脱贫攻坚成果同乡村振兴有效衔接的重要部署,中央组织部、教育部等联合向西部10省(区、市)160个国家乡村振兴重点帮扶县选派科技特派团。张兴端同志有幸被选派到重庆彭水,指导服务甘薯产业。张兴端表示,将牢记习近平总书记对科技特派员的谆谆嘱托,继续当好党的"三农"政策宣传队、农业科技传播者,助力脱贫攻坚与乡村振兴的有序融合,为科技支撑乡村振兴添砖加瓦。

生姜科技特派员助力丰都乡村振兴

黄科,中共党员,重庆文理学院园林与生命科学学院(特色植物研究院)生物系主任,教授,硕士生导师。主要研究领域为特色经济作物脱毒繁育与高产、高质栽培。荣获2018年度重庆市科学技术奖科技进步奖一等奖等。主持、主研国家及省部级项目24项。编制重庆市地方标准4项,授权国家发明专利4项。以第一作者或通信作者在 Plant Disease, Posthavest Biology and Technology 等农林顶级期刊发表论文20余篇。荣获重庆市2013年优秀科技特派员、2018年服务乡村优秀教师称号。

生姜是重要的香辛保健蔬菜,单产经济价值高,但"姜瘟病"容易导致减产与毁田。"三区"科技人才黄科在重庆市雨汨农业科技有限公司通过10年的技术指导,建立了生姜优质种姜三级繁育技术体系;集成了生姜高质高效栽培技术;选育了生姜新品系2个。重庆市雨汨农业科技有限公司已成为重庆市市级科技型企业、丰都县农业龙头企业、新型职业农民田间技术培训学校。公司发展势头良好,优质种姜与配套栽培技术在西南地区得到了广泛推广。

2012年的夏天,某个炎热的日子,重庆市雨汨农业科技有限公司生姜种植大户陈双权,慕名来到重庆文理学院拜访生姜组,寻找不带菌的幼苗。经过深入交流才知道为了种好生姜,他到过全国生姜主产区学习,也上过不少当,却苦于无果。为什么陈老板对生姜栽培技术如此痴迷?

生姜是世界各地广泛食用的香辛保健蔬菜,是"清肺排毒汤"重要的药剂成分之一。据联合国粮农组织(FAO)统计,中国生姜的栽培面积、总产量和出口量均居世界首位。生姜已成为我国出口创汇的重要蔬菜,也是西南地区优势特色蔬菜。重庆全市生姜总栽培面积约17万亩,总产量约32万吨,单产经济价值高,经济价值约25亿元。所以生姜是重要的特色经济作物。

但生姜栽培过程中易发生"姜瘟病"。病原在种姜和土壤中越冬，成为翌年的初侵染源，再侵染，导致"姜瘟病"的暴发。种姜无性繁殖过程中累积大量病原的特点，加重了"姜瘟病"的暴发。正因为"姜瘟病"严重，会导致减产与毁田，陈双权才到处寻访解决之道！

作为"三区"科技特派员，重庆文理学院黄科同志在重庆市雨汩农业科技有限公司开展系统技术指导与新品种引进，集成了生姜种姜、仔姜高质高效栽培技术规程，降低了"姜瘟病"的发病率，提高了生姜产量，使陈双权摆脱了种植生姜多年的困境。

一、生姜优质种姜三级繁育技术

针对生姜无性繁殖累积大量病原的难题，引进"竹根姜"组培苗，进行原原种、原种、生产种的三级繁育。繁育过程中组培苗进入大田是三级繁育的第一步也是成功的关键一步，穴盘苗由温室进入大田，由于其生长环境的改变，易染病，造成幼苗枯萎。通过定点现场关键技术服务指导，保护地栽培，适时药物组合克服穴盘苗移栽成活率较低的问题。

通过黄科等科技特派员4年的扎根基层技术服务，重庆市雨汩农业科技有限公司已掌握脱毒生姜三级繁育技术，每年生产携带病原少、复壮的优质种姜约500吨。在重庆市丰都、涪陵、万州、璧山、石柱等地区以及海南等地推广应用。

科技特派员黄科(左一)指导生姜幼苗田间繁殖

二、生姜高质高效栽培技术集成

针对土壤病原积累、病害再侵染的问题,以及栽培过程中劳动成本过大等相关问题,发明了"短行播种、纵横开厢、深沟避病、土壤微生态处理"的新型栽培模式。边起垄边播种的短行播种生姜直播技术,减少了生姜生产环节,降低了劳动成本;纵横开厢、深沟避病的栽培模式,使姜田形成梯度排水,降低了田间湿度,减少了"姜瘟病"发病率;土壤微生态处理后,优化了土壤中微生物群落结构,提高了土壤有机质含量,土壤中有效氮、磷、钾的含量,降低了病害发生率,提高了生姜产量和质量。

采用生姜高质高效栽培技术集成,在包鸾镇花地堡村拦河坝建立生姜标准化栽培示范区60亩。2018年在极端天气情况下,生姜现场测产平均亩产约3 400公斤,2019年、2020年连续测产,生姜平均亩产约4 500公斤。

科技特派员黄科(左三)指导生姜高质高效栽培

三、生姜新品种的引进

鉴于重庆地区栽培的"竹根姜"品种的"姜瘟病"发病率高、产量低的状况,黄科与陈双权多次到四川乐山、山东莱芜、重庆荣昌等生姜优势栽培地区实地考察、调研优势种姜,希望从中选育抗病性更强、产量更高的优势品种。经过努力，从全国主产区收集了多份种质资源，并选育出2个较优势品系。2020年在鲁渝协作项目支持下引进"鲁中大姜"新品种，在丰都栽培成功，平均亩产为6 750公斤，比当地群体品种"竹根姜"增产30.3%，增产效果显著。

四、帮扶成效

陈双权2013年获评丰都县本土农业优秀人才，生姜新品种与生姜高质高效栽培技术在西南地区广泛推广，丰都县生姜从2010年的零星栽培，发展到当前年栽培面积约8 000亩的规模，一跃成为继荣昌、江津后的重庆生姜第三大产区。

重庆市雨汩农业科技有限公司与山东的协作更加紧密。2021年邀请济南市农业科学研究院蔬菜专家李庆芝老师担任重庆市雨汩农业科技有限公司的科技特派员。重庆文理学院、济南市农业科学研究院、重庆市雨汩农业科技有限公司将在生姜新品种引进、姜种轻简化栽培、生姜机械化栽培、连作障碍克服等方面展开联合技术攻关，进行更深入的研究。

城口来了个"疯"专家

姬聪慧,中共党员,硕士,副研究员。现任中国养蜂学会蜜蜂饲养管理专业委员会副秘书长,重庆市蜂业学会副秘书长。曾获全国农牧渔业丰收奖二等奖1项,全国农广校多媒体教学课件一等奖1项,连续两年被评为重庆市优秀科技特派员。

姬聪慧自2014年被聘为"三区"科技特派员服务城口县蜜蜂产业以来,走遍城口县各养蜂乡镇,跋山涉水,从不退缩,认真推广中蜂养殖新科技,推动城口蜜蜂产业稳步发展,为城口县蜂产业的提质增效作出了一定贡献。

一、摸底调研,为产业谋发展

进入城口县伊始,姬聪慧就着眼全县蜂业大局,从最基础的家底摸排着手,开展全县蜂产业基础数据调研,用两年时间完成了城口县境内蜜粉源植物资源调研,共计调查了78科173属228种蜜粉源植物的花期及蜜源价值情况,并根据调研结果科学地预测了全县蜜粉源植物的理论载蜂量和最大载蜂量,为当地产业部门提出了全县蜜粉源植物保护开发利用建议。同时,姬聪慧申报了城口县科技局基础研究项目"城口县中蜂种质资源评价",科学评价了城口县中蜂种质资源生产性能,挖掘了城口县中蜂抗寒高产这一生产特点。为了更好地服务城口县蜂产业发展,姬聪慧联手当地产业主管部门,编制了《城口县中蜂产业发展规划》,从城口县养蜂现状及未来发展考虑,把城口县划分为不同的产业功能区,设计了蜂产业体系建设的年度计划,并完成了该规划的目标任务。

二、引经送宝,产业发展换新颜

在摸清城口县中蜂产业家底之后,姬聪慧积极推广中蜂科学养殖技术,现场实地培训蜂农,传授中蜂活框养殖技术,从基础的蜂群管理、病害控制到精细的人工分蜂、人工育王操作技术,无一不耐心详细地教授示范。经过姬聪慧的长期推广示范,城口县的中蜂活框饲养率从最初的30%提高到90%,中蜂产品品质上升,产品价格从每斤30元上涨至每斤60元,中蜂饲养标准化、规范化程度更是明显提升。为了进一步提升城口县中蜂产业养殖效益,姬聪慧多次邀请全国知名产业专家莅临城口县,为城口县中蜂产业发展出谋划策,指导城口县中蜂产业现代化发展之路。同时姬聪慧积极建议城口县政府打造中华蜜蜂之乡和中华蜜蜂保护区,经过多方协调及长时间的工作筹备,姬聪慧协助城口县政府成功申报"中华蜜蜂之乡""重庆市中华蜜蜂保护区"。

姬聪慧(右一)在咸宜镇开展技术培训并捐赠蜂群

三、提质增效,产业带动迎新生

蜜蜂产业作为高产低耗、清洁无污染的高效产业被纳入产业扶贫工作之中,迎来了新的发展机遇,在全国各地得到广泛的推广。姬聪慧抓住全国发展蜜蜂产业这一机遇,结合城口县中蜂产业发展目标,把城口县东安镇兴隆村建成中华蜜蜂产业特色村,建立城口县中华蜜蜂保种场1个,打造了一条从燕子河到黄安坝的产业发展线路,设置了1个产品生产基地,1个蜂群繁育基地,8个示范点,实现了"1条线2个基地8个点"的总体布局。为了促进城口县中蜂蜂蜜产品多元化、高质化,姬聪慧引进巢蜜规范化生产技术,指导企业、基地开发巢蜜,建立巢蜜生产基地1个,规范蜂产品市场行为,形成蜂产品市场"质高价优"特色,为城口县土蜂蜜品牌及口碑的打造提供了良好的市场环境。

姬聪慧(右一)在巴山镇院坝进行技术培训

姬聪慧(演讲者)在城口电商园集中技术培训现场

姬聪慧（左一）指导东安镇蜂蜜加工厂建设

四、引凤来巢，打造全产业链

随着城口县中蜂产业的蓬勃发展，其发展链条急需完善。姬聪慧积极协助当地政府招商引资，引进蜂产品加工企业——重庆花千源蜂业有限公司，从基地管理、产品生产到产品上市销售及售后等整个产业链条指导企业发展，把控企业产品品质，树立企业品牌形象。目前，公司在城口县委、县政府和县级各部门的大力支持帮助下，已建成城口中蜂全产业链供应服务体系和农产品销售服务体系，注册"花千源"中华系列、"年百汇"大巴山蜜系列等品牌，年销售额已突破2 000万元。

姬聪慧（左二）指导重庆花千源蜂业有限公司产品升级开发

蔬菜栽培助力乡村振兴

罗云米,九三学社社员,农业推广研究员。现任重庆市农业科学院蔬菜花卉研究所蔬菜栽培研究室主任,农业农村部西南地区蔬菜科学观测实验站副站长、重庆市人力资源和社会保障局乡村振兴服务团领衔专家、重庆市现代农业科技服务咨询专家、重庆市科协助力乡村振兴学会联合体首届执行主席、重庆市农学会蔬菜专委会主任、西南大学外聘教师,奉节和酉阳特聘专家。主要从事蔬菜品种选育、技术研发与推广工作,主持主研省部级及以上科研项目25项,获科技奖励7项,选育蔬菜品种7个,出版专著4部,发表论文50余篇。

罗云米自2010年以来,先后被选派为国家"三区"科技人才,重庆市、九龙坡和酉阳科技特派员,服务云阳、潼南、九龙坡、酉阳、璧山、铜梁、城口、巫溪、奉节、石柱、丰都、南川、万州、巴南等区县蔬菜企业和贫困村。服务期间,重点针对产业"卡点""难点",采取科技示范、现场观摩、技术培训、咨询指导等多种形式开展科技服务,提高了蔬菜生产水平,促进了产业提质增效,增加了企业和菜农的收入,较好地助推了全面巩固拓展脱贫攻坚成果同乡村振兴的有效衔接。因服务成效明显,被重庆电视台、奉节电视台、酉阳电视台、巴南融媒体中心、潼南融媒体中心、经济参考报、中国劳动保障报、中国组织人事报、重庆日报、西部开发报、人民网、华龙网等媒体宣传报道30余次。2013、2019年度获"重庆市优秀科技特派员"等荣誉称号,2018年度荣获"重庆产学研创新贡献奖"。

一、科技示范,助推产业提质增效

针对"品种""技术"产业瓶颈,以农产品供给侧结构性改革为契机,根据脱贫攻坚对科技提出的新要求,以项目实施为载体,以帮扶企业和村集体经济组织等为重点,进行科技示范。累计引进展示蔬菜新品种500余个,应用30余个,推广轻简优质高效生产技术(材料)10余项,累计推广应用10余万亩,新增经济效益5 000万元以上,有力助推了产业提质增效。

二、科技服务,助力全面脱贫攻坚

2014—2019年间,作为国家级"三区"科技人才服务云阳县上坝乡巾帼辣椒种植股份合作社,创新提出"合作社+基地+农户"经营模式,指导企业注册"上坝红"商标,完成"良好农业规范(GAP)"认证;巾帼辣椒种植股份合作社获"全国科普惠农兴村"先进单位、"全国农业专业合作社示范社"、"全国巾帼现代农业科技示范基地"等称号。服务期间,累计示范加工辣椒新品种8个,推广基质育苗、除草膜覆盖、色板诱杀、绿色防控等新技术10余个,举办培训12场次,545人次参加,发放资料2 000余册(张);并指导企业在云阳龙角、凤鸣、高阳、红狮、泥溪、清水等地种植加工辣椒5 000余亩,带动云阳、巫溪、奉节、开州等区县的15个乡镇31个村(其中贫困村13个)、7 000多户农户(其中贫困户280个)种植加工辣椒10 000余亩,产值4 000余万元,户均增收3 000元以上,帮扶企业被树为产业扶贫典型在全市宣讲交流。同时,其服务对象"酉阳浪坪乡官楠村党支部"和"潼南区宝龙镇严寨村党支部"获"全国脱贫攻坚先进集体"称号。

罗云米(左一)在云阳黄岭蔬菜专业合作社青龙街道马沱蔬菜基地
进行蔬菜水肥一体化技术应用及管理指导

罗云米（右一）在酉阳浪坪乡官楠村对辣椒规模种植大户进行田间管理及病虫害防治技术指导

三、科技培训，增强发展内生动力

罗云米还利用科技特派员身份，积极编著《茎叶蔬菜安全高效栽培技术》《蔬菜无土栽培》《蔬菜栽培技术》《主要蔬菜作物应急栽培技术》等著作4部，编写《高山蔬菜生产》《蔬菜病虫绿色防控》《蔬菜集约化育苗》《蔬菜轻简高效栽培》等科普读物22种；采取"三位一体"模式，举办讲座50余次、培训3 097人次；科技下乡12场次，发放图书1 000册、技术资料15 000份；接受咨询350人次、解决难题145个；培养本土人才15名，增强了蔬菜产业发展内生动力。

四、科技援藏，助力藏区产业发展

2014—2020年间，受重庆市农科院委派，以及重庆市科协、昌都市农业农村局等单位邀请，先后8次分赴西藏昌都芒康、左贡、察雅、类乌齐、卡若等区县进行科技服务。编制《昌都地区蔬菜产业规划（2014—2020）》，实施科技项目5个，科技示范100亩，开展培训5场，共培训200人次，发放资料1 000册，较好地促进了昌都市蔬菜产业发展。

五、技术输出，缓解维和生活困难

2018—2020年间，受陆军后勤部采购供应局委托，主笔编写了《陆军维和部队农副业生产指导手册》，并分赴昆明、吉林、天津等地，对105名维和官兵进行了4场技术和实操培训，极大地提高了维和官兵生产技能，有效缓解了南苏丹、马里、黎巴嫩等维和营区"吃菜难"的问题。

六、科学指导，减轻各类灾害损失

在为企业和村社进行科技服务的同时，罗云米还及时针对蔬菜生产中出现的高温、干旱、洪涝、冷冻及疫情等灾情，通过实地指导、专题讲座等形式，技术指导200余人次，发放应急手册1 000余份，有效减轻了各类灾害对蔬菜生产造成的损失。撰写的25条意见建议被市级部门采纳，2条获分管市领导批示。

既然七分是山，那就把山变成金山

陶伟林，重庆市农业科学院蔬菜花卉研究所研究员。从事蔬菜新品种选育、新技术研发、科技扶贫工作近40年，2011年被评为"全国扶贫开发先进个人"，2019年被评为"全国优秀科技特派员"，是科技部通报表彰的优秀科技特派员之一。

山峦起伏、沟壑纵横、耕地破碎、保水不易、土质贫瘠……"七山一水二分田"的环境，严重制约着传统农业的发展。既然七分是山，那就干脆依山顺势，把山变成金山。来自重庆市农业科学院的市级科技特派员陶伟林，在武隆、奉节、巫溪等国家级贫困高山地区以蔬菜产业为扶贫抓手开展科技扶贫工作。十多年来，他每年平均深入山区和田间地头工作日都超过170天，他的工作主要是筛选适宜品种，助推产业发展。

一、筛选适宜品种，助推产业发展

农以种为先。多年来，根据区县生态条件并结合市场需求，通过科技项目资金支持，先后育成适宜山区栽培的秋实1号甘蓝、秋冠萝卜、春帅丝瓜等蔬菜新品种6个；提纯贫困山区优质蔬菜品种武隆花豆、綦江赶水萝卜等地方品种4个；引进甜柿番茄、尚品大白菜等蔬菜新品种327个；示范展示艳椒425、日本寒胜甘蓝等优良品种48个，累计面积达104 870亩。为促进贫困地区的产业结构的调整、蔬菜品种的更新换代和蔬菜产业的发展起到了助推作用。

二、推广适用技术，带动脱贫致富

多年来在区县积极推广先进适用技术：一是深入田间地头实施和指

导蔬菜育苗、定植、施肥、病虫防治等试验示范工作;二是研发基质穴盘育苗技术、蔬菜嫁接防病技术、高山避雨栽培技术、高山十字花科蔬菜根肿病综合防治等先进技术9套,累计示范面积22万余亩,直接经济效益达5.16亿元,极大地激发了农民参与利用科技种植蔬菜脱贫致富的热情。由他亲自指导的潼南区太安镇灌坝村、武隆区双河乡木根村等被评为"重庆市蔬菜专业示范村"。武隆区双河乡木根村由原来的深度贫困村变成了如今以蔬菜产业引领乡村旅游发展的明星村,为引导地区蔬菜产业发展和致富起到了模范带头作用。

陶伟林(提塑料袋者)指导荣昌区铜鼓镇高山地加工辣椒整地施肥

陶伟林(蹲下者)指导武隆区双河镇铁炉村番茄整枝打杈

陶伟林(右二)指导武隆区登峰种苗有限公司甘蓝选种

陶伟林(左一)指导武隆区桐梓镇繁荣村加工辣椒标准化示范栽培

三、开展技术培训，促进内生增长

为了提高贫困地区农民的蔬菜种植水平，他先后10余次到相关贫困村社进行生产、技术状况调研摸底，6次到北京、山东、湖北等蔬菜生产先进的地区学习交流，制成重庆生态条件下的贫困地区先进适用技术16套。编写技术先进、浅显易懂、操作性强的《高山蔬菜结构调整与技术》等培训技术资料8套共85 000余册，采取集中课堂讲授、不定期田间新品种新技术观摩学习和深入田间问题指导等结合的办法，举办培训班151班次，受训人数达12 750余人次；通过卓有成效的技术培训，改变了农民种植观念,增强了农民的市场意识,提高了生产技术水平,为促进蔬菜产业的发展,促进内生增长起到积极作用。

四、做贴心支撑者、培养脱贫带头人

出身于农民家庭的陶伟林,对扶贫工作有一种特殊的感情,愿做农民致富的贴心人和生产技术的支撑者,向农民公布联系邮箱和电话,随时接受农民的咨询。几年来共接收农民电话、邮件咨询1 056人次。通过对农民的贴心服务,增强了他们脱贫致富的自信心和能动性。在他的悉心指导和带领下,武隆区双河乡木根村的袁华兵、白马镇豹岩村的刘培军、桐梓镇繁荣村的王世军等78名农民,已成为蔬菜生产技术能手和致富带头人。

五、指导新型组织,带动组织创新

几年来,凭借陶伟林在重庆及周边地区的技术影响力,奉节县先后引进重庆首创农业开发有限公司等资金实力雄厚、技术水平高、开发能力强的企业,以及一些蔬菜基地到奉节县平安乡、武隆区双河镇等贫困地区,带领农民进行产业结构、种植结构调整,发展蔬菜生产,开发产品市场;成立了相应的蔬菜专业合作社,加盟贫困农户达478户,种植蔬菜面积7 000余亩,带动贫困农户3 074户,带动种植蔬菜面积近10万亩,农民增收近1亿元。经他引介、指导的重庆首创农业发展有限公司、武隆区合兴蔬菜专业合作社分别被评为"重庆市农业产业化市级龙头企业""重庆市模范专业合作社"等。

坚持不懈开展科技创新,助推重庆榨菜产业做大做强

范永红,中共党员,重庆市渝东南农业科学院二级研究员;国务院政府特殊津贴专家、重庆市学术技术带头人、重庆市"322"重点人才工程人才;曾获重庆市第四届先进工作者、重庆市首届"创新争先"先进个人称号。现任川渝共建中国酱腌菜科技创新重庆市重点实验室主任,重庆市芥菜工程技术中心主任,重庆市首席专家工作室领衔专家,重庆市现代山地特色高效农业(榨菜)产业技术体系创新团队首席专家和国家特色蔬菜产业技术体系渝东南综合试验站站长等。

在重庆市涪陵区"两江四岸",榨菜的原料青菜头2021年喜获丰收:共卖了21.8亿元,每吨均价突破1 250元,"一碟小菜"的含"金"量创下历史新高。青菜头收获已近尾声,但扎根农业科技一线40年左右的重庆市科技特派员范永红,却没停下脚步。2022年3月23日,范永红又一头扎进试验田选株定株,继续寻找科技为榨菜赋能的"密码"。

一、十年一剑开世界之先河

榨菜的原料作物为茎瘤芥,俗称青菜头。范永红与青菜头已"结缘"半生,一直在寻觅为其赋能的科技"密码"。以前,种植传统的青菜头有几个"顽疾":产量和质量较低,抗病力不强,种性易退化,且对环境、温度、日照都较敏感,难以扩大推广。为攻克这些顽疾,范永红提出:在国内外率先开展榨菜杂种优势利用研究,选育出更好的适应不同种植条件的青菜头品种。这在当时是颇具前瞻性的考量。范永红与课题组成员风里来雨里去,在试验田中历10年科研路才取得"真经"。2000年,以范永红为首的科研团队开世界芥菜类蔬菜杂交的先河,育成了第一个榨菜杂交品种"涪杂1号",并在大面积生产上应用。之后,在他的主持下,团队不断对

榨菜品种进行改良创新，相继又育成了9个杂交榨菜新品种应用于生产，实现了川渝榨菜原料作物主栽品种的三次"更新换代"。至此，榨菜品种有了更好的生产适应性："涪杂2号"生长在涪陵海拔600米以上地区，能在8月20日左右播种，11月中下旬开始收砍；收砍后可接着种晚熟丰产且抗抽薹力较强的"涪杂8号"。一年种植两季，既保证了青菜头鲜销和榨菜加工的需求，又提高了菜农的收益。

范永红（左一）在田间调查

二、多吃点儿苦，总会有好的结果

重庆榨菜原料的生产，主要分布在以涪陵、万州为核心并向四周扩散的三峡库区"加工蔬菜产业带"及渝西、渝东南的20余个区县。2020年，青菜头种植面积达185.82万亩，约占全国的58.07%；总产量357.28万吨，约占全国的53.3%；平均产量1.92吨/亩左右，平均售价800元/吨左右，亩均产值1 500元左右，菜农亩均纯收益在750元以上，农业总产值28.58亿元，榨菜全产业链年产值近480亿元。在亮眼"成绩单"的背后，离不开科技支撑和科研人员的辛勤付出。在范永红的记忆中，既有攻破关键技术瓶颈的兴奋，也有遭遇困难时的彷徨。有一次，他带领课题组的成员完成了所有榨菜株系杂交工作,可隔离纸袋却被一夜的狂风吹掉,造成花粉的生物学混杂,夏繁彻底失败。还有一次,团队顶着30多天高温酷热,完成了900多个榨菜株系近6 000次的人工杂交授粉等工作,但连绵阴雨致植株"断尖",努力付诸东流。

"多吃点儿苦,总会有好的结果。"范永红说,就是因为团队敢吃苦、不怕苦,才破解了科研关卡上的密码。目前,团队正在加快榨菜种质资源发掘和利用,选育早、中、晚熟多品种以打破青菜头的季节性限制,不断延长青菜头的收砍期。同时,团队也在致力于宜机化品种的培育,为推动榨菜耕种管收全程机械化打下基础。

三、为榨菜产业发展作奉献

连续多年担任重庆市科技特派员的范永红不但带领团队坚持不懈地搞好榨菜科技创新,还积极开展"新品种、新技术示范"和"科技下乡入户"等工作。他时常告诉团队成员,科研不光要培育新品种,更要重点示范推广新品种、新技术。新事物一时不易被菜农接受,范永红就带领团队人员分地点、分区域搞示范展示田,身体力行地"做给农民看",让菜农真心实意接受并广泛应用。

近年来,团队每年都在重庆、四川、贵州、湖南、湖北等地,示范推广榨菜优良品种7个以上,累计推广面积超200万亩(各地合计值),新增社会经济效益达6亿元左右;推广应用轻简高效榨菜种植生产技术5项,累计面积在25万亩以上,年新增社会经济效益近6 000万元。同时,帮助重庆市涪陵区洪丽食品有限责任公司、重庆市涪陵榨菜集团股份有限公司和重庆市红天国梦实业有限公司,分别建立了榨菜优质原料生产基地10个、23个和15个,年示范种植面积达25万亩左右,青菜头产量增产10%以上,年新增产值近2 000万元,助推了具重庆区域特色优势的农业产业——榨菜产业做大做强及做优。

"龙潭贡米"焕发新生机

张致力,二级研究员,享受国务院政府特殊津贴专家,现任重庆市渝东南农科院党委书记、院长,重庆英才·创新创业领军人才,曾获"敬业奉献重庆好人""涪陵区科技创新突出贡献奖""重庆市动植物良种创新工程优秀科技工作者"等荣誉。

张致力同志,多年来作为"三区"科技人才、市级科技特派员为市内水稻企业提供技术服务,作为水稻育种人,心系重庆市优质稻米产业发展和国家粮食安全,用情用心为涪陵"龙潭贡米"品牌打造提供了科技和智力支撑。

一、科学规划,提出发展"龙潭贡米"理念

贡米是中国古代封建社会时期盛产优质稻米的地方精心挑选而敬奉给当时皇帝享用的大米,也称作御米,贡米的称号是对当地稻米的最高褒奖。重庆市有33个贡米之乡,涪陵区龙潭镇便是贡米产地之一。该镇海拔600米以上,气候独特,土壤肥沃,适宜水稻的种植生长,是重庆市优质稻种植基地。这里的水稻常与山花为邻,与白云为伴,饮清冽的溪水,沐灿烂的阳光,出产的龙潭大米颗粒饱满、色泽油亮、营养丰富,曾远销越南等国家。渝妹儿米业(重庆)集团有限公司(简称"渝妹儿米业")是涪陵区龙潭镇的稻米生产企业之一,作为市级高新技术企业、农业产业化市级龙头企业、重庆市农产品加工业100强企业,公司多款产品被评定为"重庆好粮油"产品,渝妹儿"富硒米"等品牌曾一度成为市内畅销大米品牌。但是,随着科技的发展、时代的变迁,公司的技术力量逐渐难以赶上米业变革的步伐。米质差、产量低、劳动力缺乏、生产上现代化不足,这样那样的问题横亘在企业前进的道路上。在企业负责人一筹莫展之际,科技特派

员张致力同志为其带来了新的曙光。他针对龙潭悠久的贡米历史,提出了重新打造"龙潭贡米"品牌的想法。这个想法让企业负责人的眼睛一亮,感觉到了新的希望。

二、奋勇创新,提供品种、技术支撑

规划先行,谋定后动。张致力同志率领团队对龙潭的土壤情况、田间环境进行了采样分析,为了更精确了解情况,每个田块都采集了多个样本,仅仅是样本采集,都花了好几天的工夫。通过对土壤样本重金属含量、土壤养分、土壤水分等指标的各项检测,张致力同志精准施策,规划了各个基地的稻米种植品种和种植方式。作为"贡米",米质肯定是关键,张致力同志选择了多个米质达国颁二级米标准的品种,在基地上开展种植试验,以期挑选出最适宜该地种植的品种。绿色无公害是"贡米"的基本要求,面对人民对美好生活的需求,张致力同志率领团队结合当地实际,积极创新,集成了与种植品种配套的绿色无公害栽培技术,"良种+良法"确保了"贡米"的品质。面对农业生产上劳动力缺乏的困境,种植技术的轻简高效是必然要求。张致力同志率领团队针对龙潭的土地环境,对原有的丘陵山区水稻直播技术进行了改良,研究提出了适应于当地的水稻直播技术,缓解了企业生产用工难的问题。发展现代农业,智能化生产技术是不可或缺的。张致力同志积极引进相关专家,为其开展智能化生产基地建设,添置了水稻病虫害智能检测系统、播种无人机等,为企业发展插上了科技的翅膀。稻米的品质和质量上去了,品牌宣传也要跟上。张致力同志率领团队充分利用在业界的人才和资源优势,协助企业召开了产品发布会、示范现场会,承办了多个有助于企业品牌宣传的如农民丰收节类的公益性活动,极大地提升了渝妹儿米业的品牌效应。就企业而言,经济效益是第一位的,如何最大限度提升企业基地的生产力,成了张致力同志思考最多的问题。除了稻米产量和质量的提升,基地的利用率也是提高经济效益的最佳途径。结合涪陵山地特色效益农业发展,他提出了水稻和榨菜轮作的技术方式,并组织榨菜育种、栽培、植保团队和专家,为龙潭冬季榨菜种植精准施策,优惠供应良种、提供配套技术,带给了冬闲田一份新收入。

渝东南农科院科技特派员在涪陵渝妹儿米业调研胚芽米产业化开发情况

三、用情服务,助力成果转化

水稻研究工作的开展时间正是火炉重庆最热的盛夏,为了"龙潭贡米"能够在新时代焕发新生机,张致力同志不到7点就已经在稻田里开始工作了。为了得到试验的第一手数据,顶着盛夏最炽热的太阳,忍受着稻叶的割伤,脸被晒成了黑炭,带着一腿的泥走在路上,没有人知道这是领着国务院政府特殊津贴的专家。为了确保企业的农技人员按照团队制定的技术规范开展生产,张致力同志在稻田里一站就是一天。晒田的操作是否得当、播期是否合适,直接决定了直播水稻的产量和质量,决定了大风来临时水稻是否能抗住不倒伏。为了确保农技人员按照标准晒田、播种,张致力同志长期在龙潭和单位之间来回奔波,家里完全顾不上,老婆孩子都有怨言。

付出就有收获,在张致力同志及其团队的积极帮扶下,渝妹儿米业2021年实现了水稻米质和产量的大幅度提升,特别是运用渝东南农科院提供的水稻直播技术,解决了水稻直播中易出现出苗不齐、杂草难除、水稻易倒伏等技术难题,每亩平均增效达500元;经过试验,挑选出了米质优良、产量高、适宜基地种植的稻米品种,解决了企业优质高档大米的品种问题,奠定了龙潭贡米品牌打造的品种基础;推广订单种植模式,组织合作社与企业签订订单协议,既解决了合作社产品的销路,又解决了企业原料问题;通过核心示范、召开技术培训会等方式为企业培养了技术骨干;通过稻菜轮作技术,为企业冬闲季节带来了新的收益;同时,通过各类公益性活动的开展,渝妹儿米业的企业形象和品牌影响力得到了极大提升,渝妹儿米业"富硒米"成为巴味渝珍的商标授权品牌,渝妹儿米业的神仙桥贡米、胚芽米成为"重庆好粮油"产品。

在张致力同志的技术支撑下,渝妹儿米业的水稻田种出了新希望,涪陵"龙潭贡米"品牌将焕发出新的生机,成为重庆市山地特色效益农业独具特色的稻米品牌。

找准当前产业发展节点,突出优势助力菜农增收

王旭祎,中共党员,本科学历,研究员。现任重庆市渝东南农业科学院植保研究中心主任,重庆市植物保护学会常务理事,重庆市现代特色效益农业技术体系榨菜产业技术体系创新团队青菜头病虫害领域岗位专家;第五届"重庆市青年科技创新优秀奖"获得者,重庆市涪陵区科技拔尖人才,科技特派员。主要从事植物病理、农作物病虫害及无害化防治、榨菜抗病材料的发掘创制研究工作。主持或主研国家自然科学基金项目2项,省部级科研项目15项,涪陵区重大科技攻关项目10项;获省部级科技进步奖二等奖2项,地厅级科技进步奖一等奖4项、二等奖4项,授权发明专利3项,编制地方标准5项,育成杂交榨菜新品种6个,在国内外核心期刊发表研究论文40余篇,其中第一作者(含通信作者)20篇。研究集成的榨菜根肿病生物防控技术,消除了阻碍榨菜产业上档升级的农残及有害物质聚积的难题,其在涪陵青菜头产业及品牌培育中作出的重大贡献,得到同行关注与认可。

市级科技特派员王旭祎,在服务重庆市涪陵区绿芳农业开发有限公司期间,解决了企业主要基地所在区域十字花科蔬菜根肿病安全控病措施缺失、常规控制手段化学农药施用量大且农残严重超标的难题。其针对公司现状,研究集成出一系列技术:一是调整玉米与甘蓝"品种+播种期",实现在海拔800—1 400米可种植区域内玉米与甘蓝的套作;二是利用"玉米+甘蓝"套作共生期解决了甘蓝移栽初期的田间遮阴难题,提高了不良天气条件下甘蓝移栽成活率,省掉单独栽培必需的遮阴环节。提高该区域鲜食玉米、甘蓝生产区复种指数至0.8,改变了该区域过去一年只能种植一茬作物的历史,亩增收1 500元以上。

一、找准服务企业生产基地区域技术难点,明确服务方向

王旭祎被重庆市涪陵区绿芳农业开发有限公司选为技术帮扶人员以来,在充分了解企业产业及生产基地现状的基础上,结合企业发展需求,针对公司主营业务蔬菜种植与销售开展调研,发现主要基地十字花科蔬菜根肿病常年流行,广大菜农控病措施缺失、常规控制手段化学农药施用量大且农残严重,反季节蔬菜的产量与品质受到影响。他在生产基地自然条件调查中发现,该区域常年利于目标作物生长的季节主要集中在3月下旬至10月底。这段时间如果只种一茬作物,温、光资源浪费大,如果两茬作物轮作,其条件又不充足,土地资源及环境资源浪费巨大。王旭祎与公司负责人沟通后,明确2021年公司需要帮扶解决的关键问题为种植新技术的优化集成、蔬菜根肿病安全防治技术的培训与应用。

在涪陵区大木乡指导蔬菜栽培及根肿病防治技术

二、潜心钻研种植模式,科学种植提高菜农种植收益

公司主要反季节蔬菜生产基地(海拔800—1 400米)因农业生态环境

因素，一年只能种一茬作物，土地利用率低、种植效益提升困难。针对这一现状，技术团队通过调研、试验，优化集成出"中低山区（海拔800—1 400米）甘蓝—鲜食玉米套作技术"。该技术经试验示范，提高基地鲜食玉米、甘蓝生产区复种指数至0.8，鲜食玉米亩产（金科928）800—1 000公斤，甘蓝亩产3 500—4 500公斤。结果表明：鲜食玉米亩产量与单独种植无差异；甘蓝亩产量在水肥较好的田块与单独种植无差异，在较贫瘠地块相对于独立种植减产10%左右，但因减少了遮阴环节，节省劳动力1个以上，收益差异不明显；同时据农户反馈，因两茬作物销售时间有差异，可提高单一种植对市场行情不稳定的抗风险能力，亩增收1 500元左右。

甘蓝—鲜食玉米套作效果图

三、产研结合推广新技术，护航菜农产业增收

为解决甘蓝根肿病控制中化学农药超标的难题，重庆市渝东南农业科学院植物保护团队研究开发了控制十字花科蔬菜根肿病生防菌B18及其产品，对甘蓝根肿病进行防治，并根据公司生产特点及环境条件进行了优化改进，具体获得三个方面的成果。一是保证了B18发酵液的稳定性及存储安全性，使之更适合服务区域生产需要；二是以碳基氨基酸生物有

机复混肥为基础,复配出控制根肿病的高浓缩有机无机复混肥,操作轻简化;三是明确控制十字花科根肿病的高浓缩有机无机复混肥的田间应用技术。在常规移栽期7—10天前,亩用"B18高浓缩菌粉1克+碳基氨基酸生物有机复混肥20公斤"于土壤耕地上,均匀撒施,小型农用旋耕机耕作再适时移栽菜苗。这三个技术节点的解决,为该区域根肿病生物防治技术的推广应用提供了技术支撑,较好地解决了该地蔬菜根肿病依靠化学农药防治导致农残超标的难题。

四、核心示范引领,助力新技术推广应用

以"控根肿病菌肥在甘蓝生产上的应用技术集成与示范"为抓手,引领新技术的推广应用。为了让新集成的"碳基氨基酸生物有机复合肥为基肥+B18高浓缩菌粉合成生产出的防治根肿病浓缩型生物有机无机复混肥料"在市面上得到快速应用,项目团队采用建立核心示范点的方式,以点带面助力菌肥结合防治十字花科根肿病技术的推广。在涪陵区大木乡建立核心示范点20亩,带动应用120亩。核心示范片统一采用100公斤菌肥均匀撒施后耕地(耕地深度15—20厘米),再移栽蔬菜(施菌7—10天后)的技术方案,同时带动周边菜农使用该技术。该技术使根肿病相对防效达到70%左右,亩收益提高三成,蔬菜种植生育期内不施用一滴农药,符合化肥农药"双减"的国家产业政策,实现了蔬菜绿色安全生产,保证了生态环境安全与产品上档升级。

定点帮扶显真情,科技助力贡米香

姚雄,中共党员,博士,研究员。现任重庆市农业科学院特色作物研究所水稻轻简高效栽培技术研究室主任,重庆市学术技术带头人后备人选,中国作物学会理事、重庆市农学会副秘书长,重庆市特色粮油生产指导专家,重庆市青联农业农村界别副主任委员。曾获重庆市先进工作者、重庆市农村工作系统优秀共产党员、重庆市优秀科技特派员、重庆市农业科学院建院15周年突出贡献人物等表彰。

姚雄自2014年被聘为市级科技特派员服务云阳优质水稻产业以来,长期扎根在高山稻田,开展"天生云阳"贡米专用品种及技术研究与示范工作。他作为首席专家指导的"凤凰寨"大阳米、"穆城寨"坪天大米双双荣获"三峡杯重庆十大好吃大米"称号。基于工作实践凝练出的"三抓三促一融合"科技帮扶经验,他写的相关文章荣获市委农业农村工委主题征文二等奖,多年的用心、用情、用力帮扶,赢得了当地人民群众和社会各界的认可。其优秀事迹被《中国科学报》、重庆电视台宣传报道,多次被评为重庆市优秀科技特派员,以实际行动诠释了重庆农科人和重庆科技特派员的使命和担当。

一、抓产业决策服务,力促云阳贡米生产规模化

2014年,姚雄作为核心成员加入重庆市科委选派的第一批市级科技特派员团队中的云阳"渝优"水稻科技特派员团队,跟随首席专家李经勇研究员扎根云阳水稻生产一线开展产业调研。通过广泛的调研,明确了制约云阳水稻产业发展的三大科技瓶颈,即满足高品质需求的品种缺乏、适宜机械化的高标准农田缺乏以及中高山区水稻保优栽培标准化技术缺乏。团队提出了优化云阳水稻产业布局、促进云阳高端大米生产规模化的指导意见,准备优先发展大阳、路阳、高阳、双土等乡镇海拔600米以上

地区,探索实践农田"小改大"工程,着力打造10万亩云阳贡米核心产区。2015年,云阳县双土镇坪东村在全市率先开展农田"小改大"探索,成功完成100余亩"巴掌田"的宜机化改造,为云阳县和重庆市的高标准农田改造积累了宝贵经验。2017年,姚雄在调研云阳、奉节等地水稻产业发展现状后,创造性地提出了发展渝东北优质稻产业集群的指导意见,即充分利用云阳、奉节、巫山等地的生态优势,重点打造天生云阳贡米、夔门红土大米以及巫山龙骨坡摇篮大米等知名品牌,进一步扩大渝东北中高端大米的产能。历经多年的努力,云阳大阳镇和双土镇先后入选重庆贡米之乡,云阳的水稻播种面积稳定在32万亩左右,海拔600米以上的优质稻产区稳定在15万亩左右。2022年,姚雄全面回顾了近10年云阳水稻产业的发展历程,立足重庆市粮油"十四五"发展规划,向云阳县政府提交了《关于推进云阳水稻产业绿色高质量发展的建议》。建议认为,云阳县的水稻产业对确保全市粮食产销平衡、口粮安全以及维护长江上游生态平衡具有十分重要的作用,应进一步创新绿色发展科技成果、绿色成果推广体系以及绿色发展惠农政策。

二、抓科技示范引领,力促云阳贡米生产标准化

为了提升云阳水稻产业的品质和效益,姚雄坚持开展绿色高品质水稻新品种筛选及其标准化栽培技术创新工作。2014—2022年,先后引进了30余个优质水稻新品种开展试验种植,并详细记载了每个品种的综合性状、产量和品质表现,为云阳贡米专用品种的选择提供了科学依据。通过严谨的科学试验,姚雄成功筛选出适宜在云阳大面积种植的"好吃""好看""好加工"的优质突破性品种——渝香203,并结合云阳的自然气候条件、生产力水平集成创新出基于稀泥育秧的毯苗机插栽培技术,制定了重庆市地方标准2项。2015年,云阳县三增优质稻种植专业合作社采用渝香203为原料生产的"凤凰寨"大阳米荣获"重庆名牌农产品"称号。2018年,经行业专家田间验收,位于云阳县双土镇坪东村的1 800余亩水稻毯苗机插示范片平均亩产500.2公斤,较当地非示范片增产8.62%。与当地传统

人工育秧移栽比较,科技示范片每亩减施化肥15%、减施农药35%,节省用工40%。按当地优质中籼稻谷市场均价3元/公斤核算,科技示范片较当地传统人工育秧移栽每亩增收430元左右。2020年,经第三方评价,云阳大阳贡米和坪天贡米的食味口感总体评分为81.4—89.4分,平均分值较对照值高3.3分。2021年,"凤凰寨"大阳米荣登"三峡杯重庆十大好吃大米"榜首,"穆城寨"坪天大米荣获第5名。

科技特派员姚雄(右二)组织行业专家对云阳贡米进行食味口感鉴评

科技特派员姚雄(左一)在云阳县双土镇观察坪天贡米品种的产量表现

三、抓技能人才培训,力促云阳贡米生产专业化

为了培育农村创新创业主体和水稻全产业链的技能人才,姚雄于2017年牵头组建了云阳县首个优质水稻专家大院,大院于2018年获得云阳县政府批准挂牌。2019—2021年,姚雄牵头组建了云阳水稻专家服务

团,进一步抓实技能人才培训工作。姚雄带领团队成员常年奔走在云阳县大阳镇、双土镇、路阳镇、高阳镇、渠马镇等10余个水稻主产乡镇,开展田间技术指导、技术讲座、技术实训,培养水稻生产环节、加工环节的技能型人才和营销人才。据不完全统计,2014—2021年,姚雄及其团队成员在云阳水稻主产乡镇累计开展技术讲座30余次,培训基层农技推广人员、种粮大户及农民技术员1 500余人次,发放水稻技术手册、光碟等1 800余份(张),培育壮大龙头企业、农业专业合作社以及水稻社会化服务主体10余个。2021年,在中国农民丰收节·第一届"天生云阳"金秋节上,姚雄指导帮扶的云阳县高远农业开发有限公司被评为云阳县2020年度农业产业化市级龙头企业,粮油种植大户陈昌民、农产品加工大户李军以及农业社会化服务领头人杜小兵等荣获云阳县2021年度"十佳农民"表彰。他有力促进了云阳贡米生产专业化,为当地乡村人才振兴打下了坚实基础。

巩固拓展脱贫攻坚成果，产业示范助推乡村振兴

韦中强，大学本科学历，主任技师，中药执业药师，市级科技特派员，南川"金山英才"，现任重庆市药物种植研究所药用菌研究中心副主任。1995年参加工作，主要从事药用植物、大型药用真菌栽培研究、病虫害综合治理等工作。先后主持主研科研项目30余项；获科研成果奖10余项、专利2项、标准2部；公开发表论文共50余篇。现为重庆市中医药协会、重庆市植物学会、重庆市遗传学会及重庆市知联会会员。

2021年5月韦中强随农业农村委帮扶集团工作队入驻彭水善感乡开展乡村振兴工作，6月被聘为第二批市级科技特派员服务彭水。自入驻以来，每月三分之二以上的时间他都吃住于"三在乡"，负责督促指导全乡农业产业发展，深入基层农村，开展产业调研、产业咨询与技术服务。以中药材白芷、前胡的引进、示范推广应用为重点，以培育壮大中药材产业为己任，以助力农户增收为目的，为当地产业新经济业态建设和发展作出了一定贡献。

一、调研先行，摸"家底"思规划

面对新形势，强村富民，巩固拓展脱贫攻坚成果同乡村振兴有效衔接，实施农村乡村振兴战略，是当前任务的重中之重。首要基础工作是开展调研，理清思路，突出方向。韦中强随工作队分别对善感乡五个村（寨）：罗兴村、桂花村、农纲村、石盆村、周家寨进行调研，掌握了相关基本情况，涉及人口、村组分布、土地资源面积、森林资源现状、产业现状等，并重点对五个村（寨）的产业情况进行摸底统计、汇总。调研发现善感乡整体产业有一定基础，但比较薄弱，农业产业仍以传统农业为主，种植玉米、红薯等；经果林虽然有一定面积，但实质上投产面积不大，效益不显著；针

对中药材产业开展重点调研,发现其主要分布在罗兴村、农纲村,中药材品种极少,种植面积小,仅有黄精、前胡2个品种,种植的栽培品种存在管护不到位,种植模式不合理等问题,团队为此对种植户提供了相关指导和技术建议。在配合善感区域合理布局和规划,延续现有品种的基础上,韦中强提出了引进新品种,培育善感区域中药材产业的新路径,进一步促进了当地中药材产业健康持续发展。

二、建言献策,"问诊把脉"抓发展

韦中强既是市级科技特派员,又是善感乡乡村振兴驻乡工作人员,对接联络重庆市药物种植研究所及相关专家,对善感乡中药材产业进行"问诊把脉",提供指导,谋划产业发展。韦中强随重庆市药物种植研究所专家组一道到农纲村前胡基地现场开展指导及技术服务,解决生产实际问题;针对前胡抽薹率高的生产问题,根据种植现场情况及种植过程,专家组提出防控综合意见。一是基地海拔较低,只有700米左右,应适当选择高一些的海拔进行种植;二是应对种子采取低温贮藏方式;三是推迟前胡播期,春季3月播种,最迟不宜超过清明节。在前胡生产中采取相应的措施,可大大降低前胡的抽薹率,提高前胡的产量和质量。专家组采集了前胡抽薹株与无抽薹株活体样本,想通过改进培养技术培育无抽薹株亲本,扩大繁殖,为生产提供优质种源。专家组到善感乡罗兴村进行实地调研,根据土质、地势地貌、水源等基本情况,分析了水文状况,结合当前重庆对中药材品种的发展定位,提出了种植中药材的改进建议,在落实"两不愁三保障"成果巩固的基础上,有序有效衔接乡村振兴。开展座谈会,从理论层面逐步落实到操作层面,针对乡村振兴规划出谋划策,提出许多建设性意见,利用好单位资源,按任务清单,积极协作推进乡村振兴工作。

三、试点示范,引"新种"育产业

"三农"工作是国家可持续发展战略的重中之重,乡村振兴战略是中华民族伟大复兴的基础,民族要复兴,乡村必振兴。乡村振兴围绕"产业振兴、人才振兴、文化振兴、生态振兴、组织振兴"等五个方面的内容铺开,产业振兴是关键,产业兴旺是重点。韦中强深入基层,到罗兴村大力搞中药材种植。他结合当前市场导向,根据农户种植短、平、快品种的意愿,引进和布置种植中药材白芷品种。当地农户没有种植过中药材白芷,他就多次到农户家开展宣传、动员活动,积极为农户购种,点对点地介绍种子处理、选地整地、适期播种、田间管理、肥水运筹、病虫害防治、采收加工等关键环节和技术。通过现场指导,示范操作,开展试点示范应用。通过前期努力,已在罗兴村、石盆村、农纲村发展5户农户种植中药材白芷品种,面积约5亩,逐步推广示范应用,培育善感中药材产业,增加新经济业态发展渠道,提升农业综合效益,使农户逐步树立产业振兴理念,达到增收的目的。

善感乡传统农业以玉米、红薯为主,玉米虽秸秆丰富,但当地农民基本采用原始的方式进行处理。鉴于此,韦中强指导农户利用废物秸秆栽培食药用菌,以增加农民收入渠道。他为农户选购菌种,在罗兴村开展探索试验,以玉米秸秆为培养料,以平菇作指示种,栽培模式为生料栽培,收获菌子实体。经测试和观察,目前生料栽培转化率较低,营养成分也比较单一,产量相对较低,卖相相对较差,还需要进一步筛选品种,优化栽培过程。下一步拟引进大球盖菇进行试验探索,结合善感乡村振兴规划,合理布局,落实短、平、快的项目,尽量使农民持续获得收益。

为认真贯彻中央一号文件精神,强调粮食安全,防止基本农田非粮化、非农化,第三批重庆市专家服务团队之彭水善感乡罗兴村服务团队积极推进市驻乡工作队2022年重点推进产业试点示范项目"大豆玉米带状复合种植和糯玉米种植示范",加强对乡村振兴致富带头人、创业带头人的培育,发挥其示范引领作用,为实现农户增收奠定基础,使农户获得可持续性发展,为乡村振兴助力。

第四章　个人风采

指导中药材白芷秋季播种

大豆玉米带状复合种植服务指导现场

四、拓展渠道，促销售实现效益

韦中强作为驻乡工作人员，负责帮助拓展全乡中药材销售渠道，为善感乡善号缘中药材专业合作社前胡中药材销售提供渠道。经过多方联系，对接涪陵大顺镇太极饮片加工厂，顺利实现销售。多次电话联系药厂负责人，于2022年3月中旬收到药款资金，顺利完成前胡销售工作。

莫道桑榆晚,为霞尚满天

王祖明,中专文化,1972年12月加入中国共产党,从事养蜂行业20余年,养蜂技师,现任重庆市梁平区蜜蜂科技协会会长。2018年被重庆市蜂业学会评为"优秀蜂农",2019年被区委、区政府评为优秀人才。此外,2018年和2019年连续两年在市科技局考核中被评为优秀。

在担任科技特派员期间,王祖明积极履行职责,推广养蜂业先进技术,推进蜜蜂示范场建设,开展科学养蜂法技术培训,有力推动了梁平蜜蜂产业发展和蜂农增收,并取得了较好的工作成绩。

一、重新唤起激情,做"甜蜜事业"的带头人

走上养蜂这条道路,还得从2000年说起。那一年,王祖明正式退休,闲了下来,正当他思考要干点儿什么来打发时间时,一只蜜蜂突然闯进了他的视野,勾起了他儿时的回忆。

梁平生态环境好,山区蜜源植物丰富,以前很多农户都有饲养蜜蜂的习惯,他的爷爷和父亲也不例外。在耳濡目染下,他从小便对养蜂充满了兴趣。为什么不将童年的爱好变为事业呢?打定主意后,他便开始了养蜂事业。

养蜂是一门技术活儿。那时候,他经常白天在养蜂基地观察中蜂的生活状况,夜晚独自一人翻阅关于中蜂养殖的书籍。他将理论和实践相结合,小心翼翼地探索中蜂的养殖技术。

2003年,掌握一定的知识后,他决心创办一家养蜂场。经前期考察,他发现星桥镇高都村花繁林密、空气清新,有着天然的养蜂优势,当年便着手创办了养蜂场,开启了"甜蜜事业"。

但在一线实践时,王祖明发现只掌握书本里的理论知识是远远不够

的。为了真正提升养蜂技术,他参加了各种蜂业培训班、参观考察了养蜂基地、请教了养蜂专家。同时,去城口、南京等地参加了全国蜂业论坛会议。功夫不负有心人,他逐渐掌握了养蜂"妙招",真正成为一名技术型农民。而后,他积极将自己养殖蜜蜂的经验分享给村中其他蜜蜂养殖户。越来越多的人选择投身养蜂这项"甜蜜事业"。如今,梁平有中蜂3.9万群,意蜂2.6万群,产值达6 000余万元。在大家的共同努力下,大家把"小蜜蜂"做成了"大产业",日子变得更加"甜蜜"。

二、甘于无私奉献,做乐于助人的好心人

2014年,王祖明被选派为市级科技特派员。2015年,又担任了梁平区蜜蜂科技协会会长。身兼多职,他知道这是组织对他的信任。他暗自下定决心,要带动更多的人一起通过养蜂走上致富路!

通过深入调查研究,了解到限制广大蜂农发展的瓶颈和主要因素是科学养蜂技术知识的匮乏,为了让更多的人掌握科学养蜂技术,他一有空闲时间,就到重庆周边区县、贵州等地的养蜂基地实地考察学习,与养蜂大户交流心得,再将自己在外学到的养蜂技术和经验整理成资料册,免费发放给养蜂的农户参考学习。

仁贤街道仁贤村4组村民童小玲承包了20余亩土地种植草莓。2014年12月,她向协会求助:怎样让蜜蜂在冬季不休息,照常给冬草莓授粉,以达到节约劳动力,让草莓增值增量的目的?

收到求助后,王祖明带头组织协会的养蜂技术人员认真查阅资料,也做了大量的实验。一年后,终于成功攻克冬季大棚草莓授粉蜂群群养饲养技术难题。事实证明,经过蜜蜂授粉种出的草莓畸形果率下降了30%以上,上市时间可以提早一个星期,并且一座大棚(大约半亩地)可以节约600—700元的劳动力成本。

他将这一技术印发成资料,在全区推广,受到了草莓种植户和蜂农的双双好评。不仅如此,他还推广了蜜蜂四季管理、分蜂、育王、防病治疾、箱外检查、高产等多项技术,有效提高了全区蜂农科学饲养管理水平。

三、践行帮扶使命，做科技扶贫的好标兵

养蜂业不占地、投资少、见效快、无污染，发展优势明显。这几年，梁平养蜂的农户，特别是开始养蜂的贫困户愈来愈多。多年来，无论酷暑还是寒冬，王祖明经常到偏远乡村的蜂农家中帮其解决养蜂难题，传授科学的养蜂技术，走村入户为蜂农"传经送宝"，给60多户贫困户带去了脱贫致富的新希望。

任康富一家原是合兴街道大梨村的贫困户。其一家住在大梨山上，平时仅靠种几亩薄地和养2群蜜蜂勉强为生。因缺乏科学养蜂技术，任康富养的蜜蜂易生病、爱逃跑、产蜜低。2017年，王祖明得知这一消息后，立即上门指导。在他的指导下，任康富学到了分蜂、管理、高产、防病等一系列技术，现在蜂群已经扩大到20群，每年光靠卖蜂蜜便能增收一万多元，成功摘掉了"贫困户"的帽子。

除了"一对一"指导，这几年，王祖明还前往紫照镇桂香村、星桥镇高都村、袁驿镇清顺村、合兴街道大梨村等多个市级贫困村，累计开展养蜂技术集中培训20余场，给蜂农送去了先进的科学养蜂技术。

漫漫养蜂路，拳拳服务心。未来，王祖明将继续秉持敬业、奉献的精神，在科技兴农、科技服务于农的道路上砥砺前行，造福更多的蜂农，为梁平养蜂行业的高质量发展贡献更多的力量。

畜牧技能人才培养助力彭水乡村振兴

朱燕，重庆市畜牧技术推广总站高级畜牧师，九三学社社员。现为重庆市生猪产业技术体系创新团队首席专家办公室主任、良种与繁育功能研究室专家、重庆市畜牧业协会猪业分会副秘书长、中国博鳌高端猪业科技论坛组委会副秘书长、重庆市畜牧兽医标准化技术委员会联络员，国家级"三区"科技人才、重庆市科技特派员、重庆市国际标准化专家。参与国家级、市级等各类科研项目20余项，拥有国家发明和实用新型专利12项，获全国农牧渔业丰收奖三等奖3项，主编著作3部，参编著作6部。在国家级或省级刊物上发表论文25篇，主持或参与地方标准制修订63部。曾荣获中国饲料工业协会先进个人、先进工作者、优秀个人等10余项称号。

乡村振兴离不开畜牧业振兴，畜牧业振兴离不开畜牧人才的振兴。畜牧业是农业的支柱产业，其高质量的发展对乡村振兴战略的实施有巨大推动作用，目前正成为农村经济中最具活力和竞争力的产业。在乡村振兴背景下的畜牧业技术技能人才培养，为实现乡村振兴奠定了坚实的基础。

为此，彭水科技特派员团队畜牧小组在乡村振兴战略背景下，根据产业发展现状，适时更新培训内容，将最新、最实用的知识传递给农民，培养出既懂畜禽饲养管理和疫病防控，又能利用现代信息技术把控市场和开展自媒体新营销的高素质技能人才，促进乡村畜牧产业兴旺发展，推动乡村振兴战略更好实施，为乡村振兴发挥出应有力量。朱燕带领团队主要开展了以下工作。

一、大力推广"田间地头"技术培训

一是开展生猪人工授精技术培训。为促进生猪产业高质量发展，在重庆市生猪产能快速恢复期，需要大量实用人才之际，分别在彭水太原镇、黄家镇主持召开了"2021年重庆市生猪人工授精技术培训班"。来自彭水的基层管理人员和养猪场户专业技术人员共计100余人参加了培训。培训班邀请市畜牧科学院副院长黄勇研究员、市畜牧科学院畜牧工程研究所所长龙定彪研究员、市畜牧科学院养猪研究所张亮副研究员讲授"猪人工授精技术""畜禽粪污资源化利用""猪场生物安全控制技术""生猪营养供给技术"等实用技术。在巩固拓展脱贫攻坚成果同乡村振兴有效衔接中，畜牧业的地位和发挥的作用日益凸显，学习畜牧业实用技术，对提升养殖水平、提高养殖效益、消除返贫风险均具有积极意义。参训的学员们认真听课、虚心请教、深入讨论、及时总结、善于创新、勇于超越，把学到的知识落实到实际生产中，促进了生猪产业健康发展。

二是深入开展乡土人才肉牛繁殖技术培训。畜牧技术技能人才的培养，要立足乡村振兴对畜牧产业人才的需求进行定位，兼顾当前与未来的需求，从而保障畜牧技能人才在乡村振兴和农村产业发展中的重要创新作用。彭水科技特派员团队畜牧小组在高级畜牧师朱燕的带领下，以培养"理论基础扎实、专业技术熟练、创新创业能力强、经验管理和营销服务理念先进、能熟练应用现代信息技术开展畜牧生产工作"的复合型人才为结合点，邀请河南省鼎元种牛育种有限公司高级兽医师张鸿凯针对肉牛饲养管理、繁育、疫病等方面问题，面对面、手把手地教授"提高受胎率关键点及难孕牛处理""母牛繁殖疫病治理及犊牛疾病防治""激素在繁殖中的应用""肉牛饲养管理技术"等肉牛饲养管理、繁育、疫病防控等方面的知识和技术。朱燕带领科技特派员团队在精准饲养、定时人工输精、家畜同期发情、生物安全体系如何构建等方面开展的新技术操作培训，得到学员们一致好评。

技术培训现场

二、创新"互联网+畜牧业"技术服务

充分利用现代信息技术不断深化人才培养改革创新,以崭新的思路开展畜牧人才培养,为乡村振兴战略的推动实施培养出高素质的复合型技术技能人才,促进农民的富裕、产业的兴旺、农村的稳定、农业的发展。一是录制生猪高效繁殖技术视频。立足服务当前生猪产业发展,聚焦生猪产业发展过程中的技术瓶颈问题,组织专家录制了母猪测膘给料、母猪发情鉴定、母猪深部输精、母猪同期分娩等4个农技慕课。二是录制夏季猪热应激及其防治农技慕课。现代信息技术的发展推动了畜牧业的高质量发展,将信息技术融合到畜牧产业中来,实现"互联网+畜牧业"知识传播新路径,促进了为养殖户服务的质量提档升级。随着夏季气温升高,猪群出现热应激,直接影响猪的生长发育和繁殖性能。针对加强夏季猪场的管理,录制了夏季猪热应激及其防治农技慕课,为广大的网友提供了真实可靠的农技知识。三是植入了AI智能养殖系统。在未来的现代化养猪产业中,数据是产业核心驱动力,养猪业将会从"人管"全面进化到"数据管",运用AI技术作出更多更为科学的决策,实现养猪业的标准化和程序

化,用AI智能促进猪场现代化生产体系形成,综合提升养猪的效益。以上农技慕课均被"学习强国"平台选用。

三、科技成果成效显著

朱燕在科技成果方面也硕果累累。

一是牵头制定重庆市地方标准《肉牛家庭农场建设技术规范》。在服务彭水丰圣农业开发有限公司期间,组织相关专业技术人员,牵头制定了《肉牛家庭农场建设技术规范》。该标准编制依据充分,数据翔实准确,对提高重庆市肉牛家庭农场建设技术水平,增加养殖效益,促进重庆市肉牛产业发展具有重要意义。

二是专利授权硕果累累。主持县科技特派员专项"生猪粪污资源化利用关键技术引进与示范",对生猪养殖场户开展了粪污资源化利用关键技术推广,有效优化了猪场粪污治理效果,提升了猪场舒适度;申请新型实用专利3种(一种猪场空气净化系统、一种猪喂养分割结构、一种猪饲养装置),为猪场环境改善提供了切实可行的技术措施。

三是参编牛羊养殖技术图书2部。参与编写的《高效养羊实用技术手册》,已于2021年由重庆出版社正式出版发行;参编畜禽家庭农场技术手册《牛羊家庭农场养殖技术》,于2021年由中国农业出版社正式出版发行。

四是获得乡村振兴征文奖2项。积极参与全国畜牧总站组织的"促进畜牧业高质量发展助力全面推进乡村振兴"主题征文活动,获得产业振兴奖(一等奖)、行业发展奖(三等奖)。

五是发表论文5篇。在《猪业科学》等核心期刊上发表专业技术类论文5篇。

六是被重庆市市场监督管理局聘任为重庆市国际标准化专家。2021年,主持或参与编写地方标准达20余个,参加全国标准培训2次,主持并组织召开地方标准评审与宣贯3次,印发地方标准2 000余册。

四、积极推进乡村振兴技术示范基地建设

为切实帮扶彭水善感乡科技提升,通过实地调研,朱燕发现彭水生猪养殖户技术缺乏,母猪配种大多采用种猪本交配种方式,不但配种成功率较低且疫病传播风险较大。鉴于此,结合所在单位技术优势,引入市级技术力量推动彭水善感乡石盆村建设"母猪高效繁殖技术示范基地"。通过人工授精、母猪营养调控、生物安全防控等一系列母猪高效繁育技术推广,提升当地种猪质量和生猪养殖效率。通过开展生猪人工授精技术等系列新型实用技术培训,培育一批生猪养殖技术人才,帮扶和巩固当地脱贫户稳定增收,助推乡村产业振兴。

坚守把稳群众油瓶子的初心

徐洪志,大学本科学历,研究员。现任重庆三峡农科院油料研究室主任,国家油菜产业技术体系三峡综合试验站站长,政协重庆市第五届委员会农业农村委副主任,万州区第五届人大常委会委员。国务院政府特殊津贴专家,全国五一劳动奖章获得者,重庆市有突出贡献的中青年专家。近年来分别主持及参与市级以上项目各4项,主研并育成油菜新品种4个、研发新技术3项,发表论文2篇,获全国农牧渔业丰收奖1项、市科技进步奖一等奖1项。

徐洪志自担任重庆市科技特派员以来,一直从事油菜产业技术研究。在菜籽油自给不足的情况下,把让群众吃饱、吃好、吃出健康作为一个油菜科研工作者和科技特派员的责任担当,以扩大油菜生产面积、提高油菜单产和提高油菜生产效益为目标,努力研究解决油菜产业技术链条上的关键问题,坚守牢牢把稳群众油瓶子的初心和使命。

一、坚持调研工作常态化,因企施策促发展

作为科技特派员,徐洪志的主要任务是开展油菜新品种、新技术和新装备的示范,创建油菜增产增效的技术模式并在全市推广应用。油菜产业相对于水果产业、生猪产业等是一个比较弱势的产业,业主发展油菜生产的积极性没有那么高,而产业发展的趋势是必须动员鼓励新型经营主体发展油菜生产。这时,科技特派员就要因地制宜、因势利导,通过示范种植等手段充分调动业主的积极性。重庆奇芳花谷农业开发有限公司是一家科技型企业,以乡村休闲旅游为主要经营方向,主营业务是赏花、游乐,在疫情期间,营业收入不好。2021年至2022年,徐洪志利用担任该公司科技特派员的契机,通过调研建议公司转变发展思路。一是充分利用资源,调整生产经营规划,压缩纯观赏性花草规模,增加果林油菜种植,打

造彩色油菜花带,增强农业项目的观赏性和体验性。二是积极创建平台,争取建设中小学生实践基地、专家大院、老年休闲基地等。三是实施项目带动,协助该企业申报各类项目。四是实施节本增效,示范机械化轻简化技术,减少常年劳务开支。现在油菜成为公司的主要产业之一,每年增收10万元以上。该公司的"油菜多元化开发+油菜高粱轮作"模式成为重庆市油菜的主推模式之一。

在开竹了解稻油轮作业主水稻高温受灾情况

二、坚持良种创新突破,研育油菜生产好种子

良种研制是最有效的物化技术,作为科技特派员必须解决业主急需的品种问题。万州张地铺家庭农场、万州取宝水稻专业合作社需要适合稻油轮作、适合机械化收获的油菜品种,徐洪志带领科研团队主要研育成了油菜新品种"万油410",其成熟期比中熟品种提早20天以上,且适宜机械化收获。重庆奇芳花谷农业开发有限公司、重庆厚磐农业开发有限公司等需要开花早、花期长的油菜品种建油菜花景观带,徐洪志带领科研团队主要研育成了油菜新品种"1918",该品系比普通油菜品种花期早40多天,花期长50多天。

三、坚持技术集成解难题,助力油菜生产扩面积

冬闲田是重庆油菜产业发展的最大潜力所在,可供种植油菜的冬闲田面积约有400万亩。但现实是冬闲田难以用于种油菜,其原因有:冬水田长期泡水,水排不干,土壤通透性差,种不了油菜;水稻收获迟,种不了油菜;油菜收获后灌溉难解决,或油菜收获迟,影响种水稻;劳动力紧张,无力种油菜;等等。

徐洪志带领团队成员大力开展技术集成,解决了冬闲田种油菜的技术难题,提高了业主种植油菜的积极性。在不改变水稻生产习惯、水稻品种和生产技术的前提下,他从油菜入手,开展了以下工作。一是筛选适合冬闲田种植的油菜品种;二是研究解决稻油轮作中油菜适期播种的技术难题;三是提出"高湿冬闲田机械起垄、排水降湿油菜生产技术",在万州甘宁镇、龙沙镇示范效果良好。

作为科技特派员,他还积极向政府提供决策咨询。提出高标准农田建设尽量做到能排能灌、适合中小型农业机械化运行,打通油菜产地加工政策和技术瓶颈,进一步发挥产地加工对油菜产业发展的带动作用等建议。

开展技术培训

四、坚持补全链条增效益，服务生产消费双满意

传统油菜生产，如果将土地等各种投入都计入成本是难以盈利的。徐洪志为了让业主通过发展油菜生产赚到钱，从技术方面做了以下工作。一是品质增效，建立7D优质菜籽油加工生产线，提高油菜生产效益。二是功能增效，通过油菜多功能开发利用，产业融合发展，提高油菜效益。如潼南区崇龛镇、万州恒合乡、云阳清水乡等地，以油菜产业带动乡村旅游发展。三是节本增效，组织团队成员编制《稻油轮作油菜全程机械化生产技术规程》和《旱地油菜免耕直播生产技术规程》等地方标准，每亩节本增效200元以上。四是周年增效，通过油菜与其他作物高效轮作套种，实现每亩土地总产值提升。

产业化是实现油菜产业所有发展目标的前提，而产业化要靠新型农业经营主体来完成。近年，徐洪志带领团队围绕油菜"三全高效"模式，与20多个专业合作社、家庭农场、生产大户或农业企业建立了紧密合作关系，为油菜生产主体发展提供了全方位的技术支撑。在开州区重庆柏顺旅游开发有限公司建立了600亩油菜高粱轮作示范区，油菜长势喜人，丰收在望。在乡村振兴示范乡万州恒合乡共同打造了"云上恒合"油菜花景区，培育了油菜生产大户邵良国。在云阳清水乡重庆厚磐农业开发有限公司建立了100亩连片油菜多功能利用技术示范基地。在重庆市万州区甘宁镇甘宁水稻农机专业合作社，开展了500亩高湿冬水田利用技术示范，挖掘机开沟、无人机播种施肥，取得初步成功。在巫山县庙宇镇巫山天地农业开发有限公司，采用国家油菜产业技术体系三峡综合试验站推介的"谷林飞播"油菜种植技术，有效解决了冬闲田油菜适期播种技术难题。

为贯彻落实党中央对巩固拓展脱贫攻坚成果同乡村振兴有效衔接的重要部署，中央组织部、科技部等6部委联合向西部10省市160个国家乡村振兴重点帮扶县选派科技特派团，重庆市成立了彭水、酉阳、城口和巫溪4个国家科技特派团。徐洪志作为上述4个科技特派团中油菜产业组成员，紧紧围绕油菜产业现状，立足今后重点工作内容和任务指标，开启了乡村振兴科技服务的新征程。

脚踏实地，把科研成果写到养殖基层

付文贵，中共党员，重庆市畜牧科学院高级兽医师。主要研究领域为畜禽疫病防控，研究重点是猪病防控。主持和参与省部级课题10余项，发表论文10余篇，参与主编《猪病防控170问》等著作2部，获重庆市科技进步奖三等奖1项、厅级二等奖2项、专利12项，编制了重庆市地方标准3项，荣获重庆市2021年优秀科技特派员称号。

2020—2021年，付文贵受重庆市科学技术局和重庆市潼南区科学技术局选派，对重庆市荣大种猪发展有限公司进行科技服务，同时对潼南区别口镇、古溪镇、塘坝镇等多个镇开展技术服务、产业指导和帮扶，主要工作总结如下。

一、规范公司管理制度，加强制度执行力

付文贵从规范公司管理制度、严格执行各项操作规程、猪场环境管控、猪病预防及治疗和员工培训等方面给予合理化建议和技术支持，取得了显著成效。

在前期深入调研重庆市荣大种猪发展有限公司的基础上，付文贵结合公司实际，协助公司规范了各类制度和规程：从物资采购和进出库管理、车辆消毒、人员进出和猪群管理着手，建立了物资采购制度、物料出入库管理制度、猪场员工入场隔离制度、门卫消毒制度等各类管理制度8个；先后建立《后备猪选用规程》《种公猪饲养管理规程》《猪场安全用药规程》等管理规程10个。通过对养殖生产相关制度和规程的规范和完善，企业在管理上有章可循，员工操作和执行更清晰明白，由此促进了企业健康稳定发展。

根据制度要求，结合企业实际，制定和完善各流程监督检查和考核表，让每项工作监督检查有章可循，确保整个运行不留盲区，增强企业的执行力。

二、发挥专业优势,结合实际提供合理化建议和方案

(一)增强疫病防控意识,严防发生重大疫情

加强防疫意识培训。首先从管理层着手开展培训,强化"预防为主"的管理意识,以非洲猪瘟危害为例开展培训。使做好生物安全是养殖业健康发展的必要条件这一观念,在管理层入脑入心,进而推动猪场对生物安全设施设备进行完善,让制度执行更加有力,严防发生重大疫情。

(二)完善环境防控体系

结合疫病流行情况,特别是非洲猪瘟流行情况,指导猪场全方位加强生物安全措施。为企业规划设计车辆烘房、物资消毒室以及彩钢防疫围墙。在猪舍安装防鸟网、灭鼠器、灭蚊蝇灯等,增强猪场防"四害"能力;采取措施防止苍蝇、蚊虫、老鼠等进入猪舍传播病毒,减少疫病发生概率。

现场与企业负责人在烘房、消毒室进行技术交流

保障饮用水安全是猪场疫病防控的重要环节。建议猪场对饮用水进行处理和监测。指导猪场安装水质净化器1套,制定水质净化操作规程以及水样采集、保存、运输等的水质监测方案1套,从水源控制疫病进入猪场。同时,建议为猪场仔猪尤其是哺乳仔猪提供适当加热后的饮用水,可有效降低猪只腹泻概率。

(三)利用监测数据,提前预警,防止重大传染病发生

1.加强猪场免疫监测

疫苗免疫预防是猪场疫病防控的最主要的措施,建议猪场制定严格的免疫程序,并进行相应免疫抗体水平监测,掌握猪场猪只免疫水平,实

时调整疫苗免疫程序,确保猪只抗体水平处于较高的防病水平。

2.科研院所研究平台提供监控和预警

重庆市畜牧科学院每年免费为猪场检测2次,检测样品100余份。通过检测为猪场疫苗免疫和免疫计划调整提供数据支持,确保猪场年内不发生非洲猪瘟等重大疫病。另外利用检测数据,掌握饲养、疫病流行动态,以及疫病流行规律,每季度提前制作技术要点及风险防控预案,提前告知养殖户未来一个季度的技术要点,提前预警,做好防控。

(四)加强饲料检测和检查,防止病从口入

建议猪场建立饲料检测标准,对每批入场饲料按标准进行抽样检测,杜绝不合格的饲料进入猪场。同时要求饲养员随时检查饲料是否霉变、结块等,防止因饲喂发霉变质的饲料引起猪只腹泻、呕吐、厌食、流产、死胎等现象。

三、加强技术培训,提升猪场人员技术水平和操作技能

技术骨干是企业发展的重要动力,加强技术骨干培养,能为企业发展注入动力。全年共举办培训4期,培训技术骨干20余人次,培训农民55人次。主要培训内容包括"非洲猪瘟诊断与防控""冬季仔猪腹泻的临床鉴别诊断技术及实验室诊断要点""临床快速鉴别猪腹泻之病料的采集、保存"以及"药敏检测技术操作要领"等,培训提高了猪场员工和技术骨干的实际操作技能。

对技术骨干开展饲养管理及猪病防控技术培训

四、免费为企业、养殖户提供服务

(一)细菌药敏服务

重庆市畜牧科学院科研平台每年指导重庆市荣大种猪发展有限公司开展药敏试验2—3次,结合细菌分离及药敏试验结果,指导猪场合理用药,既有效控制疾病,又减少滥用抗生素,避免耐药菌株出现;结合猪场实际用中药白黄颗粒治疗仔猪腹泻,年内猪场腹泻死亡率降低3.4%,用药成本比同期减少1.6%。

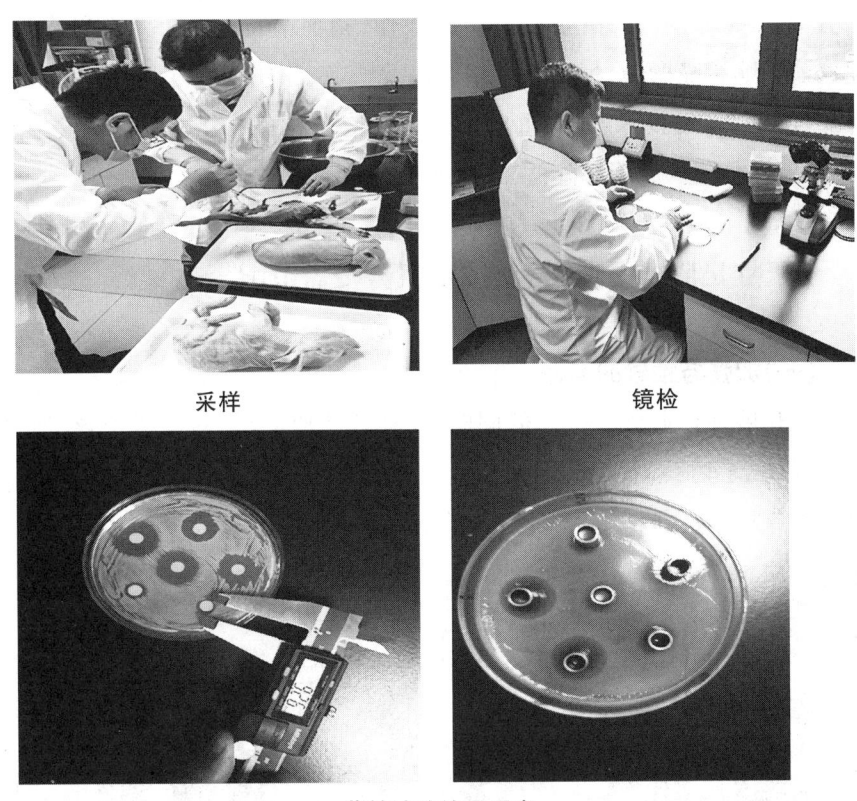

采样　　　　　　　　　　镜检

药敏试验结果观察

(二)建立专家服务明白卡

付文贵将擅长的专业、服务范围、可以协调解决的技术范围、联系电话等信息印在专家服务卡上,让养殖户清楚明白遇到什么样的问题该找谁,如何及时联系上技术人员并及时解决问题。制作明白卡300余张。

(三)建立服务信息网

利用互联网优势,建立养猪技术咨询微信群,便于与猪场技术人员交流,了解猪群健康情况,及时提供技术帮助,同时实时发送不同季节疫病防控注意事项、饲养管理措施、农业农村部发布的有关信息等。

(四)开展"零距离"培训,帮助公司建立疾病诊断室

通过人员培训、设备筛选,帮助公司建立1个小型疾病诊断室,有助于公司对猪只抗体水平的监测、细菌性疾病的控制。2021年,挑选了1名公司技术人员到重庆市畜牧科学院参加疾病诊断技术培训,主要学习细菌的分离、鉴定技术,细菌药敏试验的操作,猪血清抗体ELISA检测技术。建议公司购买显微镜、恒温恒湿培养箱等设备,建立猪场自有的简易诊断室。经过一年的技术服务,重庆市荣大种猪发展有限公司全年未发生重大传染病,仔猪的腹泻率降低5.2%,死亡率降低2.3%。

五、立足服务企业,拓展技术服务覆盖范围

(一)加强与领导的沟通

在开展好企业服务工作的同时,密切联系服务镇、村各级领导,通过现场调研、走访,了解当地养殖户的技术需求和技术难题,为做好下一步技术服务打下基础。

与区、镇、村级领导交流技术帮扶

(二)深入养殖户(场),现场调研,了解情况,推广新技术、解决技术难题

在潼南区别口镇、古溪镇、塘坝镇等多个镇开展服务,服务带动农户30余户,培训技术骨干20余人次。推广夏季猪场蝇蚊综合防治、非洲猪瘟防控等新技术16项,解决猪场水质监控、非洲猪瘟防控生物安全等技术难题15个,带动就业人数101人,服务猪场实现年产值500余万元,新增年产值50余万元。

现场示范、培训猪场采样技术

现场解决技术难题

现场诊断疾病

第五章
政策保障

关于开展"十百千科技特派员下农村行动"工作的意见

渝科委发〔2005〕20号

自2003年以来,我市相继开展了选派科技首席执行官(科技CEO)、7个区县(市)的"十、百、千科技特派员下农村行动"的试点工作。在试点区县(市)各级政府和科技特派员的共同努力下,试点工作进展顺利,为在全市深入推进此项工作积累了有益的经验。实践证明,实施科技特派员制度,有利于调动整合科技人才资源,有利于探索农村新型科技创新服务体系,有利于推动农业科技成果转化及科技知识的普及宣传,对于加快全市农业产业化、农村城镇化、农村信息化、农民知识化的进程,最终依靠科技促进解决"三农"问题具有重要的现实意义。

为了进一步完善科技特派员制度,经市领导同意,市科委、市委组织部、市人事局、市农办、市农业局、市财政局六个部门在总结试点工作的基础上,现就在全市范围内开展"十、百、千科技特派员下农村行动"工作,提出如下意见。

一、充分认识"十、百、千科技特派员下农村行动"工作的重要意义

党中央把解决"三农"问题作为党和国家工作的重中之重。如何实现农民增收、农业增效、农村致富,是新阶段我市农村科技工作面临的艰巨任务和重要使命。重庆作为新兴的直辖市,大城市与大农村并存,城乡之间经济社会发展差距较大,农村人口多,城乡二元结构明显,农业、农村和农民问题仍然是制约全市经济社会发展的薄弱环节。站在全面建设小康社会的新起点上,全市各级党委和政府必须从实践"三个代表"重要思想、落实科学发展观、提高执政能力、保持党的先进性的战略高度,增强使命感、紧迫感,始终把农业农村农民发展作为经济社会发展的重中之重,向农民倾注更深厚的感情,对农业给予更大、更直接的支持,让农村更快更好地发展。

"十、百、千科技特派员下农村行动"指全市从2004年至2006年三年内,市级分别选派10名科技领域的首席专家、100名市级科技特派员,区县(自治县、市)组织选派1 000名科技特派员到农村开展形式多样的科技服务。该项工作把大批科技人员从科研院所、高等院校、农村技术推广服务机构、企业导向农村第一线,把科技服务与"三农"问题有机结合,是实践党的"三个代表"重要思想、保持党的先进性的具体行动。其主要目的是:以富民为本,扶农、助农、兴农为宗旨,以提高农村科技水平和农民素质为目标,以调整农业结构和提升农业产业化水平为抓手,积极探索我市科技服务"三农"的有效途径,努力改善农村生产生活条件,提高可持续发展水平,进一步密切党群干群关系。科技人员下农村行动,有利于科技成果的转化与应用,架起成果方与农户或龙头企业的桥梁;有利于提高农业科技水平,推进农业产业化经营;有利于调动农业科技人员积极性,为科技人员提供施展才华的舞台,促进产学研、农科教结合;有利于培育区县(自治县、市)新的经济增长点,促进其跨越式发展。各地各部门要充分认识这项工作的重要意义,切实把这项工作纳入重要的议事日程,精心组织,狠抓落实,确保这项工作顺利开展。

二、精心组织和选派,实现科技特派员与基层需求的有效对接

(一)科技特派员的选派原则

1.坚持按需选派与行政选派相结合的原则。每年通过双向选择、招

聘、引进、行政选派等形式进行精选，其中双向选择是科技特派员选派的主要方法，供需双方直接见面，在自愿协商的基础上达成契约。服务期限原则上在1年以上，可根据实际需要连续选派。

2.面向市内外公开选聘的原则。对区县、基层单位提出的重大项目的具体需求，经市有关部门组织专家评定，面向市内外公开选聘。

(二)科技特派员的选派范围

主要是科研院所、高等院校的学科带头人与科研专家，从事各类农业科技推广服务的专业技术人员，从事成果转化、优势特色产业开发、农业科技示范园区和产业基地建设的科技人员，龙头企业的技术负责人，基层的科技工作者、技术推广员等。

(三)科技特派员的选派条件

能贯彻执行党的路线、方针、政策，有较强的事业心和政治责任感，作风正派，工作扎实，能吃苦耐劳；具有中级(含中级)以上技术职称或大学本科以上的专业技术人员(有科技成果或在研科技项目的人员可优先选派)；具有一定的实践经历和管理经验。

(四)科技特派员的选派程序

市级科技特派员每年由市科委、市委组织部、市人事局、市农办、市农业局、市财政局六个部门联合认定，并将选聘人员及其主要工作任务向社会公示。

(五)科技特派员的服务对象

科技特派员的服务对象要紧密结合我市农业产业发展和农村、农民的需求统筹安排，重点包括：我市确定的优势特色产业科技示范园区、科技示范村或专业大户、产业原料基地；农业产业化重点乡(镇)、重点企业；农业专家大院、生产力促进中心、农业专业技术协会等新型农村科技创新服务组织；农村城镇化重点乡镇；农村信息化、农业机械化重点地区或实施单位。

三、进一步明确目标任务,拓展科技特派员工作的发展空间

(一)主要目标

壮大一批优势主导产业,推广一批科技成果和先进实用技术,提升一批骨干龙头企业,培育一批科技致富典型,发展造就一支具有一定专业素质的科技中介服务队伍。通过科技特派员下农村行动的实施,推动农业规模化、标准化、市场化生产,显著提高农产品品质和市场竞争力,促进县域经济繁荣和农民收入的稳定增长。

(二)重点任务

1.加快农业产业化建设。围绕优势特色产业,有效整合科技、经济资源,做大做强龙头企业,促进农业的区域化布局、集约化生产、一体化经营、社会化服务和企业化管理。

2.提升中小企业的发展水平。积极推动中小企业结构调整、技术创新和管理水平的提高。

3.培育一批服务专业化、运行规范化的新型农村科技创新服务组织,基本满足农村各类科技创新活动的服务需求。

4.搞好信息服务。充分应用信息网络技术,大力开发利用信息资源,及时为农产品提供市场、技术等方面的信息服务,指导农业生产。

5.强化先进适用技术推广。围绕我市"三百工程"的实施,加大农业技术的集成配套和示范、推广力度,带动农业结构调整,增强农产品的市场竞争力和农村经济发展后劲。

6.依靠典型示范。通过培植科技示范乡镇、村或专业户,发挥典型示范效应。

7.抓好农民素质培训。充分利用农村各种文化设施,采取多种形式,举办实用技术培训,造就一批农村实用人才和新型劳动者。

8.为区域经济发展提供战略规划和科学决策。

四、强化管理,提高科技特派员下农村行动的实效

1.建立组织领导协调机构。市和区县(自治县、市)均应建立科技特派员工作领导小组及其办公室,加强组织和宏观引导。市科技特派员领导小组办公室设在市科委。

2.规范科技特派员的管理工作。科技特派员在基层的实际工作时间每年不得低于三个月。建立工作日志、服务反馈卡等制度,科技特派员办公室不定期进行检查。驻点单位协同科技特派员办公室对科技特派员的年度绩效进行评议。科技特派员工作期满后,由组织、人事、科技特派员办公室、派驻单位联合评议,并作出结论,评议结果进入个人档案,作为职务晋升、职称评聘的重要参考依据。

3.对个别科技特派员确因工作调动、外出研修等客观原因,不能保证顺利开展工作的,须向驻点单位说明情况,并向科技特派员办公室提出书面辞呈。

4.对经组织选派,拒不履行职责或弄虚作假的科技特派员,取消科技特派员资格。

五、完善相关激励政策,激发科技特派员下农村行动的积极性

1.机关、事业单位在职人员被聘为科技特派员者,其在原单位的职务、职称、编制不变,工资、津贴等一切福利待遇不变。派出单位要尽可能提供相关工作条件。

2.科技特派员在下派期间,允许通过技术服务取得合法报酬。鼓励科技特派员以资金入股、技术入股等方式参与投资创业,与企业、专业大户结成经济利益共同体,共谋发展。相关待遇可参照渝办发〔2001〕99号文件执行。

3.鼓励科技特派员为所在地区和单位招商引资。凡引资成功者可按所在区县相关政策给予奖励。

4.对科技特派员实施科技创业投资活动,各有关方面要简化工商注

册、税务登记、土地办证等方面的审批程序,给予优先办理;对科技特派员申报的科技项目和高新技术产品或高新技术企业,在同等条件下,各级有关部门应优先给予立项支持或认定。

5.建立科技特派员专项资金。市财政局、市科委在"十、百、千科技特派员下农村行动"计划期内,每年安排一定经费,作为科技特派员专项资金,用于科技特派员引进、培训、差旅费补助等。有条件的区县要相应建立专项资金,对科技特派员的日常工作、项目实施等采取补贴、立项、经费后补助等方式给予扶持。

6.从机关、事业单位选派的科技特派员,其年度考核由原单位根据所在单位提供的依据,并参照科技特派员办公室出具的评议结果综合评定后确定等次。被确定为优秀的,报经同级政府人事部门批准,可不受原单位"优秀"考核比例的限制。

7.对作出突出贡献的科技特派员,在申报评审职称时,可参照职称评审破格条件有关规定予以破格晋升。

重庆市科技特派员试点工作"十一五"计划

中央提出,科技特派员工作是加强社会主义新农村建设的重要举措。为认真落实全国科技特派员试点工作会议精神,进一步深化我市的科技特派员制度,推动和实现新时期科技与农村经济的有机结合,完善新型农村科技服务体系建设,让更多的科技人员直接参与破解"三农"问题,特制定全市"十一五"科技特派员试点工作计划。

一、总体思路

贯彻全国科技特派员试点工作会议的总体部署,以全面促进新农村建设为目标,坚持机制创新与体制创新相结合,市场机制与行政推动相结合,不断完善科技特派员制度的政策措施,以优化资源配置,调动各方力量为手段,注重产学研结合和团队式服务的工作方法,进一步完善科技特派员制度的运行机制;根据市场的需要和农民的需求,探索市场机制条件下科技特派员制度可持续发展的发展机制,使科技特派员制度成为以市场为导向的多样性的农村科技推广体系的一个重要组成部分,成为新时期依靠科技进步促进新农村建设的有效途径。

二、工作目标

总体目标:通过实施"十百千科技特派员下农村行动",推动科技与新农村建设相结合,转化推广一批科技成果,攻克一批关键技术问题,建设一批科技示范基地,扶持一批基层科技创新服务组织,培育壮大一批科技型龙头企业,做大做强一批优势特色产业和品牌。进一步完善科技特派员制度,加强农村科技创新服务组织体系建设,用科技手段形成经济利益共同体,建立起科技特派员制度长效机制。

具体目标：

——扩大试点规模，科技特派员试点工作覆盖全市40个区县(市)；

——不断优化"十百千"人才结构，建立起稳定的科技特派员人才库；

——建立科技特派员投入机制，推动有条件的区县(市)建立科技特派员项目实施专项资金，同时吸引社会和金融资本进入，到"十一五"末，总计投入项目经费超亿元；

——结合特色产业，培养30个科技特派员工作团队，40个科技特派员工作站，50个经济利益共同体；

——推动有条件的区县(市)建立一批"科技特派员农业产业化和技术推广协会"，吸收科技特派员、农业企业及农民组织和个人成为会员；

——结合三峡库区星火产业带建设，力争配套建成37个产业示范基地，以及由15个工程技术研究中心、4个重点实验室、9个专家大院、5个星火信息网络平台、1个三级培训体系组成的科技创新服务体系。

三、重点任务

1. 科学规划，优化科技特派员工作布局。一是优化区域布局。在项目、资金和科技特派员人才等方面，向重庆三峡库区、少数民族地区、区域性中心城市倾斜。二是优化行业布局。引导农、牧、渔、农村新兴产业、生态环境保护等相关产业向特色园区集中，形成特色产业链、产业集群和产业基地，促进各产业协调发展。三是优化农技内容布局。将从事不同专业技术的科技特派员，按产业或项目有机结合起来，既有分工又有协作，为产前、产中、产后提供技术服务。

2. 突出重点，发展优势特色产业。围绕发展优质柑橘、草食牲畜、优质粮油、榨菜、中药材、蚕桑、笋竹、甘薯、无公害水产等优势产业带和特色产业区，推动规模化种养殖生产和经营，建成一批现代农业生产示范基地、农产品加工基地和出口基地。推进"梁平县水禽科技合作示范社建设""武隆县高山中药材创新服务中心建设""大足县五金振兴计划"等工作。

3.科技当先,引领现代农村社区发展。针对我市农村基础设施薄弱,产业发展滞后,生活环境较差等问题,加强科技特派员配备,推进农村社区技术研发服务,搞好社区规划和设计。重点扶持粪污无害化处理,柑橘皮渣、药渣、榨菜浸泡液等废弃物质综合开发利用,沼气、秸秆气化等先进适用的农村生活能源开发。

4.塑长效阵地,建立和完善各类农村科技服务平台。及时总结各地科技特派员工作的新经验,新模式,完善已有农村科技服务体系,建立一批农业专家大院、科技合作社、企业技术创新中心、农村专业技术协会、区域性科技成果转化中心、农业生产力促进中心以及孵化器、民营农业研发机构等新型农村科技创新服务平台。

5.加强培训,提高移民就业和劳动力转移的数量和质量。以提高农民劳动技能为重点,发挥科技特派员的专业技术优势,综合利用星火学校培训、现场培训、远程培训等多种方式,使库区移民掌握至少一门以上的实用劳动技能,培养一批高素质的乡土科技人才、经营大户和农民企业家。将发展劳务经济作为库区移民就业的重要途径和库区经济的重要产业,精心打造"三峡劳务"品牌,不断将农村富余劳动力转移到第二、三产业中,加快农村劳动力非农化的步伐。

6.团队服务,加强新农村科技示范建设。一是打造一批特色产业服务团队。按粮食作物、畜牧、小城镇建设等不同领域或按国家、市级重大专项筛选10名科技首席专家,100名市级科技特派员,各区县(市)选派1000名具有丰富实践经验的科技特派员,组成我市科技特派员团队。二是围绕国家和市级重点项目(重庆三峡库区星火产业带建设、国家科技富民强县、UNDP项目及农转资金)等,发挥科技特派员团队优势,促进科技成果的转化。三是重点支持"一村一品"的产业发展格局。注重地方特色,发展有利于新农村建设的相关产业,引导产业聚集和规模扩大。四是小城镇建设示范。以小城镇建设为模式,推动农业产业化、农村城镇化、农村信息化和农民知识化进程,加快社会主义新农村建设的步伐。

四、保障措施

1.加强领导,保障科技特派员试点工作健康发展。继续坚持由政府牵头,各部门配合的领导体制,同时,根据工作的需要和人员的变化充实和完善科技特派员领导小组。出台相关政策,完善科技特派员工作规范和考核督导管理办法,从职称评定、年度考核、提拔使用和社会保障等方面给予科技特派员支持。

2.加大投入,确保科技特派员试点工作顺利开展。保持市财政每年100万元专项工作经费的投入,建立科技特派员专项基金,鼓励有条件的区县市设立配套资金,同时吸引更多的社会和金融资本进入。

3.强化培训,提升科技特派员服务能力。设立科技特派员培训专项计划,力争为每一位科技特派员每年提供一次培训机会。培训既要更新知识也要拓宽视野,既提高业务素质也增强责任感和使命感,力争建立一支懂技术、会管理、善经营的科技特派员队伍。

4.多方联动,全力推动科技特派员试点工作。将科技特派员工作与农业部门"农技推广服务体系改革""科技入户""新型农民培训计划"相结合;与人事部门"三支一扶"(支农、支教、支医和扶贫)相结合。整合部门资源,全力推动科技特派员试点工作。

5.扩大宣传,营造良好环境。挖掘基层的先进典型,编印反映科技特派员工作的事迹汇编,在重庆卫视、《重庆日报》上开辟专题栏目为特派员工作宣传造势,同时,及时完善和编印《特派员工作手册》,建立特派员个人信息库。

6.召开年会,表彰和奖励有突出贡献的先进集体和个人。及时贯彻国家科技特派员试点工作有关精神,总结经验,部署工作。表彰和奖励有突出贡献的科技特派员工作先进集体和个人。

重庆市支持科技特派员创业服务十条举措

渝科委发〔2011〕89号

一、全面兑现"三不变、三挂钩"政策

在职专业技术人员被聘为市级科技特派员的,其职级、编制、工资(含津贴)待遇在原单位实行"三不变";其职称评定、职务晋升、评优评奖与在服务单位的工作绩效"三挂钩"。

二、享受科技金融扶持扶助政策

1. 建立科技融资平台

由重庆科技风险投资有限公司等出资5 000万元,组建重庆科技特派员创业投资专项基金,以股权方式投资市级科技特派员创办(领办)的企业。

2. 提供金融信贷产品

继续深化科技部门与金融监管部门的战略合作与工作联动。鼓励和引导现有银行业金融机构再造农村金融服务流程,采取农户客户经理、信贷员包村服务及"贷款+技术"等方式,大力推进信贷服务模式创新。稳步探索开展知识产权质押,农村土地承包经营权、林权抵押,科技特派员授信等贷款方式,由银行提供5 000万元授信、重庆科技金融服务平台提供贷款担保。大力发展新型农村金融机构,多渠道加大对科技特派员创业的金融扶持。

3. 提供专项补助

市级科技特派员创办(领办)的科技型企业,享受《重庆市科技投融资专项补助资金管理暂行办法操作指引(试行)》的补助政策。

三、设立科技专项

市科委每年从应用研发资金中安排1 000万元设立科技特派员专项,主要支持科技特派员开展新产品开发、成果转化、人才培训和其他创新创业活动。

四、优先申报国家级科技项目

市级科技特派员创办(领办)的企业,在申报国家农业科技成果转化资金、国家星火计划、科技特派员创业服务行动等项目和参与实施国家科技富民强县专项行动时,优先推荐申报。

五、申报市级科技计划项目实行加分政策

市级科技特派员个人创办(领办)或入股(参股)企业在申报市级科技攻关计划等竞争类科技项目时,在专家评审得分基础上加3分参与竞争。

六、享受重庆市"三支"人员待遇

市级公益型科技特派员纳入重庆市"三支"人员管理,享受《重庆市万名专业技术人才支农支教支医选派管理暂行办法》规定的政策待遇。

七、享受重庆市微型企业优惠政策

市、区(县)两级符合"九类人群"身份或为劳动模范、先进人物的科技特派员新创办(领办)的科技型企业,享受《重庆市微型企业创业扶持管理办法(试行)》规定的优惠政策。

八、支持申报农业产业化龙头企业

市级和区(县)级科技特派员创办(领办)或入股的且经市科委认定的农业科技型企业,优先申报市级农业产业化龙头企业。

九、享受重庆市农村青年创业扶持政策

农村青年人才被聘为市级或区(县)科技特派员的,开展科技创新创业服务享受重庆市青年创业就业基金会提供的创业能力培训、导师"一对一"辅导或"无息、短期、小额"创业借款等帮扶。

十、营造宽松的创业服务环境

市级科技特派员在基层开展创业服务视为在岗工作,并计入派出单位的工作量。市级科技特派员创业收入、技术入股分红、成果转让、科技服务等收入为合法收入。

重庆市科技特派员工作制度

渝科委发〔2012〕103号

为深入推进重庆市"双十百千"科技特派员创业服务行动,加强科技特派员工作管理,充分发挥科技特派员在创新驱动效益农业发展、"121"科技支撑示范工程中的作用,促进科技特派员工作的制度化、规范化、常态化和科学化,根据《重庆市科技特派员管理办法》,特制定本制度。

一、组织管理制度

1.档案管理。建立"重庆市'双十百千'科技特派员管理系统",并依托该系统建立科技特派员个人工作档案,实行一人一档,动态信息管理。档案内容包括:科技特派员个人情况、服务协议、日常工作记录、年度工作总结、考核评价结果、表彰奖励情况等。

2.检查督促。市科技特派员管理办公室(以下简称"市科特办")会同相关区县科委,对科技特派员在下乡、入园、进企工作期间,进行定期或不定期检查。

3.表彰奖励。市科特办每3年评选一批市级优秀科技特派员、科技特派员管理工作先进个人、科技特派员管理工作先进集体,由市科特办报请市科技特派员工作领导小组给予表彰奖励,并优先向科技部推荐申报全国优秀科技特派员、科技特派员工作先进集体。表彰奖励结果经科技特派员所在单位组织、人事部门审核后存入本人档案。

4.联席会议和工作交流。市科特办每年召集一次成员单位参加的联席会议,研究解决"双十百千"科技特派员创业服务行动中的重大事项、存在困难和问题;每年召开一次科技特派员工作交流会,听取典型示范项目进展,交流工作经验。

二、日常工作制度

1.驻点工作制度。凡是被选派的科技特派员，要与区县科委和服务对象签订科技服务协议，并认真履行职责，深入扎实地下乡、入园、进企开展科技帮扶工作。科技特派员每年每个驻点服务不少于5次，累计服务天数不少于30天。

2.工作记录制度。科技特派员每次开展驻点服务，应及时登录"重庆市'双十百千'科技特派员管理系统"，在线填报工作记录并提交，由区县科委审核通过后提交市科委存档。年终在线填报、提交年度工作总结。

3.参与活动制度。科技特派员应按时参加市科特办组织的相关活动，不得无故缺席；不得从事与当地科技、经济和社会发展无关的个人生产、经营活动。

三、考核评价制度

1.考评原则。

逐步建立考评激励机制，充分调动广大科技特派员的积极性，增强履行岗位职责的责任感，为科技特派员选聘续聘、职务晋升、职称评定、评优评奖等提供重要依据。

2.考评内容。

由市科特办根据科技特派员与服务对象签订的《科技特派员技术服务协议书》、科技特派员年度工作总结进行考核，重点考察科技特派员的驻点工作记录、服务评价、工作绩效等。

3.考评等次。

驻点服务评价。科技特派员每次驻点服务后，由区县科委联合服务对象给予评价，评价结果分为满意、一般、不满意四[①]个档次。

[①]原文为"四"，疑为"三"。本章政策、制度等相关文件，本书的处理原则是尽量忠实原文，以显示其本来面貌，特此说明。

年度考核。由市科特办会同区县科委对科技特派员进行年度考核,考核结果分为优秀、合格、不合格三个等次,并存入其工作档案。

4.奖惩举措。

对考核优秀者,可参与评选市级优秀科技特派员、全国优秀科技特派员;对考核优秀及合格者,给予科技计划项目资助或每年给予不少于5 000元的工作补贴,可享受"重庆市科技特派员创业服务十条举措";考核不合格者,取消其市级科技特派员资格,三年内不得申请市级科技特派员。

本规定仅适用于市级公益型和企业型科技特派员。

重庆市科技特派员进村帮扶计划实施方案
（2015—2017年）

渝科委发〔2015〕106号

为贯彻市委、市政府关于实施"精准扶贫、精准脱贫,打好扶贫攻坚战"的有关部署,引导我市科技特派员深入各贫困村开展科技创业与技术服务,充分发挥科技人才在支持贫困地区经济社会发展中的积极作用,特制定本实施方案。

一、思路与目标

(一)基本思路

围绕贫困村产业发展科技需求,实施科技特派员进村帮扶计划,充分发挥科技在扶贫开发工作中的支撑引领作用,以"科技精准扶贫"为主题,以科技特派员为纽带,以农业科技成果转化、农村实用技术推广、农民产业技能培训为抓手,大力促进扶贫产业技术创新和商业模式创新,激发农民创新创业活力,赋予贫困村主导产业内生动力,助推贫困村农户脱贫致富。

(二)主要目标

1.总体目标

全市计划每年选派2000名科技特派员到18个贫困区县提供科技服务、开展农村科技创新创业,促进区域性主导产业和特色产业技术进步,形成"一人帮一村、一村兴一业、一业富一方,大家齐小康"的科技扶贫新模式,切实提升贫困村科技应用水平。

2.具体目标

(1)到2017年,实现科技特派员对全市18个贫困区县所有贫困村的"全覆盖"。

(2)每年为18个贫困区县各培养100名本土科技服务人员和农村科技创新创业人员。

(3)引进和转化农业新品种、新技术200项,推广农业实用技术500

项,服务农业企业、专业合作社、家庭农场等1000个以上,辐射带动农户10万人以上。

(4)编写农村农业实用技术手册1套,培训贫困村农民500期、培训农户10万人次以上。

(5)建成科技特派员综合信息管理与服务平台1个。

二、需求征集与选派

(一)科技需求征集

针对18个贫困区县,各区县科委会同扶贫办征集贫困村的科技需求。以行政村为单位,征集各贫困村现有幅员面积、总人口、外出务工人数、返乡农民工人数;主导产业的现有规模、存在哪些技术问题;创业大户、创业产业、创业规模、创业瓶颈;产业发展、规模及目标。

(二)科技特派员选派

1. 选派来源。市内外有关科研院所和高等院校、职业院校(含各类科技创新、服务平台建设依托单位)的学科带头人与科研专家;市级有关科技推广机构、有关企事业单位的专业技术人员;农业龙头企业的技术负责人,区县相关部门的科技工作者、技术推广员,大学生村官等。

2. 选派条件。具有一定的实践经历和管理经验,能够解决贫困区县科技需求,身体健康,自愿为服务对象提供科技服务的现代农业、工业、服务业以及农村生态、环保、信息化等行业的科技人员。对医疗服务、地质灾害防治及水利等专业领域有需求的,经所在区县科委审核同意、市科委审定,可以选派一定数量的科技人员。

3. 选派原则。按需选派——围绕我市贫困区县支柱产业发展和贫困村发展的需要,选派急需的科技人员;双向选择——科技特派员与拟进驻贫困村共同协商,签订"一对一"技术帮扶协议;突出重点——支持贫困村主导产业发展和创业大户、创业示范基地建设;保证质量——科技特派员具有较高的思想政治和科技素质,能深入贫困村,切实提供科技推广和服务;注重实效——因地制宜,切实提高受援区县科技服务水平和科技创新创业能力。

4.选派程序。按照"征集需求—选派对接—组织审批—集中派出—开展服务—考核总结"的程序开展科技特派员的选派工作。

(1)区县(自治县)科委牵头组织开展需求调查,征求科技特派员进驻贫困村和派出单位的相关信息;

(2)区县(自治县)科委将供需双方信息进行双向交流,征集双方意见,形成自愿组合,签订合作意向书;

(3)根据合作意向,区县(自治县)科委商请科技特派员的所在单位,联合确定派出人员及派驻贫困村;

(4)市科委等部门联合印发选派的文件,开展岗前培训,并集中派出科技特派员;

(5)科技特派员按照选派协议书和有关要求,为服务对象提供科技服务。受援单位为非法人单位的,由服务对象所属业主负责人签订选派协议书;

(6)科技特派员服务每满1年,由区县(自治县)科委对其工作绩效和服务情况进行年度考核。

三、帮扶任务与要求

(一)科技特派员的帮扶任务

贫困区县科技特派员要围绕服务对象(单位)的科技需求,提供公益专业技术服务,帮助解决产业关键技术问题或商业模式问题,或者与服务对象结成利益共同体、创办领办农民专业合作社、企业等,推进区域科技创新创业,并为贫困区县培养本土科技人才。

(二)服务时限

贫困区县科技特派员提供科技服务的时间为1年,工作有成效的可连聘连任。派出期间根据服务对象的科技需求和科技攻关、示范、推广的需要,不定期到贫困区县开展实地科技服务,或采取通信、网络等手段及时提供科技服务、解决科技问题。

四、组织管理

(一)本帮扶计划由市科委、市委组织部、市人力社保局、市财政局、市扶贫办共同组织实施,并指导各区县(自治县)科技特派员选派和科技人才培养工作。

(二)市科委牵头负责本帮扶计划的组织实施和管理,不定期开展科技特派员工作培训,会同市财政局做好专项经费的统筹安排和使用管理,并加快建设重庆市科技特派员综合信息管理与服务平台,为帮扶计划的组织实施提供有力保障。

(三)有关区县(自治县)科委牵头负责并会同有关部门,协调本行政区域内的各级科研院所、高等学校,组织市、区县级相关单位选派符合条件的科技人员开展科技服务;做好受援单位及其科技需求、科技人才培养需求的上报,以及科技特派员的选派、管理、年度工作考核等工作,及时了解科技特派员的科技服务情况并提供服务。

科技特派员的组织管理依托"重庆市科技特派员管理系统",按照"特派员注册—贫困村科技需求征集—区县科委遴选—市科委统一选派—签订进村扶贫任务—在线填写扶贫工作记录—区县科委年度考核"的流程进行。年度考核优秀比例不超过选派总数的1/3。

(四)派出单位要加强对本单位选派科技人员的管理,积极动员科技人员参与,确保各项政策的落实,将科技人员选派工作列为本单位绩效考核和职称评定的重要依据。

(五)受援单位要根据选派协议书的规定,为科技特派员开展科技服务和科技创新创业提供必要的条件和便利服务,确保科技特派员在当地的人身安全。

(六)科技特派员在开展科技服务期间应严格遵守中央"八项规定"和我市有关规定。

五、保障措施

(一)政策保障

对选派到贫困区县服务且考核合格的贫困区县科技特派员,除享受国家和重庆市出台的相关人才支持政策外,还可享受以下政策:

1.科技特派员开展进村帮扶满两年的,其帮扶工作经历在干部选拔任用时视为基层工作经历。

2.科技特派员选派工作期间,年度考核为优秀的,在职称评聘时,同等条件下优先考虑。

3.在职专业技术人员被聘为市级以上科技特派员的,其职级、编制、工资(含津贴)待遇在原单位实行"三不变";其职称评定、职务晋升、评优评奖与在服务单位的工作绩效"三挂钩"。

4.科技特派员在基层开展创业服务视为在岗工作,并计入派出单位的工作量。鼓励科技特派员通过自主创业、技术入股分红、成果转让、科技服务等多种方式取得收入。

(二)经费保障

1.选派工作经费由国家、市和区县三级统筹解决。"三区"人才的经费由财政部、科技部下达安排。市级科技特派员的经费由市科委解决,主要支持科技特派员开展精准帮扶、技术培训等。区县级科技特派员的经费由区县配套经费解决。工作经费主要用于支付科技特派员到贫困区县的工作补助、交通差旅、保险和培训费用等。"三区"人才和市级科技特派员的经费直接拨到区县科委专账管理,区县科委可以根据实际需要转拨到科技特派员的派出单位。

六、其他要求

(一)各区县(自治县)科委、组织部、人力社保局、财政局、扶贫办等有关单位要高度重视、通力合作,分工负责、专人落实。

(二)各区县(自治县)科委要认真做好科技特派员选派工作,并及时填报相关信息。

重庆市深入推行科技特派员制度实施方案

渝府办发〔2016〕232号

为认真贯彻落实《国务院办公厅关于深入推行科技特派员制度的若干意见》(国办发〔2016〕32号),激发广大科技特派员创新创业热情,引导各类科技人才和单位深入基层开展创新创业与服务,推动大众创业、万众创新,结合我市实际,特制定本实施方案。

一、总体要求

(一)基本思路

全面贯彻党的十八大、十八届三中四中五中六中全会和市委四届九次全会精神,牢固树立创新、协调、绿色、开放、共享的新发展理念,大力实施创新驱动发展战略,坚持改革创新、分类指导、以人为本,深入开展科技特派员专项行动,壮大科技特派员队伍,探索市场机制条件下可持续的科技特派员制度,培育新型经营和服务主体,带动以人力资源为核心的生产要素向基层聚集,健全城乡社会化科技服务体系,加快现代农业和新兴产业发展,为促进全市城乡统筹发展、全面建成小康社会作出新贡献。

(二)总体目标

以"派得出、下得去、留得住、干得好"为目标,聚集各级各类科技、信息、资金、管理等现代生产要素,引导科技特派员下基层开展科技创新创业和服务,培养一批创新创业人才,破解一批技术难题,推广一批科技成果,培育一批科技型企业,扶持一批特色优势产业。到2017年,全市科技特派员队伍达到10 000名,基本实现区县(自治县)全覆盖。到2020年,形成具有良好激励效应和创新创业效果的政策环境和管理服务体系,实现全市科技特派员工作制度化、规范化和常态化。

二、主要任务

(一)引领现代农业发展

围绕我市粮油、蔬菜、生猪3个保供产业和柑橘、榨菜、生态渔、草食牲畜、茶叶、中药材和调味品等7个特色产业发展技术需求,大力开展农业新品种培育、肥药"两减"与节水、现代农业装备研发、健康食品开发与保鲜物流、农业资源高效利用等关键技术研究,形成先进实用的农业技术成果包,加快科技成果转化推广和产业化。

(二)推动农村科技创新创业

围绕地方经济社会发展需求,依托农业科技园区等平台载体,大力开展科技成果转化,将更多更好的科技成果引入农村;牵头创办、领办、协办专业合作社、专业技术协会、涉农企业等农村新型经济组织,与农民结成"风险共担、利益共享"的共同体;充分发挥农业"星创天地"的示范引领作用,通过创业示范、技术培训、企业孵化、成果转化等多种方式,支持大学生、退伍转业军人、返乡农民工、职业农民等各类主体开展创新创业。

(三)服务社会民生改善

围绕推进新农村建设和增进民生福祉的需要,帮助完善村镇规划,指导乡村建设和环境治理;普及食品安全及卫生防疫知识;开展远程诊疗、现场诊治和地方病防治;指导基层医院建设发展,开展医生分级培训和重点专科扶持,创办、领办惠民医疗点和乡村诊所,探索惠及农村的民生服务新模式,增强社会民生领域的科技支撑保障能力。

(四)助推精准扶贫精准脱贫

围绕贫困地区科技需求,大力宣传农业农村发展政策,帮助理清发展思路,解决生产技术难题,示范推广先进实用技术,创新商业模式;开展专业大户、经纪人和专业合作社、技术协会、龙头企业负责人等培训,培养懂技术、会管理、善经营的新型农民,为扶贫产业发展注入活力。

三、选派方式

(一)选派范围

市内外普通高校、科研院所、职业学校和企业的科技人员,大学生、返乡农民工、退伍转业军人、退休技术人员、农村青年、农村妇女和科技服务志愿者等。高校、科研院所、科技成果转化中介服务机构以及科技型企业等各类生产经营主体可选派为法人科技特派员。

(二)选派标准

1. 自然人科技特派员应具备以下基本条件

遵守国家法律法规及有关规章制度,执行有关方针政策;

有社会责任感,热心科技创新与创业工作,具有促进当地经济发展、带动农户致富的愿望,自愿到农村生产一线从事科技服务和创业;

具有较高的专业技术水平和能力,一定的基层工作经验、组织协调和管理能力;

年满18周岁以上,身体健康,能够保证一定的时间深入农村开展工作。

2. 法人科技特派员应具备以下基本条件

遵守国家法律法规及有关规章制度,执行有关方针政策,具有较好的社会声誉,无不良记录;

具有独立法人资格的企事业单位、社会团体,以单位名义自愿从事农村科技服务与创业工作,履行社会责任;

具有从事科技成果转化、产业开发、信息服务及全产业链增值服务等基本条件;

具有一定的科研开发力量、实施科技服务和科技创业的人才队伍,应有不少于3名注册自然人科技特派员。

(三)选派程序

坚持按需选派、双向选择、突出重点、保证质量的原则,按照"需求征集—双向选择—组织审批—集中派出"的程序选派。市级科技特派员由市科委会同市级有关部门选派,其中医疗卫生科技特派员、林业科技特派员、农村流通科技特派员、农村青年科技特派员和巾帼科技特派员分别由市卫生计生委、市林业局、市供销合作社、团市委和市妇联牵头选派。区县级科技特派员由区县(自治县)科技管理部门自行选派。市和区县级科技特派员纳入重庆市科技特派员管理系统统一管理。

(四)选派去向

按照实际需求派驻到区县(自治县)、乡镇、村社、园区、企业和其他各类生产经营服务主体。科技特派员经选派确定后,由接收单位、派出单位、管理部门、科技特派员共同签订协议,明晰权利与义务。

(五)派驻期限

科技特派员派驻期限原则上为两年。自愿延长的给予鼓励,并继续享受激励政策。

四、考评制度

(一)市级科技特派员由市科委会同市级有关部门组织考评。区县级科技特派员由区县(自治县)科技管理部门组织考评。

(二)科技特派员每年考核一次,考核内容主要围绕科技特派员服务协议明确的目标任务,以科技创新创业与服务绩效为重点,综合考虑履职情况、服务效果以及管理部门的意见等。

(三)科技特派员考核坚持平时考核和期满考核相结合,依照"自我评价—接收单位评议—管理部门审定—市科委、市人力社保局备案"的程序展开。考核结果分为优秀、合格、不合格三个等次。

(四)科技特派员实行"一人一档"管理,考核结果记入科技特派员档案。对年度考核为优秀的科技特派员,予以一定的物质奖励。考核结果为不合格的,不再担任科技特派员,建议派出单位予以调换。科技特派员因合理原因任期内不能继续履行下派工作任务的,不参加考核。

五、激励政策

（一）市级科技特派员连续选派超过两年，年度考核为合格以上的，在职称评定时免考英语；年度考核为优秀的，在职称晋升和岗位聘用时，同等条件下优先评聘。

（二）科技特派员服务基层满两年以上，并考核为合格以上的，其帮扶工作经历在干部选拔任用时视为基层工作经历。注重选拔优秀科技特派员担任相关管理岗位职务。

（三）普通高校、科研院所、职业学校等事业单位对开展农村公益性服务的科技特派员，派驻期间内实行保留原单位工资福利、岗位、编制和优先晋升职务职称的政策，其工作业绩纳入科技人员考核体系。对深入农村开展科技创业的，派驻期间内保留其人事关系，与原单位其他在岗人员同等享有参加职称评聘、岗位等级晋升和社会保险等方面权利，期满后可根据本人意愿选择辞职创业或回原单位工作。

（四）鼓励高校、科研院所通过许可、转让、技术入股等方式支持科技特派员转化科技成果，开展农村科技创业，按照科技成果转化激励政策保障科技特派员取得合法收益。

（五）多渠道加大对科技特派员创业的金融扶持。通过重庆市种子投资基金、天使投资基金以及风险投资基金等，以创投引导、贷款风险补偿等方式，推动形成多元化、多层次、多渠道的融资机制，加大对科技特派员创业企业的支持力度。鼓励银行与创业投资机构建立市场化、长期性合作机制，支持具有较强自主创新能力和高增长潜力的科技特派员企业进入资本市场融资。

（六）市和区县（自治县）科技部门，对其派出的从事公益性技术推广服务的科技特派员，提供意外伤害保险，对考评合格的科技特派员给予差旅和劳务补助。乡镇和村社要为科技特派员驻点服务创造良好的工作和生活环境，负责提供科技特派员的食宿等生活保障。

（七）市级科技特派员创办（领办）或入股（参股）企业在申报市级科技计划项目时，同等条件下优先支持。

(八)企业科技人员、退休科技人员、企业法人以及引进人才被选聘为科技特派员,有关待遇由市、区县(自治县)主管部门与合作双方协商从优解决。

六、强化组织保障机制

(一)加强组织领导

建立市科委牵头,市级有关部门配合的科技特派员工作定期会商机制,加强对全市科技特派员工作统筹协调、政策配套和指导服务。区县(自治县)科技主管部门牵头负责对本地科技特派员工作的日常管理,可委托中介服务机构负责日常事务性工作。

(二)加大经费保障

市级每年安排必要的科技特派员创业行动项目资金,有条件的区县(自治县)安排相应的专项资金。项目资金主要用于支持科技特派员创业示范基地与服务平台建设、新品种与新技术引进推广、科技特派员管理与服务日常工作等。鼓励科技特派员联合企业、农业合作社、专业大户进行技术开发与推广、技术承包和实施项目,市级有关部门将在相关计划中给予优先扶持。

(三)搭建创业平台

依托各类产业园区,充分发挥其强化资源集聚与成果转化服务能力,打造科技特派员服务基层的"主基地"。推进农业科技园区建设,发挥各类创新联盟作用,加强创新品牌培育和推广,实现技术、信息、金融和产业联动发展。根据特色产业和产业集群发展需要,加快建设农业"星创天地",完善建立农业专家大院(科技特派员工作站)等服务载体,增强其服务与辐射带动能力。

(四)提升服务能力

完善重庆市科技特派员管理系统,建立科技特派员人才库和需求库,确保选派精准对接。组建科技特派员服务团,由提供单一服务向综合性服务转变,提高创新创业服务效果。探索建立科技特派员创业金融服务平台,推进科技创业与金融服务结合。加强科技特派员协会建设,发展行业科技服务组织。开展科技特派员业务能力培训,提高服务水平和自我发展能力。

(五)注重表彰宣传

市科委和市人力社保局牵头,每两年对作出突出贡献的优秀科技特派员及团队、科技特派员派出单位以及相关组织管理机构等,按照有关规定予以表彰。发挥各类新闻媒体作用,大力宣传实施科技特派员制度的举措、进展、成效和各类先进典型,弘扬新时期科技工作者的奉献精神和创业风采。组织开展科技"三下乡"、优秀科技特派员巡讲、科技特派员库区行等活动,激励更多企业、机构和人员踊跃参与基层科技创新创业和服务。市级有关部门要加强对各类科技特派员工作的指导,总结好经验、交流好做法、推广好模式,引导全社会关心和支持科技特派员工作,营造有利于科技特派员创新创业的良好社会氛围。

重庆市科技特派员管理办法

渝科局发〔2019〕146号

第一章 总则

第一条 为规范管理、优化服务,激励广大科技特派员深入农村开展科技创新创业与服务,助推脱贫攻坚和乡村振兴,根据《国务院办公厅关于深入推行科技特派员制度的若干意见》(国办发〔2016〕32号)结合科技特派员工作实际,制定本办法。

第二条 本办法所称科技特派员是指市级科技行政主管部门(以下简称市科技局)按照规定程序,从市内外高等院校、科研院所、科技型企业等单位(以下统称派出单位)选派到农村基层一线,面向乡镇、村社(合作社)、园区、企业、家庭农场(大户)(以下统称服务对象),开展科技创新创业、科技成果转化、科技专题培训、技术示范与咨询服务的科技人员。

第三条 本办法适用于科技特派员的选派、考核和日常管理,以及科技特派员专项经费的使用管理。

第二章 工作职责

第四条 科技特派员应当围绕区县优势特色产业发展和服务对象的科技需求,通过技术引进示范、现场科技服务、实用技术培训、电话咨询与网络会诊等方式,自觉履行帮扶协议,主动开展服务并做好记录。每年到服务对象开展科技服务的时间,原则上不得少于15天。

第五条 市科技局主要负责提出激励科技特派员深入基层创新创业的政策措施,统筹开展科技特派员的选派、考核和表彰宣传等工作,安排落实科技特派员专项经费,指导区县科技特派员工作。

第六条 各区县(自治县)科技行政主管部门(以下统称区县科技局)主要配合市科技局完成科技特派员的需求征集和选派、考核等工作,负责科技特派员的日常管理服务和专项经费的使用管理,协调组织科技特派员到一线开展科技服务,并为科技特派员开展服务提供工作保障。

第七条　派出单位应当支持科技人员到农村基层开展创新创业与服务,协助市科技局做好科技特派员的选派、考核等工作,将科技特派员工作业绩纳入本单位科技人员考核体系和优先晋升职务职称政策,对于获得国家或市级表彰的科技特派员按规定给予相应奖励。

第八条　服务对象应当明确对科技特派员的具体需求,配合区县科技局完成科技特派员的选派、评价等工作,为科技特派员提供必要的工作、生活条件。

第九条　科技特派员协会受市科技局委托承担科技特派员服务的具体工作。主要负责宣传贯彻中央和地方鼓励支持科技特派员创新创业的政策文件,建设和运维重庆市科技特派员管理系统,承担科技特派员的注册审核、需求征集、选派考核、总结宣传等具体事务,协调配合区县科技特派员工作。

第三章　选派考核

第十条　科技特派员应当符合下列条件:

(一)坚定贯彻执行党的路线方针政策,自觉遵守国家法律法规及有关规章制度,为人正直,作风正派,廉洁奉公。

(二)原则上具有中级以上专业技术职务和一定的基层工作经验,技术传授与人际沟通能力、组织协调与管理服务能力较强。

(三)有事业心、公益心和责任感,自愿到农村从事科技创新创业与服务,帮扶农户增收、助推脱贫攻坚和乡村振兴。

(四)身体健康,并且能够保证有足够的时间投入到科技特派员工作。

第十一条　科技特派员按照下列程序进行选派:

(一)征集需求。市科技局会同区县科技局征集服务对象对科技特派员的具体需求,并统筹确定各区县选派名额。

(二)发布通知。市科技局公开发布科技特派员选派通知,明确相关具体要求。

(三)自愿申报。符合条件的科技特派员,登录科技特派员管理系统,自主选择申报拟服务区县。首次登录的,应当先行注册。

（四）区县推荐。区县科技局按照确定的选派名额，根据科技特派员在线申报情况和辖区内服务对象的具体需求，提出拟选派科技特派员名单，推荐到市科技局。同时，组织科技特派员与服务对象签订帮扶协议。

（五）审核确认。市科技局审核确认科技特派员选派名单，公开发布并抄送区县科技局和派出单位。

第十二条　科技特派员每年度考核1次。

年度考核内容主要围绕帮扶协议明确的目标任务，以科技创新创业与服务绩效为重点，综合评估履职情况、服务效果等。

年度考核结果分为优秀、合格、不合格三个等次。

年度考核不合格的，翌年不再选派为科技特派员。

第十三条　科技特派员年度考核按照下列程序进行：

（一）发布通知。市科技局公开发布科技特派员考核通知，明确相关具体要求。

（二）自我评价。科技特派员根据考核通知要求，完成自我评价，并将相关资料提交服务对象所在的区县科技局。

（三）评议推荐。区县科技局在科技特派员自我评价的基础上，综合评估科技特派员履职情况、服务效果以及服务对象的意见建议等，形成科技特派员考核结果建议，推荐到市科技局。

（四）审核确认。市科技局审核确认科技特派员考核结果，公开发布并抄送区县科技局和派出单位。

第十四条　对作出突出贡献的优秀科技特派员及团队、科技特派员派出单位以及相关组织管理机构等，按照有关规定予以表彰。鼓励社会力量设奖对科技特派员进行表彰奖励。宣传科技特派员农村科技创业的典型事迹和奉献精神，组织开展科技特派员巡讲活动，激励更多的人员、企业和机构踊跃参与科技特派员农村科技创业。

第四章　支持措施

第十五条　市科技局利用市级科技发展资金设立科技特派员专项经费，用于科技特派员工作。

科技特派员专项经费主要用于科技特派员开展科技创新创业与服务的工作补助、交通差旅费用、保险和培训费用,以及专家咨询费、资料费、科技示范、宣传报道等相关费用。

区县科技局可以参照设立相应的专项经费。

第十六条　市科技局根据各区县实际选派的科技特派员数量,按照每名科技特派员不低于2万元的标准,将专项经费核拨到区县科技局统一管理、使用。

第十七条　区县科技局应当精简手续、规范使用专项经费,并结合实际明确专项经费使用内容及方式,单独核算、专款专用。结余经费,原渠道收回。

第十八条　科技特派员的选派考核和专项经费的使用,应当接受相关部门的监督检查。

存在不端与失信行为的,根据科研信用管理的相关规定进行处理。

涉嫌违纪违法的,依法追究相应的纪律和法律责任。

第五章　附则

第十九条　本办法自2019年11月11日起施行。

本办法施行后,原有科技特派员相关规定与本办法不一致的,按照本办法规定执行。

重庆市千名科技特派员助力脱贫攻坚专项行动实施方案

渝科局发〔2020〕54号

为深入贯彻落实习近平总书记对科技特派员制度推行20周年作出的重要指示和视察重庆重要讲话精神,认真落实市委主要领导就全市科技特派员工作有关批示精神,按照市委、市政府工作部署,深入实施科技特派员制度,组建科技特派团,实施"重庆市千名科技特派员助力脱贫攻坚专项行动"(以下简称"科技特派员专项")培育具有重要影响的特色优势产业,支撑贫困地区农业产业升级和农村经济发展,助力脱贫攻坚。

一、指导思想

以习近平新时代中国特色社会主义思想为指导,全面贯彻落实党的十九大和十九届二中、三中、四中全会精神,以习近平总书记对科技特派员制度推行20周年作出的重要指示精神为根本遵循和行动指南,坚持人才下沉、科技下乡、服务"三农",坚持创新是脱贫攻坚和乡村全面振兴的重要支撑,把科技特派员制度作为科技创新人才服务乡村产业扶贫的重要工作进一步抓实抓好,推进科技人员深入农村一线开展创新创业服务和科技精准扶贫,培育发展新型农村生产经营主体与科技服务单元,促进科技成果在农村转化、推广和应用,推动科技特派员在科技助力脱贫攻坚和乡村振兴中不断作出新的更大贡献。

二、总体目标

按照全市优势农业产业布局,瞄准产业扶贫和乡村振兴发展方向,依托国家"三区"科技人才、市级科技特派员与区(县)级科技特派员等人才资源,面向33个有扶贫开发任务的区县(自治县)(以下简称"区县")组建一批科技特派团,打造一批具有特色创新优势的科技特派员创新示范园,转化一批特色优势产业的农业科技创新成果,探索一种从产地到餐桌、从生产到消费、从研发到市场的全产业链科技特派员服务模式。通过科技特派员服务模式的创新,带动贫困地区特色优势产业的全面振兴,进一步健全现代农业科技创新体系。到2022年,建成科技特派团30个以上,科技特派员创新示范园50个以上,具有产业特色的特派员工作站(专家大院)、星创天地50个以上,促成科技结对帮扶50对以上,推广新技术、新品种100项以上,直接或间接带动从业人员兴业增收和脱贫致富100万人以上。

三、实施原则

(一)聚集资源、重点突破。以科技特派员创新示范园建设作为突破点,以覆盖产业链的科技特派团集体服务为特色,突破传统园区建设模式,通过科技人才、平台和成果资源整合投入,推动优势高效的全产业链协同发展,壮大农村创新创业主体,实现产业链增值增收。通过示范园的示范作用,带动贫困区县产业升级,提升扶贫成效。

(二)产业主导、效益优先。发挥科技特派员作为"三农"政策的宣传队、农业科技的传播者、科技创新创业的领头羊、乡村脱贫致富的带头人作用,围绕各区县农业优势特色产业,以现代高新技术打造现代农业样板和高效特色产业,引入农业科技专家、扩大农业科技成果,推动构建品种更新、技术进步、加工增值、品牌增效的农业科技产业体系,促进农村产业发展、农业经济增长、农民增收致富。

(三)上下联动、协同推进。本项目实行市级与区(县)级共建、市与区县两级联动机制,即市级负责全市团队项目的统筹规划和成果认定,区县级负责具体项目的统一组织、过程管理和目标考核。两级科技部门密切沟通,共同推进科技特派员团体项目取得实在的扶贫效果。

四、组织管理

(一)职责分工

在项目申报、立项、验收等过程中,市科技局、区县科技局、科技特派员派出单位为主要管理部门,科技特派团团长、科技特派团为实施主体,职责分工如下:

1.市科技局负责审议科技特派团发展规划和年度计划及考核指标;统筹不同产业、不同区域的协调发展,综合评估科技特派团发展状况及其绩效成果;负责日常工作,动态监管各团队运行管理情况。

2.各区县科技局负责推荐科技特派团团长,对科技特派团、创新示范园、科技特派员工作站等进行监督、管理和评估,对科技特派员职责履行情况进行评估和考核;协调科技特派团团长与产业化龙头企业联合申报项目,鼓励给予工程建设、市场体系建设、项目等配套支持;挖掘科技特派员的典型案例,加大宣传力度。

3.科技特派员派出单位负责配合区县科技局对科技特派团的组建、运行及经费使用进行监督和管理;将科技特派员专项实施情况作为年度考核、职称评定、人才项目评审的重要依据。其中,团长所在单位还要承担项目的管理工作。

4.科技特派团团长负责招募团队成员、制定服务方案,实施团队任务分配、工作考核、经费使用等,组织关键技术攻关、专题技术培训、田间讲学、实作指导、决策咨询、项目合作、科技扶贫等各具特色的科技服务活动。

5.科技特派团主要围绕区域特色优势产业,开展"三农"政策宣传、拟定技术规程、解决技术难题、转化科研成果、培植产业链条、培育市场品牌、培养技术人才,推进农科教、产学研大联合大协作;建设科技特派员创新示范园,依托或培育产业特色的星创天地(或专家大院、特派员工作站),建设信息化管理系统,培育和孵化创客或业主等;促成科技结对帮扶。

(二)项目管理

科技特派员专项按照"团长推荐—项目申报—项目评审—项目立项—项目实施"的方式施行,具体流程为:

1. 团长推荐。区县科技局推荐科技特派团团长。

2. 项目申报。团长会同区县科技局组建科技特派团,筛选出产业特色明显、生态环境适宜、科技转化基础好、市场潜力大、扶贫带动效果好的特色优势产业,向市科技局提出详细的项目建设方案。团长所在单位为项目申报主体,牵头组织项目实施。

3. 项目评审。市科技局按照公平、公正、公开的原则,组织或委托第三方机构进行项目评审。

4. 项目立项。市科技局根据项目立项评审结果,结合财政预算安排,择优立项。由市科技局、团长所在单位、区县科技局共同签署项目任务书。

5. 项目实施。根据《重庆市科研项目管理办法》,按照"技术创新与应用发展"专项进行项目管理。

五、保障措施

(一)组织保障。由市科技局牵头,实施市区(县)共建机制,并充分发挥重庆市科技特派员协会作用,加强顶层设计、统筹协调和政策配套,形成部门协同、上下联动的组织体系和长效机制,为推行科技特派员产业创新团队制度提供组织保障。

(二)资金保障。市科技局按照"技术创新与应用发展"重点项目给予专项资金支持,主要用于科技特派团的科技攻关、技术咨询、品牌培育、技术推广、科技培训等费用。

(三)制度保障。建立绩效考评制度,定期或不定期对项目执行情况进行检查或绩效考评,根据考评结果,逐步完善科技特派员选派和项目管理的动态管理机制。

关于科技助力巩固拓展脱贫攻坚成果同乡村振兴有效衔接的实施方案

渝科局发〔2022〕16号

为深入贯彻《中共中央 国务院关于实现巩固拓展脱贫攻坚成果同乡村振兴有效衔接的意见》精神,落实科技部《关于扎实推进科技帮扶巩固拓展脱贫攻坚成果助力乡村振兴的实施意见》要求,将科技创新作为乡村振兴的战略支撑,现就5年衔接过渡期内组织动员全市科技力量,面向有乡村振兴任务的区县扎实推进科技帮扶,巩固拓展脱贫攻坚成果,助力乡村振兴,制定本实施方案。

一、主要目标

根据科技部《关于扎实推进科技帮扶巩固拓展脱贫攻坚成果助力乡村振兴的实施意见》确定的目标任务,加快推进乡村产业、人才、文化、生态、组织全面振兴。到2025年,科技人员"上山下乡"服务乡村振兴队伍更加壮大,科技帮扶政策总体稳定、体制机制更加完备,脱贫攻坚成果巩固拓展,乡村振兴全面推进,脱贫地区经济活力和发展后劲明显增强,乡村特色产业质量效益和竞争力进一步提高,生态环境持续改善,美丽宜居乡村建设扎实推进,乡风文明建设取得显著进展,创新驱动乡村振兴发展内生动力显著增强。

——培育壮大乡村特色产业。转化推广一批先进适用技术成果,精准服务一批产业龙头企业和农民专业合作社,培育一批"专精特新"科技型中小企业,打造一批乡村特色产业品牌,带动一批农民增收致富。

——推动科技人员"上山下乡"。组织动员科技特派员下沉到乡村振兴一线,在全市有乡村振兴任务的区县进行组团式帮扶,开展科技服务和创业带动。

——提升区县创新驱动发展能力。指导重点帮扶区县和适宜重点帮扶政策的区县把创新摆在发展全局的核心位置,搭建创新载体,培育创新主体,完善创新驱动发展体制机制,把科技系统重点帮扶和产业指导的区县打造成创新驱动乡村振兴的样板。

二、重点任务

(一)促进乡村产业振兴

1.强化农业特色优势产业科技支撑。聚焦各区县乡村特色产业发展,选派科技特派团,整合科技资源,开展技术集成与示范应用,形成系列化、标准化的农业技术成果包,加快科技成果转化推广和产业化,打造一批具有特色创新优势的科技特派员创新示范园。辐射带动"一千个脱贫村",推动科技进村入户,促进农村科技创新创业发展,培育发展"一村一品",把产业和技术留在农村,把就业和收益留给农民。

2.加强科技服务体系建设。完善农业科技社会化服务体系,发挥新农村发展研究院等作用,促进科研院所、高等学校、科技园区等与脱贫地区建立科技帮扶关系。鼓励市内外优势科技资源在脱贫地区建立专家大院、农科驿站等科技示范和成果转化基地。鼓励各区县积极探索,建设乡村振兴科技服务在线平台。

3.搭建科技创新创业平台。支持重点帮扶区县建设众创空间、星创天地、技术转移机构等各类创新创业平台载体,推进大众创业、万众创新。积极争取市级及以上临床医学研究中心、技术创新中心等在重点帮扶区县建立分中心,开展精准结对帮扶。支持有条件的区县建设创新型县(区)、高新区、农业科技园区。

4.培育壮大乡村企业。以创新创业平台为载体,孵化一批科技型中小微企业,培育一批高新技术企业,支持特色产业龙头企业、农民专业合作社、初创期科技型企业开展创新创业,提升创新能力,发展壮大乡村特色产业集群。落实支持企业研发费用加计扣除、科技成果转移转化等税收优惠政策。支持涉农科技型企业服务乡村振兴,优化科技供给和金融服务质量,提高科技成果转移转化成效,夯实企业创新主体地位,打造一批具有区域特色的产业链或产业集群。

5.提升农副产品市场竞争力。帮助脱贫地区打造特色产品品牌体系,强化产品包装、设计和销售模式创新,着力培育一批知名品牌,推动消费帮扶提档升级。

(二)强化乡村人才振兴

6.深入推行科技特派员制度。完善科技特派员工作体系和激励政策,打造乡村振兴生力军。升级改造科技特派员管理服务信息平台,完善对科技特派员注册、选派、考核等综合管理,实现可视化服务、实时监测、统计分析等动态管理功能,为科技特派员工作开展提供政策解读、技能培训、信息分析、决策咨询等服务。围绕各区县农业主导产业发展需求,以"一县(区)一团"方式,选派科技特派团。努力实现各级科技特派员科技服务和创业带动覆盖所有乡镇、行政村。

7.提升科技人才服务能力。落实国家"三区"人才支持计划科技人员专项计划,将"三区"科技人才纳入重庆市科技特派员统一管理。开展骨干科技特派员乡村产业带头人培训,组织区县科技管理部门科技帮扶业务培训。依托国家、市级临床医学研究中心平台和协同创新网络,加强远程诊疗培训与先进适用技术推广服务。

8.发挥外国专家作用。精心组织实施国家和市级外国专家项目。支持农业科技领域用人单位引进外国人才。加强农业领域国际科技合作,依托外国人才引进国外农作物优良品种、先进种植养殖技术和生产经营方式。探索科技特派员吸纳外国人才的机制和政策,引导外国人才服务脱贫地区发展。

(三)助力乡村文化振兴

9.加强科普工作。加大科技下乡和科普工作力度,组织科技活动周、科普班车进区县等活动。引导脱贫地区加强科普基础设施建设,支持建设科普基地。向脱贫区县推送"星火科技30分"节目、科技特派员网络公开课,赠送《农村科技口袋书》。

(四)推进乡村生态振兴

10.推广绿色生态科技成果。加大生态环境科技帮扶力度,保障农村饮用水安全。围绕土壤污染防治与安全利用、农业面源污染防治、农村改厕技术与农村环境整治等,在重点帮扶区县推广应用绿色技术成果。开展有关乡村振兴的经验模式示范推广,改善农村人居环境,建设美丽乡村。

(五)推动乡村组织振兴

11.强化基层党组织建设。开展科技系统党支部与脱贫区县基层党支部结对联学联建,切实提升基层党组织战斗力。组织相关处室实施农村党员干部现代远程教育《科技与应用》专题教材制作工作,着力提高农村党员干部的科技素质和带头致富本领。

(六)做好定向帮扶工作

12.增强创新发展能力。扎实做好科技系统对口帮扶、产业指导组工作,督促对口帮扶的区县党委和政府、产业指导组所在区县党委和政府发挥主体作用,营造创新环境,壮大科技产业,培养科技人才。推进科技系统对口帮扶、产业指导的区县创新驱动发展,指导、支持建设创新型县(区)、高新区、农业科技园区、众创空间、星创天地、专家大院;支持对口帮扶、产业指导区县围绕特色主导产业实施科技计划项目、选派科技特派团。充分利用成渝地区双城经济圈建设、东西部科技协作契机,坚持双向协作、互惠互利、多方共赢,整合优势科技资源,强化以科技型企业为载体的帮扶协作,加大对重点帮扶区县科技帮扶力度。

三、组织实施

(一)加强组织领导。坚持党的全面领导,坚决落实市委、市政府、科技部决策部署,充分发挥各级科技管理部门党组织总揽全局、统筹协调作用,调动科技资源,做好科技助力乡村振兴工作和东西部科技协作工作,切实担负起科技帮扶重大责任。

(二)完善帮扶机制。坚持市级协调机制,加强科技系统各部门协同合作,强化政策协调,促进信息共享。积极争取国家支持,强化与区县、乡镇联动,构建横向到边、纵向到底的科技帮扶大格局。推进成渝地区双城经济圈建设,深化东西协作机制,积极引进科技资源,全面推进乡村振兴。

(三)加大支持力度。加大科技系统对口帮扶区县、产业指导组所在区县的定向支持,实现对口帮扶区县、产业指导组所在区县的创新创业平台全覆盖。加大对乡村振兴科技创新支持力度,优先支持科技特派团牵头的科技重点研发任务。加大对重点帮扶区县的倾斜支持,涉及到重点帮扶区县的科技项目优先立项,项目成果优先转移转化。

(四)抓好作风建设。引导科技系统党员干部和广大科技工作者大力弘扬伟大脱贫攻坚精神,积极投身科技帮扶工作。严格落实中央八项规定及其实施细则精神,坚决反对形式主义、官僚主义,以作风建设成果提升科技帮扶成效。加强对科技帮扶项目的管理,加强督导检查,提高资金使用效益。做好科技帮扶工作的监测评价,围绕科技助力脱贫区县乡村特色产业发展和乡村全面振兴,在巩固脱贫成果后评估中做好工作总结,体现科技帮扶成效。

(五)营造良好氛围。采取多种方式,宣传科技助力巩固拓展脱贫攻坚成果同乡村振兴有效衔接的进展和成效,对科技帮扶优秀典型和成功经验及时总结、示范推广。对科技帮扶作出突出贡献的单位和个人给予表彰激励。

第六章
感悟展望

在新时期取得新成绩,科特派需更新理念、拓宽视野

1999年2月,首批225名科技工作者分赴215个行政村驻点,拉开了科技下乡的序幕。通过科技部门牵头、相关机构大力协同、社会各界有效参与的方式,经过20多年的不懈努力,科技特派员制度有力地促进了农村经济的发展,为脱贫攻坚、乡村振兴贡献了力量,科技特派员也成了我国解决"三农"问题的生力军。

一、20多年来已作出的巨大贡献

一批又一批高校和科研院所科技人员深入田间地头进行科技示范、技术咨询等技术服务,在科技助力脱贫攻坚中作出了积极贡献。

实施科技特派员制度20多年来,全国各省份、区县结合当地实际,运用政策引导,创造性地开拓了科技特派员制度服务"三农"工作的新经验、新方法、新模式。科技特派员制度的主要贡献表现在以下三个方面。

一是在产业发展上献计献策。农村产业发展是农村发展的根本,是农民致富的保证,科技创新及其推广应用则是产业兴旺的重要支撑。20多年来,科技特派员制度以农村产业发展为重点,广大科技特派员坚持以农村产业发展问题和市场需求为导向,依托地方政府、农业园区、龙头企业等搭建科技创新和技术服务平台,努力在乡村产业发展上找准定位、发挥作用。

二是助力脱贫攻坚。全国广大科技特派员秉持初心,深入贫困区域、入驻贫困乡村,走进贫困农家,下到田间地头,开展科技示范、技术咨询、技术指导、技术培训等技术服务,给广大贫困户带来了新的思维方式、发展观念,有效加快了科技进村入户的进程,有力支撑了扶贫产业发展和农民脱贫致富,在科技助力脱贫攻坚中作出了积极贡献。

三是抓好了"三农"工作。全国各省份、区县选派的科技特派员,把服务农民、农村工作作为自己分内之事,立足科技服务农村产业发展这条主线,积极拓展服务领域,围绕农业发展做好技术服务工作。科技特派员根据自己的专业技能,从技术服务向环境保护、村镇建设、文化教育、乡村治理等方向延伸,极大地丰富了科技特派员的工作内涵,创建了新的服务模式并扩大了服务领域。

二、新时期有了新要求与新使命

科技特派员应把先进的治理理念带到乡村,积极探索乡村治理主体、方式、范围和工作重点,并进行创新、调整和完善。

2019年,习近平总书记作出重要指示:"要坚持把科技特派员制度作为科技创新人才服务乡村振兴的重要工作进一步抓实抓好。广大科技特派员要秉持初心,在科技助力脱贫攻坚和乡村振兴中不断作出新的更大的贡献。"总书记的重要指示为新时代深入推进科技特派员制度提供了根本遵循和行动指南,科技特派员的工作也有了新要求与新使命。

一是适应乡村振兴需要。实施乡村振兴战略是党和国家的重大决策部署,实施乡村振兴战略的总要求是"产业兴旺、生态宜居、乡风文明、治理有效、生活富裕"。这不仅涉及农业产业发展,还涉及生态文明、精神文明和乡村治理等多方面。科技特派员的选派要适应乡村振兴的需要,进一步拓宽服务领域,在原来主要按农业产业发展需要选派的基础上,向社会治理、城乡建设等其他领域拓展,由第一产业向第二、三产业拓展,构建科技特派员全方位、全产业链服务的新格局,实现科技特派员服务领域全覆盖。

二是拓宽产业发展视野。过去除了少部分食品加工、医疗卫生等领域的科技特派员外,大部分科技特派员的工作主要集中在农村种植养殖行业,解决的是农业产业发展中增产增收的技术问题,服务的重点对象是农村贫困家庭。2020年,我国脱贫攻坚进入新的历史阶段,在切合我国农业产业发展的需要的同时,既要照顾刚脱贫区域、乡村和农户在传统农业生产上的技术需要,还要帮助实现乡村振兴过程中集约化、规模化、组织化的农业生产技术的广泛应用;既要积极帮助支持现有产业的发展,还要时刻留意应用新技术打造新业态;既要突出乡村农业企业的发展,还要关注城市小微工商企业的技术需求,推动城乡融合发展。

三是乡村治理。要促进乡村全面振兴,就必须积极参与乡村治理,只有打牢了乡村治理的基础,各项技术服务才能真正落地。在当前我国经济社会快速发展、农村社会结构发生深刻变化的背景下,农民的思想观念也发生了深刻变化,农民诉求日趋多样,迫切需要加强乡村治理体系的建设。科技特派员应在乡村治理工作中有所作为,把先进的治理理念带到乡村,积极探索乡村治理的方式、范围和工作重点,并进行创新、调整和完善。科技特派员应将自治、法治、德治相结合的乡村治理体系作为深入乡村开展工作的根本目标,勇于探索,积极实践,进行示范引领。

三、在新时代播撒更多科技种子

积极引导科技特派员深入基层、深入乡村,构建"风险共担、利益共享"共同体,建立利益联结长效机制,激发科技特派员的创业热情。

在新的时期,广大科技特派员要把自己所学、所专以及所拥有的知识技能带到广阔的城镇农村,把论文"写"在充满希望的大地上,做新时代乡村振兴的生力军,播撒更多科技的种子,在未来的科技特派员队伍的建设中,建议做到以下几点。

一是不断壮大技术服务生力军。科技人力资本是一个国家最为重要的战略资源之一,更决定着各行各业的发展与兴衰。科技特派员是农村人才振兴的重要力量,壮大科技特派员队伍在新时代就显得十分迫切。科技管理部门、相关机构应整合各类政策资源,建立有效激励机制,充分调动社会各方面力量,在原有科技特派员选派规则基础之上,更加广泛地吸收在高校、科研单位工作的具有专业技能的各类人才加入科技特派员队伍中,争取实现对乡村振兴涉及学科专业的全覆盖。建立国家、省份、区县科技特派员三级队伍动态管理机制。通过"政府派""市场派"和"社会派"等形式,积极探索组建科技特派员团、科技特派员法人和科技社会化服务组织,针对乡村振兴提供全面、深入的技术支持和管理服务。同时科技特派员还应兼具"传帮带"的职责,积极培养乡村本土农业技术人员、经营管理人员、村落建设人员、乡村治理人员等,让技术成果、经营理念、管理方式等实现共同进步。

二是争做智慧农业开拓者。智慧农业就是运用现代化高科技的互联网手段将农业与科技相结合,充分利用现代化的操作模式,是农业的未来发展方向,并已逐步渗透到农村生活、社会治理等各个方面,是实现乡村振兴的关键。但仅仅凭借科技特派员的一己之力,很难完成多学科、多专业协同的任务。建议组建跨学科、多领域、全方位的科技特派员团或科技特派员法人,合理配置农业生产技术、农业装备技术、计算机技术等方面的人才团队,集体协作。根据市场需求找准客户定位,围绕主导产业、骨干产业或特色产业,降低智慧农业技术体系建设、制造、生产和维护成本,不断提高经济效益,量身定制智慧农业新典型。以政府项目驱动、龙头企业投入、农民积极参与、科技特派员技术支撑的四位一体的方式保证智慧农业落地见效。科技特派员工作则需要从提供传统农业技术转化为向现代农业发展提供技术支持,实现自身的蜕变与升华。

三是做好生态宜居引路人。科技特派员要践行绿水青山就是金山银山的理念,采用科技和管理相结合的方法,以实际行动改变以前在推动农村产业发展过程中过度消耗土地资源、农业资源和生态资源的发展方式,在不影响农产品供给、农业生产效益的前提下,防止农业面源污染,减少农药、化肥施用量,推动资源化利用;统筹山水林田湖草系统综合治理,严守生态保护红线;积极引领和参与乡村生活垃圾、生活污水、村容村貌等人居环境整治工作。科技特派员选派管理部门,在坚持保证农村产业主体技术需要的情况下,要强化遴选和增派生态保护、生态修复、水土流失综合治理、生活污水处理、厕所改造、民宿建设等领域的科技特派员。

四是做好创新创业领头羊。创新创业是新时代的主旋律,更是推动社会经济发展的原动力。科技特派员要站在时代潮头,勇于在农村广阔天地有所作为,率先示范,成为科技创新创业排头兵,为乡村振兴贡献力量。科技特派员要充分利用党和国家提供的一系列鼓励创新创业的政策,用好用活,踏踏实实,找准方向,选好项目,建立经营共同体,以技术为先导,带领农户共同致富。科技管理部门和政府相关机构要建立平台,加强培训和创新创业指导,提高科技特派员创新创业能力,鼓励和引导科技特派员入驻农业园区、农业生产基地、农业科技园区等具备较完善基础设施条件的场所,减少和降低科技特派员的创业成本和风险,为科技特派员创新创业提供有力支撑。要创新机制,增强科技特派员创新创业的活力,采取政府引导与市场运作"双轮"驱动的方式,积极引导科技特派员深入基层、深入乡村,构建"风险共担、利益共享"共同体,建立利益联结长效机制,激发科技特派员创业热情;强化投入保障,科技管理部门研发经费优先支持服务乡村科技特派员实施的科技项目。

评述人:肖亚成

理想情怀榜样示范

习近平总书记指出,科技特派员是党的"三农"政策的宣传队、农业科技的传播者、科技创新创业的领头羊、乡村脱贫致富的带头人。作为国家级"三区"科技人才、重庆市科技特派员,我参与重庆市科技服务工作已经有10多年了。自从担任重庆市科技特派员协会常务理事后,我参与了更多的科技特派员管理、绩效评价等方面的工作,感悟很深,我觉得重庆市科技特派员管理工作体系完善、选派合理、运行有序、绩效明显。而重庆市科技特派员们身临基层、热情服务,有理想有情怀,有榜样、示范作用,服务工作是有成效的。

从管理层面看,在重庆市科技局的领导下,各区县积极配合,不断完善制度机制,聚焦科技特派员工作中的制度安排和动态管理两个重点,完善"五统五同"体系,构建协同联动、齐抓共管的科技特派员工作新格局。

从平台抓手看,长期摸索建立形成了由众创空间、星创天地、专家大院、科技特派员工作站组成的网格化服务平台,该平台为科技特派员管理服务的四梁八柱。

从产业示范看,形成了高山蔬菜、荣昌生猪、中药材、柑橘等产业,打造了玫瑰香橙、巫山脆李、城口山地鸡、荣昌猪、永川水花等驰名品牌。

从模范榜样看,重庆市科技人员热情服务基层,立志扎根基层,把论文"写"在大地上,涌现出了王友国、李学刚、陶伟林、朱丹等科技特派员楷模,得到了国家的表扬。

从派出单位看,各个派出单位积极探索,优化政策支持,保障服务时间,让科技特派员能够安心服务乡村振兴,将科技成果落地农村,使广大农民有了更多获得感、幸福感。

总之,重庆市科技特派员有情有义,与帮扶对象交朋友建情谊,真心实意传授技术、培养骨干;工作开展得有声有色,把广阔农村作为事业发展的舞台,兢兢业业指导产业发展。

评述人:孙翰昌

站立时代潮头，争当农村科技传播先锋

科技特派员制度发端于福建，是我国农业科学技术领域的重要制度创新，为农业农村现代化提供了重要支撑，目前已在全国普及。在实践中，科技特派员制度解决了农村基层科技力量不足和科技服务缺位的现实困难，产生了搞活基层、用活人才、激活发展的多赢效应。2021年3月，习近平总书记在福建考察调研时指出，农业是有生机活力的，乡村振兴要靠科技深度发展。要很好总结科技特派员制度经验，继续加以完善、巩固、坚持。进入新时代，推动乡村振兴，科技特派员肩负着更大的责任和使命。要进一步完善相关制度体系和政策环境，壮大科技特派员队伍，充分发挥科技特派员的作用和优势，为乡村振兴提供有力支撑。

一、时代召唤赋予科技特派员新使命

（一）国际国内形势赋予科技特派员工作的新使命

国际上，世界经济复苏步履艰难，大国竞争持续升温。国内，经济下行压力较大，经济发展不确定性增强。面对"内忧外患"，首先要稳住农业基本盘，我国在完成脱贫攻坚任务后接续推进乡村振兴，积极应对全球化挑战。农业农村部发布的《关于落实党中央国务院2022年全面推进乡村振兴重点工作部署的实施意见》为新阶段的乡村振兴工作指明了方向，其中提出要加强乡村振兴人才队伍建设，深入推进科技特派员制度。科技特派员制度是中国农业农村发展的重要创新，对促进农业农村现代化意义非凡。科技特派员已成为新时期乡村振兴的生力军，需肩负起新形势下的新使命。

（二）粮食安全、农村发展给科技特派员工作带来的新挑战

在2022年全国"两会"上，习近平总书记就实施乡村振兴战略、提高农业综合生产能力等发表重要讲话，对全面落实粮食安全党政同责、耕地保护建设、种业科技自立自强等提出明确要求，为农业发展指明了方向。科

技特派员的选派要满足粮食安全、农村发展的需求,在保障粮食安全的同时,进一步实现农村发展。农村发展不仅涉及农村产业,还涉及生态文明、精神文明和乡村治理等多方面。要拓宽科技特派员服务领域,在按农业产业发展需要选派的基础上,向社会治理、城乡建设等其他领域拓展,由第一产业向第二、第三产业拓展,构建科技特派员全方位、全产业链服务的新格局,实现科技特派员服务领域全覆盖。

(三)脱贫攻坚与乡村振兴有效衔接对科技特派员工作提出的新要求

2020年是全面建成小康社会和"十三五"规划收官之年,也是脱贫攻坚决战决胜之年。习近平总书记提出要实现巩固拓展脱贫攻坚成果同乡村振兴有效衔接的要求。为全面脱贫与乡村振兴传递好"交接棒",做好接力跑的"冲刺交棒"与"起步接棒",直接关系到"三农"领域的稳定、全面小康的成色和社会主义现代化的进程。新时代赋予了科技特派员新使命,也提出了新要求,科技特派员需要紧紧围绕乡村振兴战略要求,在拓宽服务领域、完善管理制度、创新组织模式、建立信息化管理平台上下功夫,以科技助力乡村振兴。

二、科技助力提升科技特派员新担当

(一)立足粮食安全,树立大食物观

中央一号文件明确提出,要牢牢守住保障国家粮食安全这条底线,遏制耕地"非农化"、防止"非粮化",推动藏粮于地、藏粮于技战略加快落地,保护和提高粮食综合生产能力。确保国家粮食安全,中国人的饭碗任何时候都要牢牢端在自己手上。科技特派员要立足粮食安全,树立大食物观,从更好满足人民美好生活需要出发,掌握人民群众食物结构变化趋势,在推动保障粮食供给的同时,促进肉类、蔬菜、水果、水产品等各类食物的有效供给。新时代的科技特派员,要在确保粮食安全的基础上全方位多途径开发食物资源,不仅要做农民身边的"活财神",还要做生产观念、生产方式顺应科技潮流的"引路人",农业产业发展的"明白人",培养新农民的"牵头人"。

(二)增强技能领域,实现新技术服务最大化

持久深入巩固乡村振兴成效,让农民的生活更便捷、更美好,需要抓好新技术在乡村振兴过程中的使用。科技特派员要增强技能领域,实现新技术服务最大化。运用新技术做好服务供给,对偏远地区要主动送技术送设备,利用网络技术跨越地域便利的特性提供农技服务;讲究"因地制宜",根据当地实际情况提供精准供给。运用新技术提升服务质量,利用网络快捷性和数字资源保存长久性,组织科技特派员制作并上传农技培训等优质内容资源,利用互联网将其送入村居,送到田间,满足群众对高质量服务的需求。运用新技术扩大服务功能,为农村群体提供多元化的延伸服务,以满足农村生产发展和农民生活水平提升的新需求,利用数字技术推动农村产业升级,让乡村特色资源走出去形成产业链并转化为推动乡村经济发展的重要动力。

(三)深入全域发展,组建队伍有效服务乡村振兴

科技特派员工作已进入新时代,仅仅关注农村产业发展或关注全产业链发展已不能满足农村发展的现实需要。科技特派员应深入推动农村全域发展,壮大科技队伍,合理配比学科专业。农村全域发展对科技要求更广泛、更系统,对组建科技特派员队伍的需求更迫切。随着乡村振兴战略的深入实施,科技特派员的技术领域、服务范围从传统农业扩展到设施农业、数字农业、生态农业、经济管理、市场营销、冷链物流、乡村规划等方方面面,需要各方面的专业科技人员进入科技特派员队伍。转变科技特派员组织形式,解决单兵作战、服务单一、力量分散的问题。按照"学科链对接产业链、围绕产业链部署创新链"的基本思路,以高效、协作为原则,跨学科、跨部门组建科技特派团,从而实现科技特派员扎根基层,从需求中来、到需求中去,让人才下沉、让科技下乡,有效服务乡村振兴。

三、多方探索扬帆科技特派员新征程

(一)不忘初心,砥砺前行

作为乡村振兴战略科技人才主力军的科技特派员,要牢记习近平总

书记的重要指示,不忘初心,砥砺前行,坚持以习近平新时代中国特色社会主义思想为指导,紧扣人民日益增长的美好生活需要,扎实推动国务院关于深入推行科技特派员制度的若干意见落地生根、开花结果,切实做到深入农村、扎根农业、结亲农民,精准服务。搭建"科技舞台",创造更加优质的科技服务环境,通过充分发挥科技特派员在乡村振兴战略中的引领作用,凝聚全社会科技人才的力量,助力乡村振兴。通过植入现代农业科学技术,探索走出一条科技推广、产业兴旺、农民增收相结合的乡村振兴新路子,进而在"十四五"规划中实现新作为,谱写新篇章。

(二)健全机制,增强活力

探索建立科技特派员从自然人向法人,从农业科技人员向工业、服务业科技人员"双延伸"机制。探索实践科技特派员自上而下的选派与自下而上的荐任、科技特派员制度与农村产业指导员制度"两结合"模式。创新科技特派员聘任、管理办法,依托国家农业科技园区、众创空间、星创天地、专家大院等载体,建立科技特派员之家,吸引国内科技人才入驻,推动互联网、大数据、人工智能、物联网、科技金融等现代生产要素向农村流动,推动传统农业向现代农业转变。发挥公共财政"四两拨千斤"的杠杆作用,开发科技特派员信息系统,推进政产学研用合作,研发成果转化、土壤改良、良种培育、绿色生产、加工贮存、疫病防控、设施农业、农业物联网和装备智能化、食品安全等方面的公益包。依托科技进步,变绿水青山为金山银山。

(三)创新组织模式,探索新型服务体系

创新创业是新时代的主旋律,更是推动社会经济发展的原动力。要进一步加强服务模式创新,让科技特派员在推动乡村振兴中发挥更大作用。创新科技特派员服务模式,引导科技特派员不仅能创新还能创业,不仅能生产还会管理。科技管理部门和政府相关机构要建立平台,加强培训和创新创业指导,提高科技特派员创新创业能力,鼓励和引导科技特派员入驻农业园区、农业生产基地、农业科技园区等具备较为完善基础设施条件的场所,减少和降低科技特派员的创业成本和风险,为科技特派员创新创业提供有力支撑。加强政策引导和支持,鼓励科技特派员以项目支

持、资金入股、技术参股、技术承包等形式,与农民、专业合作经济组织、龙头企业等服务对象结成利益共同体,构建兼具经营性和公益性的多元化的新型农业科技服务体系。

(四)创新发展模式,探索新方式新方法

高质量高水平推进农业现代化进程,是科技特派员在新时代肩负的新使命。新使命激励新探索,要不断探索和创新科技特派员工作新定位和服务新内容,进一步激发科技特派员制度新功能。可积极探索资金入股、技术承包、反租倒包等方式,鼓励科技特派员与农民共同创业,建立利益共同体,组建各种科技型专业合作社。可积极推广"园区+科技特派员+基地+农户"的创新创业服务模式,让农业科技园区、农科驿站、星创天地、科技特派员与农民"联谊"的新组合越办越红火。拓展农业多功能、挖掘乡村多价值,构建科技特派员与农民"风险共担、利益共享"的利益共同体,不断完善服务模式、创新帮扶模式、提升服务成效,使科技特派员制度焕发出更强大的生命力。

评述人:肖亚成、喻琪

让科技特派员制度成为推进乡村全面振兴的重要抓手

科技特派员制度是习近平总书记一直高度关注和大力支持的一项科技兴农重大行动,在脱贫攻坚工作中发挥了重要作用,在进一步推进全面乡村振兴中依然是一项解决乡村人才、科技和产业方面的瓶颈问题的重大举措。

重庆市实施科技特派员制度以来,先后通过启动实施科技特派员试点活动、"十百千科技特派员下农村行动"和"双十百千"科技特派员创业服务等行动,在全国率先成立科技特派员协会、开发使用重庆市科技特派员信息化管理系统和"特农淘"农产品电商促销系统,创新性举办"科技特派员网络公开课"等高效农技培训活动,以及组建科技特派员服务团,设立科技特派员团队专项、市民生科技项目优先支持科技特派员技术推广活动等,促进了重庆市科技人才下沉、科技资源下乡和实用技术落地。大量适用人才、科学技术直接对接"三农"、服务"三农",在脱贫攻坚、全面建成小康社会、乡村振兴中发挥了重要作用。重庆市稳定、高效、规范、合理地选派科技特派员,并在项目、资金、保险、政策等方面给予科技特派员大力支持和关怀,调动了广大科技人员积极参与、乐于奉献、求真务实、支撑产业发展的积极性和战斗力。培育了一大批高效特色产业、优质农产品品牌和科技型农业龙头企业,带动了一批偏远乡村走上了富民兴村道路,为现代农业发展和脱贫致富奔小康作出了巨大贡献。

在实现推进乡村全面振兴和共同富裕的历史进程中,继续深入推行科技特派员制度,依然具有重大意义。目前,在重庆市,国家、市、区(县)三级科技特派员选派制已成常态,科技特派员管理制度已入正轨,对科技特派员工作的支持和扶持政策不断推出,科技特派员服务乡村、支撑产业和促进发展的手段越来越多,效率越来越高,贡献愈加明显。但是要实现科技特派员工作跨上新台阶,展现新作为,作出大贡献,还需要各界各方面热心支持和精心呵护,让科技特派员愿意下乡、热心工作、高效贡献,快速提升乡村人才、科技的层次和水平,扶持壮大特色高效现代农业,发挥出巨大的科技聚变和产业裂变综合效益,实现乡村和农业的创新、协调、绿色、开放、共享的高质量发展。

为了实现上述目标,首先,希望各级政府和农业农村工作主管领导进一步加强对科技特派员工作的重视,把科技特派员工作作为地区社会经济发展的重要支撑要素和关键动力。在工作部署、项目安排、资金支持和政策支撑与宣传表彰方面,给予科技特派员工作同步规划和大力支持,让科技特派员可以安心、全心、倾力地投入乡村科技支撑和产业发展扶持工作之中,为乡村振兴和社会经济发展作出更大贡献。其次,科技主管部门和农业农村主管部门,均应视科技特派员为自己"三农"工作的科技支撑重点要素和重要力量。升级协会、信息系统、"特农淘"和公开课等科技特派员服务平台,整合更多科技人才、科技资源和项目资金投向科技特派员工作,将更多、更具体、更重要的乡村振兴工作和项目交给科技特派员团队去承担和实施。建立科技特派员兴业创业产业园,支撑现代农业科技园区或农高区的高水平建设与运营,集中转化应用一批涉农科技成果,培育壮大一批优势特色产业,打造一批乡村振兴示范标杆,真正让科技人员能够下得了乡,能够有所作为,也让乡村的产业发展和民生事业获得科学力量支撑和科技成果赋能。再次,科技特派员派出单位和机构,要高度重视科技特派员派出的社会意义和重大价值,树立大局观和全局观,改革人才培养目标设置和科技工作价值定位,让科技特派员的兴业扶贫和支撑乡村振兴成果成为单位和个人的价值目标。要优化和创新对科技特派员的支持政策,给予科技特派员实实在在的政策支持、待遇关怀和晋升照顾,更好激励科技特派员带成果下乡、带技术下乡、协同企业下乡,为乡村振兴贡献更大力量,为学校增光添彩,为产业助力赋能,为国家作出更大贡献。最后,作为科技特派员,我们要不忘初心、牢记使命、乐于奉献、求真务实、脚踏实地地推广技术,热情务实地培养人才,精心高效地扶持产业。要以技术引进示范为抓手,以核心示范园的建设为重点,以种子换优、技术换新、机器换人、产销融合等手段提升农业科技水平,引入"互联网+""数字+""云上+"和"智慧+"等新理念和新业态根植乡村,推动产业转型、技术升级和效益倍增,让我们的知识在广阔天地发光,让我们的智慧为乡村振兴赋能,把我们的热血和汗水挥洒在乡村振兴的广阔天地,不辜负国家的培养和人民的养育,让科技特派员制度成为推进乡村全面振兴的重要抓手,让科技特派员队伍成为乡村振兴的重要科技力量。

评述人:邓烈

科技特派员工作实效与感悟向往

一、制度创举

科技特派员制度是我国科技下乡、专家进村、技术落地、服务"三农"的一项制度创举,是农业科技下沉基层、服务"三农"的一种模式创新。福建省南平市选派农技人员下乡破解"三农"难题,成为科技特派员制度的开端。2012年科技特派员被写入中央一号文件,2016年国务院办公厅出台《关于深入推行科技特派员制度的若干意见》,2019年中共中央总书记习近平对科技特派员制度推行20周年作出重要指示:"科技特派员制度推行20年来,坚持人才下沉、科技下乡、服务'三农',队伍不断壮大,成为党的'三农'政策的宣传队、农业科技的传播者、科技创新创业的领头羊、乡村脱贫致富的带头人,使广大农民有了更多获得感、幸福感。"

二、工作实效

从2008年至今,我有幸参与和见证了科技特派员长期奋战在武陵山片区、三峡库区、秦巴山片区的农村广阔天地,为脱贫攻坚和乡村振兴赋能添智的历史进程。作为科技特派员服务重庆永川种苗科技城,参与全国首批星创天地试点工作,担任国家科技特派员创业示范基地、特色种苗科技专家大院、黔江猕猴桃产业科技特派员团队首席专家,担任重庆生姜科技专家大院首席专家、巴南区科技特派员服务团团长、重庆市科技特派员协会副理事长(两届)。十多年来,数百次进山入村,到深度贫困的武陵山片区的秀山、酉阳、黔江、彭水、来凤、宣恩和秦巴山片区的城口、广元、巴中、万源以及三峡库区的丰都、梁平、开州、忠县、巫溪等地,开展技术咨询培训与田间地头示范服务。

2015年送无菌种姜支持忠县马灌镇双石村贫困户胡时勇,通过连续3年的驻村帮扶,填补了忠县生姜种植农业产业的空白,亩产菜姜3 000公斤,平均售价6元/公斤。2017年胡时勇种植生姜10亩,年收入达17万元,从此摆脱了贫困,还带动周边村民60余人种植生姜致富。对口帮扶支持重庆三磊田甜农业开发有限公司。黔江仰头山,原本只是武陵山片区中一个地势陡峭、土地贫瘠的落后山区,通过10多年的精心耕耘,创建了武陵仙果星创天地和中国猕猴桃之乡,建成了万亩猕猴桃现代农业产业示范园。现在万亩猕猴桃随着丘陵起伏蔓延,农家小院点缀其间,园区变景区,游客来来往往,周边老百姓的荷包鼓了起来。立足巫溪县土城镇和平村的自然资源,以市场需求为导向,带领村民发展药食兼用调味品生姜。科技团队专家1年6次去生姜种植地,指导农民实施种姜微生物剂包衣、姜瘟病菌检测诊断、木霉菌穴施等3项田间净化预防技术和使用沟施土著促生复合菌剂,以此优化根际土壤微生态菌群结构,提高养分利用率,促进生姜健康生长,有效防控姜瘟病。鲜姜产品增产16.7%,亩产值达1.5万元以上,带动40个贫困户走出贫困,点燃贫困人员创新创业的星星之火。

三、感悟向往

第一,作为科技特派员要有帮助农民甩掉"贫"帽、拔掉"穷"根的爱心和使命担当,下沉广阔农村,实地考察调研当地气候、土壤、环境条件,将掌握的科技成果植入产业经济,助农致富。

第二,作为科技特派员要先行先试,做好技术成果样板田,把实验室建在田间,把课堂移到地头,把技术操作放在现场演示,把科研论文"写"在山川大地,成为技术成果传播的先行者。

第三,作为科技特派员要敢于创新科技帮扶模式,如建立"样板田+种植大户+农民专业合作社+电子商务"的生产运营模式,探索"资源变资产、资金变股金、农民变股东"的农村"三变"改革,让农村"沉睡"的资源活起来,让农民增收的渠道多起来。

第四,作为科技特派员要坚持下沉农村,长期坚守在生产一线,研发推广技术成果,把荒山荒地变绿水青山,创建农田变花田、田园变公园的美丽农村,在农村的广阔天地大显身手、创造价值。

评述人:刘奕清